Michael Köhlmeier

Geschichten von der Bibel

Von der Erschaffung der Welt
bis Josef in Ägypten

Piper München Zürich

Von Michael Köhlmeier liegen in der Serie Piper
außerdem vor:
Der Peverl Toni (381)
Die Figur (1042)
Spielplatz der Helden (1298)
Die Musterschüler (1684)
Moderne Zeiten (1942)
Sagen des klassischen Altertums (2371)
Neue Sagen des klassischen Altertums von Eos bis Aeneas (2372)
Telemach (2466)
Trilogie der sexuellen Abhängigkeit (2547)
Dein Zimmer für mich allein (2601)
Neue Sagen des klassischen Altertums von Amor und Psyche
bis Poseidon (2609)
Der Unfisch (2765)
Die Nibelungen (2882)
Calling (2918)
Kalypso (2947)
Tantalos (2997)
Bevor Max kam (3217)
Der Blick in die Weite (3288)
Der Menschensohn (3312)

Originalausgabe
1. Auflage Oktober 2000
2. Auflage April 2001

Umschlag: Büro Hamburg
Stefanie Oberbeck, Katrin Hoffmann
Umschlagabbildung: Jacopo Tintoretto
(»Schöpfung der Tiere«, Galleria dell'Accademia
Florenz/Super Stock)
Foto Umschlagrückseite: Franz Hubmann
Satz: Uwe Steffen, München
Druck und Bindung: Clausen & Bosse, Leck
Printed in Germany ISBN 3-492-23162-4

Inhalt

Erschaffung der Welt

Von den Redaktoren der Bibel – Von Apsu und Tiamat – Von allen Ideen – Vom Krieg Marduk gegen Tiamat – Von den Tätowierungen auf dem Unterarm Gottes – Von Beth und Aleph – Von den großen sieben Tagen – Von Luzifer – Vom Garten Eden – Vom Sohn der Morgenröte – Von Gottes Eigentum

Wo beginnen? Bei Adam und Eva? Freilich, dort war unser Anfang. Aber doch nicht der Anfang aller Dinge. Soll die Erzählung dort beginnen, wo Gott seinen Siebentagesplan umzusetzen begann? Als er Licht werden ließ über dem Chaos, über dem Tohuwabohu?

An diesem Punkt beginnt die Bibel. Und es hat sicher etwas Verlockendes für den modernen Menschen, der an die Spekulationen der Physik nicht weniger glaubt als die Alten an die Spekulationen der Mythen, sich diesen ersten Schöpfungsakt als dimensionslosen Punkt vorzustellen – wobei uns gar nicht auffällt, daß das Wort Urknall viel eher dem Wortschatz der Mythologie als der Physik eignet.

Die Genesis, das erste Buch Mose, ist der archaischste Teil der Bibel und vielleicht der schönste. Die Verbindung von bunter Lebendigkeit auf der einen und menschenferner Kargheit auf der anderen Seite hat wie kein anderer Text vorbildhaft auf die abendländische Literatur gewirkt, und das bis zum heutigen Tag.

Als ich zum ersten Mal die Genesis las – ich war damals im Internat, ich war krank, und im Krankenzimmer gab es nur ein Buch, nämlich das Buch der Bücher, und um mir die Langeweile während der Genesung zu vertreiben, las ich darin –, schon damals wunderte ich mich. Ich wunderte mich über die Kürze des Schöpfungsberichts. Gibt es über die Erschaffung der Welt nicht mehr zu erzählen?

Und dann: Es liegen zwei sich im Ablauf widersprechende Berichte vor. Im ersten Bericht wird der Mensch am letzten Tag erschaffen, nachdem bereits alle Tiere und Pflanzen gemacht worden waren. Im zweiten Bericht ist der Mensch vor den Pflanzen und den Tieren da. Wovon hat er sich ernährt? Gut, es handelte sich nur um zwei, drei Tage, so lange hält man es ohne Essen aus.

Aber das ist längst nicht alles. Widersprüche über Widersprüche: Da wird am ersten Tag das Licht herbeibefohlen, und erst am vierten Tag wird die Sonne erschaffen. Wußten die Alten nicht, daß unser Licht von der Sonne stammt? Kaum anzunehmen.

Aber wie gesagt, am meisten wunderte ich mich über die Kürze des Schöpfungsberichts. Da hat sich der Erzähler etwas vergeben. So dachte ich, und so denke ich bis heute. Und angenommen, es ist wirklich so, wie unser Religionslehrer wußte, daß nämlich in der Bibel Gott selber zu uns spricht, dann wunderte es mich um so mehr. Ich an Gottes Stelle hätte doch über die Erschaffung der Welt, was doch immerhin sein Hauptwerk war, ein wenig ausführlicher berichtet. Ist Gott so bescheiden? Diesen Eindruck hatte ich nicht, ganz im Gegenteil. Je weiter ich in die Genesis hineinlas, desto deutlicher wurde mir, daß Gott alles andere als bescheiden war. Es gab ja auch gar keinen Grund zur Bescheidenheit.

Es blieb der Eindruck: Die Erschaffung der Welt liest sich in der Bibel wie eine Inhaltsangabe. Nur daß eben das Buch zur Inhaltsangabe fehlt.

Warum ist das so?

Wenn man sich die Sagen und die Mythen, die Legenden und Märchen ansieht, die von allem Anfang an um die biblischen Geschichten waren wie das Wasser um eine Insel, dann erfahren wir, daß über die Erschaffung der Welt ursprünglich in ebenso bunten, üppigen Bildern erzählt worden war wie in den folgenden Geschichten – zum Beispiel über Jakob und seine Söhne oder das Leben des Josef am Hof des Pharao.

Die mythologische Buntheit war offensichtlich ein theologisches Ärgernis. Die Mythen erzählten nämlich von Göttern, von vielen Göttern mit verschiedenen Interessen, die keine für alle verbindliche, eben auch für den Menschen verbindliche Moral kannten. Die Theologen dagegen wollten den einen, den einzigen Gott, dessen Gebote verbindlich waren wie das Gesetz.

Die Bibel ist ja mehr eine Bibliothek als ein Buch. Verschiedene Autoren haben zu verschiedenen Zeiten ihre Beiträge geliefert. Die Redaktoren waren eifersüchtig darauf bedacht, alles auszumustern, was auch nur den Gedanken aufkommen ließ, daß es neben dem Einen noch andere Götter gab oder je gegeben hat. Man könnte es auch so ausdrücken: Sie waren ebenso eifersüchtig wie ihr Gott. Manchmal allerdings unterliefen ihnen Unachtsamkeiten.

In den Geboten, die Mose von Gott auf dem Berg Sinai empfangen hat, heißt es an dritter Stelle: »Du sollst dich nicht vor den anderen Göttern niederwerfen und dich nicht verpflichten, ihnen zu dienen. Denn ich, der Herr, dein Gott, bin ein eifersüchtiger Gott.«

Warum sollte er eifersüchtig sein, wenn es ohnehin nur ihn gab?

Oder noch deutlicher im fünften Buch Mose, dem sogenannten Deuteronomium. Da heißt es: »Denn der Herr, euer Gott, ist der Gott über den Göttern und der Herr über den Herren.«

Oder: Gott wird in der Genesis entweder Jahwe genannt oder Elohim. Elohim ist der Plural von El, und man kann es drehen und wenden wie man will: Elohim heißt »die Götter«.

Die Doktrin des Ein-Gott-Glaubens führte dazu, daß alles – oder eben fast alles! – aussortiert wurde, was an Vielgötterei erinnerte. Deshalb wirkt die Schöpfungsgeschichte in der Bibel so abstrakt, so dürr.

Aber worauf der Theologe seinen Bannstrahl richtet – und wofür der Historiker ohnehin nur ein Achselzucken übrig hat –, dort vermutet der Mythologe, der Erzähler, Interessantes ...

Die biblischen Geschichten waren eingebettet und erwuchsen aus einem mythischen Umfeld. Zu diesem Umfeld gehört auch »Enuma Elisch«, das babylonische Schöpfungsgedicht. Seine Entstehung datiert um 1700 vor Christus. Aus diesem Gedicht kann man die folgende Geschichte erfahren.

Am Anfang waren Apsu, der Vater, und Tiamat, die Mutter. Tiamat war das Meer, das salzhaltige Wasser. Sie war geschmückt und umgeben von einem Mantel. Dieser Mantel war die Erde. Die Erde war ihr Hochzeitskleid.

Apsu, ihr Gemahl, ihr Geliebter, war das süße Wasser, das Wasser des Himmels. Sein Hochzeitskleid waren die Wolken. Und wenn sich Apsu und Tiamat einander entgegenneigten, wenn sie sich liebten, dann fiel der Regen auf die fruchtbare Erde, und aus der Erde wuchsen die Blumen und die Bäume und die Gräser und die Früchte an den Bäumen.

Und wenn Apsu seine Geliebte Tiamat umarmte und wenn er sich auf sie niederlegte und sie miteinander schliefen, dann wurde Tiamat jedesmal schwanger. Und sie gebar jedesmal ein Wesen. Und jedes Wesen war von neuer Art und unvergleichlich und hatte nichts zu tun mit den Wesen, die schon geboren waren, und nichts mit den

Wesen, die noch geboren wurden. Alles, was ist bis zum heutigen Tag, ist damals geworden. – Fast alles …

Es waren Wesen in einem larvenhaften Zustand. Man könnte sagen: in einem Zustand der Idee. Natürlich fällt mir Platons Ideenlehre ein, nämlich daß vor den Dingen in ihrer Konkretheit bereits die abstrakten Ideen waren. Und diese Ideen wurden von Apsu und Tiamat geschaffen.

Es waren große Ideen darunter – die Idee der Liebe, die Idee des Krieges, die Idee des Todes, die Idee der Hoffnung, die Idee des Lichts, die Idee der Zeit. Aber auch die Ideen ganz banaler Dinge waren darunter, wie die Idee eines Tisches oder die Idee des Dreiecks, die Idee des Tannenzapfens, der Fahrradglocke, des Schnürsenkels, des Computerchips. Alles, was je werden wird, wurde damals in ideenhafter Form vorgeprägt.

Diese Ideen bevölkerten die Erde, bevölkerten das Meer, die Lüfte. Und sie machten Lärm. Die waren laut. Sie stritten sich um die besten Plätze. Sie waren aufmüpfig. Vorlaut waren sie. Rücksichtslos. Sie waren nicht Bruder und Schwester. Sie bestanden jeder für sich. Jede Idee war eine Welt. Jede Welt stritt gegen die andere.

Irgendwann wurde es dem Vater Apsu zuviel. Es wurde ihm zu laut. Er sehnte sich zurück nach der Zeit, als er mit seiner Geliebten, mit seiner Gemahlin Tiamat, allein gewesen war. Er besprach sich mit Tiamat.

»Was haben wir mit denen zu schaffen?« fragte er.

»Ich habe sie geboren«, sagte Tiamat. »Du hast sie gezeugt.«

»Aber lieben wir sie deshalb?« fragte er.

»Nein«, sagte sie.

Und sie beschlossen, all diese Wesen wieder aus ihrer Welt zu entfernen.

Sie sagten sich: »Wir werden unsere Wasser heftig vereinen.«

»Du, Tiamat, läßt das Meer steigen«, sagte Apsu.

»Du, Apsu, läßt all deinen Regen fallen«, sagte Tiamat.

Sie planten so etwas wie die erste Sintflut. Sie brachten die Idee der Sintflut hervor. Denn nichts anderes als hervorbringen konnten sie. Jedes Wort war eine Hervorbringung. Und jedes Wort war im Grunde erst die Idee dieses Wortes.

Sie wollten all diese Wesen in ihren Wassern ertränken und von nun an schweigen und lieben.

Aber da gab es einige Wesen, die bereits relativ gut ausgebildet waren. Zum Beispiel die Idee des Aufruhrs. Wenn ich sage, dieses Wesen war relativ gut ausgebildet, dann heißt das, es besaß über den abstrakten Begriff hinaus einen Namen.

Der Name des Aufruhrs war Ea.

Ea stellte sich Apsu entgegen. Und Ea tötete Apsu. Wie hat er das gemacht? Es ist, als ob allein schon die Frage Ea eine Form gibt, nämlich eine menschliche Form.

Ea hat seinen Säbel genommen und hat ihn mit so ungeheurer Geschwindigkeit über dem Kopf gedreht, daß er auf diese Weise den Regen wie mit einem Schirm abgehalten hat. Ea hat seinen Vater Apsu kastriert, und Apsu ist verblutet. Das wiederum erinnert uns an die griechische Mythologie, an den Titanen Kronos, der seinen Vater Uranus, nämlich den Himmel, kastrierte.

Tiamat war nun voll Zorn und Trauer. Sie überschwemmte und zerschmetterte Ea. Aber Ea, der Aufruhr, hatte einen Sohn, er hatte ihn gezeugt mit dem Haß, und dieser Sohn hat nun schon bedeutend konkretere Züge.

Dieser Sohn heißt Marduk, und er verkörperte den Krieg. Wenn ich sage, er hatte konkretere Züge, so heißt das, er hatte nicht nur einen Namen, sondern auch ein

Gesicht, menschliche Züge. Marduk besaß sogar zwei Gesichter, eines vorne und eines hinten. Das vorne zeigte einen Mann, das hinten eine Frau. Vier Augen, vier Ohren. Marduk sah alles, hörte alles.

Marduk, der Krieg, rüstete zum Kampf gegen Tiamat. Er warb unter den Wesen, die in der Welt herumschwirrten, er scharte viele um sich. Aber auch Tiamat rüstete zum Kampf, auch sie versammelte Wesen um sich. So entstanden zwei Heere. Alles, was war, teilte sich auf, die einen waren für Marduk, die anderen für Tiamat.

Es kam zum Kampf. Im Lied heißt es, Marduk habe sich vorher eine rote Paste auf die Lippen geschmiert. Er hat sich geschminkt, hat sich unheimlich gemacht, um Tiamat Angst einzujagen. Und er hat sich Kräuter um die Handgelenke gewickelt, um sich vor Gift zu schützen. Ein König war er, ein General. Um sein Haupt loderte eine Flammenkrone. Seine Offiziere waren die sieben Winde, mit ihrer Hilfe wollte er das Meer aufwühlen.

Tiamat, die Urmutter, dagegen war mit Pfeil und Bogen ausgerüstet, sie brauste in einem prachtvoll geschmückten Kampfwagen daher.

Zuerst beschimpften sie einander und verfluchten sich. Dann kam es zum Kampf. Die Heere mischten sich. Marduk, der Krieg, war stärker als Tiamat, die Urmutter. Marduk warf sein Netz über sie und rang sie nieder. Er knebelte Tiamat, bis sie sich nicht mehr rühren konnte. Dann beugte er sich über sie und blies ihr in die Nase, so heftig, daß ihre Gedärme zerrissen und ihr Bauch aufplatzte. So verendete Tiamat.

Dann spickte Marduk den Leib der Urmutter mit seinen Pfeilen, fesselte die Leiche und schnitt sie der Länge nach entzwei. Die eine Hälfte hob er nach oben und hielt so die Wasser des Himmels zurück. Die andere senkte er nach unten und hielt so die Wasser der Erde zurück.

Und so führte er die Trennung von oberem Wasser und unterem Wasser noch einmal aus, diesmal nach seiner Maßgabe. Aber auch Marduk war im Kampf verletzt worden, und auch er starb.

Ich sagte, Marduk und Tiamat haben vor dem Krieg all diese irrlichternden Wesen, diese wesenhaften Ideen, um sich geschart und aufgeteilt in zwei Heere. Sie alle, sagte ich, haben an diesem Krieg teilgenommen, entweder auf der Seite Marduks oder auf der Seite Tiamats. Das war nicht ganz richtig.

Es gab ein Wesen, dieses Wesen repräsentierte die Idee der Zeit, und dieses Wesen, eben weil es die Zeit repräsentierte und sowohl Vergangenheit als auch Gegenwart als auch Zukunft war und deshalb voraussah, daß der Krieg mit der Vernichtung oder Beschädigung aller enden wird, deshalb beteiligte sich dieses Wesen nicht an diesem Krieg.

Dieses Wesen hat ebenfalls eine Entsprechung in der griechischen Mythologie, nämlich Prometheus. Auch Prometheus beteiligte sich nicht am ersten Krieg, dem Krieg der Titanen gegen die Götter. Er, der Voraussehende, repräsentierte die Idee der Zeit, auch er wußte, wie dieser Krieg enden wird.

Die Zeit also stand abseits und sah zu, wie die anderen stritten. Da flogen die Späne, da spritzte das Blut, und um nichts abzubekommen, um sich nicht zu beschmutzen, hob dieses Wesen den Unterarm vor das Gesicht, und sein Unterarm wurde beschmutzt vom Blut der Kämpfenden.

Als der Krieg zu Ende war, waren alle Wesen entweder ausgelöscht oder verwundet – bis auf eines, und dieses eine Wesen war die Zeit, und sie gab sich einen Namen und nannte sich Jahwe, das heißt Ich-bin-der-ich-Bin oder Ich-bin-Da.

Wir sagen: Gott.

Der Geist Gottes, so heißt es am Beginn der Genesis, schwebte über dem Chaos, dem Tohuwabohu.

Tohu und Bohu, das sind der Abgrund in die Finsternis und der dünne Lichtstrahl am Horizont, die Hoffnungslosigkeit und die Hoffnung – Gegensätzlichkeit, potentielle Dynamik. Das Chaos enthält alles, aber alles in ungeordneter Form.

Als er über diesem Chaos schwebte, entschloß sich Gott, das Chaos neu zu ordnen. Aus den Sagen, Mythen, Legenden, Märchen, die die Bibel wie Schatten von Anfang an umschwirren, erfahren wir, Gott habe die Dinge dieser Welt nicht erschaffen, sondern lediglich geordnet. Erschaffen habe er nur eines.

»Ein Reich will ich gründen«, sagte er, »das so ewig ist wie die Zeit und so prächtig, daß die Zukunft, ohne sich zu schämen, zurück in die Vergangenheit blicken kann.«

Als er sich nun ein Bild machte von der Situation, merkte er, daß die Haut an seinen Unterarmen zu jucken begann. Und da erst sah er, daß sich das Blut der Krieger, das auf seinen Unterarm gespritzt war, zu Buchstaben formiert hatte, zu Schriftzeichen, die aussahen wie Tätowierungen.

Und diese Schriftzeichen auf seinem Unterarm begannen mit Gott zu reden.

»Wir wollen dir helfen«, sagten sie.

»Warum denkt ihr, ich könnte eure Hilfe brauchen?« fragte er.

»Du willst fertig werden mit dem, was vom Krieg übriggeblieben ist«, sagten die Schriftzeichen auf seinem Arm. »Und wir, wir stammen ab von dem, was übriggeblieben ist.«

Das sah Gott ein.

»Gut«, sagte er, »ich will eure Hilfe annehmen.«

»Beginn deine Schöpfung mit mir!« riefen da die Schriftzeichen durcheinander. »Mit mir! Mit mir!«

Was soll das? Was wollten sie? Mit einem Machtwort kann Gott alles zu dem machen, was es von da an sein wird. Und der erste Buchstabe dieses Machtworts, das wollte jeder Buchstabe auf dem Unterarm Gottes sein.

Den hebräischen Buchstaben entsprechen Zahlenwerte, je weiter zum Ende des Alphabets hin, desto höhere Zahlen bezeichnen sie. Die letzten Buchstaben bildeten sich ein, sie seien, weil sie die höchsten Zahlen repräsentierten, auch die wichtigsten. Sie stellten Bedingungen. Unverschämt waren sie, größenwahnsinnig. Jeden einzelnen Buchstaben hörte er sich an. Und er war nicht zufrieden.

Gott wischte sie vom Arm: »Mit euch will ich meine Schöpfung nicht beginnen!«

Am Ende blieben nur zwei Buchstaben übrig. Das Beth und das Aleph. Beth ist der zweite Buchstabe, und er symbolisiert die Zahl zwei. Außerdem ist er auch das Symbol für das Haus.

Beth sagte: »Mach deine Schöpfung, wie sie dir vorschwebt, aber bau sie wie ein Haus.«

»Warum?« fragte Gott.

»Weil das Haus etwas Gutes ist.«

»Warum?«

»Weil das Haus etwas Sicheres ist.«

»Warum?«

»Weil es das Gegenteil von Chaos ist. Es enthält alles, aber alles ist geordnet. Deine Schöpfung wird nur dann gut sein, wenn sie in der Lage ist, das Gegensätzliche, das im Chaos enthalten ist, zu vereinen.«

Beth, die Zahl zwei, sagte das.

»Bau deine Schöpfung nach dem Prinzip der Zahl

zwei, nach dem Prinzip Beth! Dann erst wird sie ewig sein wie die Zeit.«

Das gefiel Gott, und er sagte: »Ich werde meine Schöpfung mit dir beginnen.«

Dann wandte er sich dem Aleph zu und fragte: »Was ist mit dir, was kannst du mir bieten?«

Aleph sagte: »Ich bin das Eins, aus mir kann nichts entstehen, ich bin das Alles und das Nichts. Ich grenze an nichts an, ich bin nur für mich, ganz allein. Mit dem Chaos habe ich nichts zu tun. Mit dem Chaos will ich nichts zu tun haben.«

»Womit hast du zu tun?« fragte Gott. »Womit willst du zu tun haben?«

»Mit dir«, sagte das Aleph. »Nimm mich, und mach mich zu deinem Zeichen!«

Das gefiel Gott. Er nahm Aleph als sein Zeichen. Gott ist das Eins. Er ist der Einzige. Neben ihm ist keiner. Keiner grenzt an ihn an. Er ist das Alles und das Nichts. So begann Gott, das Chaos zu ordnen.

Anders, als uns in der Bibel erzählt wird, erzählen die Mythen und die Sagen, er habe nicht von Anfang an gewußt, wie er das machen soll. Er probierte. Probierte und war immer darauf bedacht, das Versprechen, das er Beth gegeben hatte, einzuhalten: Alles sollte nach dem Prinzip der Einheit der Gegensätze gestaltet werden.

Zunächst knetete er Feuer und Schnee. Aber die beiden waren einander gegensätzlich, und ihr Antagonismus war nicht fruchtbar. Dann hängte er sieben Himmel und sieben Meere an seine Arme und wollte sie durch Schaukelbewegung vereinen. Das Ergebnis befriedigte ihn nicht.

Ein besonders gefinkelter Mythologe hat ausgerechnet, daß Gott erst nach neunhundertvierundsiebzig Versuchen so etwas wie eine brauchbare Weltschöpfungsstrategie gefunden habe. – Wie das ein Mensch ausrechnen kann? Keine Ahnung!

Aber schließlich hatte Gott eine Vorstellung gewonnen, wie das Chaos geordnet werden könnte. Er faßte einen Plan. In sieben Tagen sollte die Welt erschaffen sein.

Bevor wir näher auf diesen Plan eingehen, wollen wir das Chaos noch einmal betrachten. Woraus bestand das Chaos? Aus zerschlagenen, angeschlagenen, verletzten, entmachteten Teilen der früheren Welt, der Welt von Apsu und Tiamat. Und diese Teile hatten jedes für sich eine Wesenheit, jedes Teil stand für eine Idee. Die stärkste aller Ideen, eben weil sie sich nicht an dem Krieg beteiligt hatte, war die Idee der Zeit, aus ihr war Gott hervorgegangen. Aber die anderen, die besiegten, verwundeten, entmachteten Wesen, waren ebenfalls noch da, sie irrten beziehungslos herum, und diese Beziehungslosigkeit war das Chaos.

Das stärkste dieser herumirrenden Wesen repräsentierte die Idee des Lichts, sein Name war Helel ben Schachar, der Sohn der Morgenröte, Träger des Lichts. Er war der gefährlichste Konkurrent für Gott. Um einen Streit und einen neuen Krieg zu vermeiden, machte Gott Helel ben Schachar zu seiner rechten Hand, zu seinem Liebling, zu seinem Stellvertreter. – Punkt eins in Gottes Plan hatte diese Vereinbarung zum Inhalt.

Darum heißt es: Am ersten Tag schuf Gott das Licht.

Helel ben Schachar – was für ein schöner Name! Als ich ihn zum ersten Mal las, habe ich ihn den ganzen Tag halblaut vor mich hin gesprochen. Es hat sich allerdings eingebürgert, ihn bei seinem lateinischen Namen zu nennen. Licht heißt lux, tragen heißt ferre: Es ist Luzifer.

Am zweiten Tag trennte Gott die Wasser voneinander, trennte das obere vom unteren und hob die Erde aus dem Meer.

Am dritten Tag machte er etwas, was jeder Architekt, jeder Städteplaner macht, nämlich ein Modell. Er stellte sich auf die Erde und zirkelte ein Gebiet ab, so groß, wie sein Blick reichte. Hier sollte im Kleinen ein Prototyp der Schöpfung entstehen: der Garten Eden. Das Ideal. Das Paradies.

Er wollte ein Ideal schaffen. Gegen die Vereinbarung mit Beth, dem zweiten Buchstaben, wollte Gott ein Ideal schaffen.

Beth hatte ihn gewarnt: »Nicht das Ideal, sondern das Unfertige, das, was ewig im Entstehen begriffen ist, das sollst du machen.«

Wenigstens ausprobieren wollte Gott das Ideal, wenigstens ausprobieren! Etwas Schöneres als Eden hat es nie gegeben und wird es nie mehr geben! Eden war dunkel, und was dunkel ist, kann schön sein, seine Schönheit nützt niemandem. Darum bat Gott den Luzifer, er möge dem Paradies Licht geben.

Luzifer betrat den Garten, prächtig war der Liebling anzuschauen, geschmückt war er mit Diamanten und Jasminen, mit Saphiren und Kristallen, und er gab dem Garten Eden sein wunderbares Licht. Luzifer stand in der Mitte des Gartens, dort, wo Gott gestanden hatte, als er den Garten schuf. Er stellte sich in die Fußstapfen Gottes und verströmte sein Licht. Und da sah er, daß die Fußstapfen Gottes nur um ein Geringes größer waren als seine Füße.

Da dachte sich Luzifer: »Ein schöner Garten. Ja. Nie hat es etwas Schöneres gegeben. Nie wird es etwas Schöneres geben. Ja. Aber! Ohne mich ist diese Schönheit wie nichts. Ich, ich allein gebe diesem Garten seine wahre Schönheit!«

Und er betrachtete wieder die Fußabdrücke Gottes.

Und er dachte: »Nur um ein Winziges sind seine Füße größer als die meinen. Man wird es nicht merken.«

Und Luzifer beschloß, sich gegen Gott zu erheben.

Er rief hinaus in die weite, neue Welt: »Ich werde mich auf Gottes Thron setzen! Ich werde herrschen!«

Luzifer dachte wohl, einige dieser anderen Wesen, die nach dem Krieg im Chaos herumgeirrt waren, die Gott hinter sich geschart hatte, würden von Gott abfallen und sich auf seine Seite stellen. Und vielleicht wäre das ja auch geschehen, und alles, was ist bis zum heutigen Tag, würde unter der Herrschaft Luzifers stehen, wenn da nicht eines dieser Wesen auf der Stelle widersprochen hätte, ein Engel mit einem Flammenschwert in der Hand.

Der schrie Luzifer an: »Wer ist wie Gott?«

Und damit hat er sich seinen Namen gegeben. Denn Wer-ist-wie-Gott heißt Michael. Es war der Erzengel Michael.

Und Gott schmetterte seinen Blitz auf Luzifer, und Luzifer stürzte nieder. Und sein Sturz eröffnete die Hölle, und dahinein stürzte Luzifer. Dort lag er verwirrt, voller Haß und Zorn und auch voller Trauer, und dort liegt er bis zum heutigen Tag.

Im Sturz riß er ein Stück des lebendigen Himmels mit sich. Nur mühsam wuchs diese Wunde des Himmels wieder zusammen. Durch diese Narbe schimmert die Herrlichkeit Gottes. Noch heute können wir diese Narbe am klaren Nachthimmel sehen: Das ist die Milchstraße.

Und dieses Stück Himmel in seiner Hand ermöglichte dem Luzifer in Zukunft, wann immer er wollte, in den Himmel zu steigen. Ohne dieses Stück Himmel in Luzifers Hand hätte Goethe sein wichtigstes Bühnenstück anders konzipieren müssen, jedenfalls ohne den Prolog im Himmel.

Am vierten Tag, so lesen wir in der Bibel, schuf Gott die Sonne. Das Licht war mit Luzifer gefallen. Aber die Welt sollte gesehen werden. Deshalb schuf Gott die Sonne. Ein neues Licht für seine Schöpfung.

Dann schuf er die Pflanzen und die Tiere.

Da juckte die Haut auf seinem Unterarm, und es meldete sich der Buchstabe Beth.

Beth sagte: »Siehst du, wo du im Garten Eden gestanden bist, dort wächst ein Baum. Dieser Baum wächst aus deinen und aus Luzifers Fußspuren. Dieser Baum soll dich immer daran erinnern, daß du mir versprochen hast, deine Welt nach meinem Prinzip zu erschaffen, nämlich nach dem Prinzip der Vereinigung der Gegensätze. Es gibt das Ideal nicht. Dieser Baum inmitten des Paradieses wird Früchte tragen, und die Früchte werden das Gute und das Böse enthalten. Und wer davon ißt, der wird das Gute und das Böse erkennen.«

Am Morgen des sechsten Tages besah sich Gott sein Werk und sagte sich: »Ich habe die Erde neu geordnet. Ich habe den Himmel neu geordnet. Ich habe die irrlichternden Wesen unter meiner Krone vereint, habe Engel und Erzengel aus ihnen gemacht, und nur einer ist von mir abgefallen. Und ich habe das Gute und das Böse voneinander getrennt.«

Und dann mußte er sich eingestehen: »Ich habe ja nichts Neues erschaffen. Ich habe das Alte geordnet und geheilt. Mehr nicht.«

Und er entschloß sich zu einer eigenen Schöpfung: Er schuf den Menschen. Am Abend des sechsten Tages schuf er den Menschen.

Der Mensch war Gottes originäres Werk. Zu ihm wird er sagen: »Mach dir die Erde untertan!«

Denn Gott wollte, daß sein Geschöpf über alle anderen Geschöpfe herrsche.

Adam und Eva

Vom ersten Adam – Von Samael und seinem Sturz – Von den Namen der Tiere – Von Adams Sehnsucht nach einer Frau – Von Lilith – Von der ersten Eva – Von der endgültigen Eva – Vom Spaziergang durch das Paradies – Von der Schlange und ihrem Gespräch mit Eva – Vom Baum der Erkenntnis und der Vertreibung aus dem Paradies

Gott nahm Erde von allen Teilen des Landes. Er legte sie auf einen Haufen, knetete den Haufen, spuckte darauf, durchmischte ihn und formte daraus den Menschen. Und Gott nannte den Menschen Adam. Nach dem Namen der Erde: Adama.

Er machte den Adam riesengroß, und Adam lag ausgestreckt auf der Erde, und er reichte von einem Ende zum anderen, von Norden nach Süden, und seine Arme zeigten von Osten nach Westen.

Aber Adam lebte nicht.

Da erinnerte sich Gott an den Kampf zwischen der Urmutter Tiamat und Marduk, dem Inbegriff des Krieges. Marduk hatte Tiamat getötet, indem er seinen Atem in ihre Nase blies.

Und Gott hielt Zwiesprache mit dem Buchstaben Beth auf seinem Unterarm, und er sagte: »Ist es wahr, daß Leben und Tod Gegensätze sind?«

»Es ist wahr«, sagte Beth.

»Ist es wahr, daß es keinen größeren Gegensatz gibt als den zwischen Leben und Tod?«

»Es ist wahr.«

»Und dennoch läßt sich nach deinem Prinzip auch dieser Gegensatz vereinen?«

»Das ist wahr«, sagte Beth.

»Also kann man«, sagte Gott, »auf die gleiche Weise, wie man Leben nimmt, auch Leben geben.«

Und er blies dem Adam in die Nase und hauchte ihm auf diese Weise Leben ein.

Und das war die Seele des Adam. Und weil Gott voraussah, daß es Tage geben wird, an denen Adam an seiner Seele verzweifelt und sich die Seele aus dem Leib reißen möchte, verankerte er die Seele tief im Menschenleib.

Dann richtete er den Adam auf, er war riesengroß, seine Schultern reichten bis zu den Wolken. Und Gott sah seinem Wesen ins Gesicht. So lange sah er seinem Wesen ins Gesicht, bis sich seine Gesichtszüge auf Adam übertrugen. So hat Gott den Adam nach seinem Ebenbild erschaffen.

Wenn wir in den Spiegel schauen: Sieht so Gott aus? Nicht ganz, nicht ganz ...

Es gibt eine alte Überlegung, die relativiert unsere Ebenbildlichkeit mit Gott. Rahel, die Frau des Jakob, heißt es da, soll die schönste Frau ihrer Zeit gewesen sein. Im Vergleich zu ihr habe die griechische Helena wie eine verschrumpelte Äffin ausgesehen. Rahel wiederum habe im Vergleich zu ihrer Vorfahrin Sara, der Frau des Abraham, wie ein Affenweib ausgesehen. Aber Sara, die noch mit hundert so schön war, daß der Pharao vor ihr in die Knie ging, Sara soll neben Eva, der ersten Frau überhaupt, wie die häßlichste aller Kröten gewirkt haben. Und Eva wiederum soll im Vergleich zu Adam ausgesehen haben wie eine Maulwurfsgrille, und Maulwurfsgrillen werden, wie allgemein bekannt, nur noch von Nacktmullen an Häßlichkeit übertroffen. Adam aber, Gottes Ebenbild, sei Ebenbild gewesen nur in dem Sinn, wie die Asche Ebenbild des Feuers sei – nicht mehr und nicht weniger ... Diese Legende sollten wir nicht vergessen, wenn wir in den Spiegel schauen.

Gott hatte also erneut mit dem Buchstaben Beth eine Vereinbarung getroffen, daß er seine Schöpfung nach dem Prinzip der Vereinigung der Gegensätze gestalte und also nicht versuche, etwas Vollkommenes zu schaffen. Aber kann man etwas schaffen wollen ohne die Ambition, es in vollkommener Form aus der Hand zu geben? Nein, das kann ein Mensch nicht. Und ein Gott sollte es können?

Also dachte Gott bei sich: »Ich werde mich nicht um mein Versprechen kümmern. Und wenn gemacht ist, was ich machen will, dann wird sein, was ist.«

Er wollte diesen Adam einzig und ewig machen, unsterblich und allein. Denn zwei gibt es nur dort, wo es kein ewiges Leben gibt, das heißt, wo das eine stirbt und das andere aus dem einen hervorgeht. Gott war stolz auf Adam.

Und als sich Adam zu seiner vollen Größe erhob, erschraken die Engel. Die einen meinten, da erhebe sich einer gegen Gott, und sie rüsteten sich zum Angriff. Die anderen meinten dasselbe und wollten desertieren. Und eine dritte Gruppe hatte einfach nur Angst und versteckte sich.

Aber Gott sagte: »Niemand, der mich liebt, braucht sich vor Adam zu fürchten. Aber wer mich nicht liebt, der muß sich von nun an doppelt fürchten.«

Da begaben sich Engel und Erzengel auf ihre Plätze. Und sie warteten ab. Die Engel schauten auf die Erzengel, und die Erzengel schauten auf Gott. Da meldete sich die Erde zu Wort, zum ersten und zum letzten Mal.

Sie murrte, sie sagte zu Gott: »Wie soll ich dieses Wesen ernähren?«

»Er wird sich von deinen Früchten ernähren.«

»Gut, sein Leib wird sich von meinen Früchten ernähren«, sagte die Erde. »Aber wovon wird sich seine Seele ernähren? Darauf bin ich nicht vorbereitet. Ich weiß nicht, wie man eine Seele ernährt.«

Da erfand Gott den Schlaf.

»Ich weiß nicht, ob die Seele je hungrig werden wird«, sagte Gott, »aber wenn, dann wird sie der Schlaf ernähren.«

Dann war ein halber Tag vergangen, und der Leib Adams hatte Hunger. Und Adam aß. Zu Mittag aß er die halbe Erde leer. Und am Abend hatte er schon wieder Hunger.

»Wenn er am Abend die andere Hälfte leer ißt«, sagte der Erzengel Michael zu Gott, »dann wird er übermorgen verhungern.«

»Was soll ich tun?« fragte Gott.

»Mach ihn kleiner«, riet Michael.

Da nahm Gott so viel Erde von Adams Körper, bis er kleiner war als ein Baum. Und was machte er mit dem übriggebliebenen Lehm? Den deponierte er draußen vor dem Paradies, gleich neben dem Tor.

Dann ließ Gott die Engel antreten, und er sagte zu ihnen: »Seht her! Dieser da ist mein Liebling! Ihn habe ich geschaffen. Ich! Ich möchte, daß ihr vor ihm niederkniet. Ich möchte, daß er euch mehr gilt, als ihr euch geltet. Ihr sollt wissen, er steht über euch. Kniet euch nieder vor ihm!«

Die Engel schauten auf die Erzengel, und die Erzengel schauten sich gegenseitig an. Und dann blickten alle auf Michael. Und Michael beugte sein Knie vor Adam. Gabriel folgte. Und Raphael und Uriel, sie knieten sich nieder vor Adam.

Aber da war einer der Erzengel, Samael hieß er, der sagte zu Gott: »Einen Augenblick! Natürlich werde ich mich vor deinem Geschöpf niederknien. Aber wäre es nicht peinlich, für dich peinlich, wenn wir uns jetzt alle vor Adam niederknieten, und dann stellte sich heraus, er ist immer noch nicht ganz fertig. Dann müßten wir uns noch einmal vor ihm niederknien. Eine Korrektur hast du bereits an ihm vornehmen müssen, hast ihn kleiner gemacht. Woher soll ich wissen, ob du ihn vielleicht nicht wieder völlig umbaust?«

»Was willst du, Samael?« fragte Gott.

»Man sollte ihn testen«, sagte Samael.

»Wie meinst du das?«

»Er ist aus Dreck gemacht, ich bin aus Licht gemacht. Es könnte doch sein, daß Licht doch besser ist als Dreck.«

»Teste ihn, Samael!« sagte Gott.

»Ich?« sagte Samael, nun doch verlegen.

»Ja, du!« sagte Gott.

»Und wie soll ich ihn testen?«

»Angenommen, Adam weiß etwas, was du nicht weißt.«

»Was ist dann?« fragte Samael, und er zwinkerte unsicher.

»Machen wir es so«, sagte Gott »drei Versuche. Wenn Adam dreimal etwas weiß, was du nicht weißt ...«

»Dann beuge ich vor ihm mein Knie«, ergänzte Samael das Wort Gottes.

»Nein«, sagte Gott, »dann brauchst du dich erst gar nicht niederzuknien. Dann wird dich Michael nach draußen begleiten, und du sollst dorthin gestürzt werden, wohin vor dir Luzifer gestürzt wurde.«

Da konnte Samael nicht mehr widersprechen.

Gott befahl, daß sich Adam und Samael nebeneinanderstellten. Dann rief er die Tiere herbei.

»Jedes dieser Tiere hat einen Namen. Aber die Namen sind noch nicht ausgesprochen. Sie ruhen in den Tieren. Weißt du die Namen?« fragte er Samael.

Gott stellte ein Tier vor Samael hin, ein kleines Tier mit langen Ohren und einem Stummelschwanz. Samael meinte, er könnte den Namen im Kopf ausrechnen. Er zählte die Haare des Tieres und rechnete und rechnete, maß die Länge der Ohren. Aber er konnte nicht herauskriegen, wie das Tier hieß.

Er mußte eingestehen: »Ich weiß es nicht.«

Und Gott sagte zu Adam: »Probier du es!«

Aber Gott war parteiisch. Er stellte die Frage an Adam so, daß der erste Buchstabe der Frage auch der erste Buchstabe des Tieres war.

Er sagte: »H-h-h-ast du eine Ahnung, Adam, wie dieses Tier heißt?«

Und Adam sagte: »Das ist der H-h-hase.«

Und dann führte Gott ein zweites Tier vor. Es war größer, ging auf vier Beinen, hatte zwei Höcker auf dem Rücken. Und Samael wußte den Namen auch dieses Tieres nicht.

Und Gott sagte zu Adam: »K-k-k-annst du mir den Namen dieses Tieres sagen, Adam?«

Und Adam sagte: »Das ist das K-k-k-amel.«

Das dritte Tier, das Gott aus der Schar der Tiere holte, war klein, und es summte, und es hatte Flügel, die waren durchsichtig. Und Samael wußte den Namen nicht.

Und Gott sagte zu Adam: »B-b-bist du in der Lage, Adam, den Namen dieses Tieres zu nennen?«

Und Adam antwortete: »Das ist die B-b-biene.«

So hat Adam etwas gekonnt, was Samael nicht konnte.

Und Gott sagte zu Samael: »Wir haben eine Abmachung getroffen. Jetzt werde ich dich in die Hölle stürzen.«

Und er gab Michael den Befehl, Samael aus dem Paradies zu führen. Michael führte Samael aus dem Paradies. Als sie draußen vor dem Tor standen, dort, wo der Haufen Lehm lag, den Gott vom Leib Adams genommen hatte, um ihn kleiner zu machen, da blieb Samael stehen.

Und er sagte zu Michael: »Überleg dir, Michael, was du tust. Wenn wir drei, Luzifer, du und ich, uns zusammentun, dann können wir ihn stürzen, dann können wir nach unseren Regeln eine neue, eine bessere Schöpfung machen, eine Schöpfung, die keine Korrekturen nötig hat.«

Aber Michael sagte: »Nein.«

Und Samael sagte: »Du wirst sehen, es wird die Zeit kommen, da wirst du ihn anlügen.«

»Niemals kommt diese Zeit«, sagte Michael.

»Vielleicht wirst du ihn nicht anlügen«, sagte Samael, »aber du wirst ihm nicht die Wahrheit sagen.«

»Was ist der Unterschied?« fragte Michael.

»Wenn es soweit ist, wirst du den Unterschied kennen«, sagte Samael.

Und ehe es sich Michael versah, spuckte Samael auf den Haufen Lehm, der neben dem Tor zum Paradies lag. Und Michael hat es nicht verhindern können. Und nun schmetterte Michael den Samael in die Hölle. Aber Samael klammerte sich an Michaels Flügeln fest und riß eine Feder aus. Und mit Hilfe dieser Feder kann Samael in Zukunft, wann immer er will, auf die Erde steigen, um die Nachkommenschaft Adams zu schikanieren.

Dann sagte Gott zu Adam: »So, nun mach du weiter! Gib auch den anderen Tieren Namen! Sag jedem einzelnen Tier, wie es heißen wird!«

Und Gott ließ die Tiere vor Adam antreten, und Adam zeigte mit dem Finger auf ein Tier nach dem anderen und gab ihnen Namen. Eine unendlich lange Reihe war das.

»Schnecke! Gans! Barsch! Madenwurm! Amsel! Blauwal! Löwe! Milbe ...«

Adam betrachtete die Tiere, die da vor ihm standen, und er sah, daß die Tiere immer zu zweit kamen. Er sah, daß es Männlein und Weiblein waren.

»Fuchs und Füchsin! Katze und Kater! Kuh und Stier! Maikäfer und Maikäferin. Spatz und Spätzin ...«

Und die Tiere warteten, bis sie drankamen, und es schien Adam, als warteten sie gern. Sie schmiegten sich aneinander, Männlein an Weiblein.

»Hengst und Stute! Wolf und Wölfin! Ratte und Rättin ...«

Die Tiere sahen sehr glücklich aus, sie hatten es gar nicht eilig. Sie liebten sich, sie vereinigten sich, sie brachten Junge zur Welt, gründeten Familien.

»Hund, Hündin, Welpe! Rehbock, Reh, Kitz ...«

Adam sah zu, und er wurde neugierig, und er wurde aber auch traurig. Denn er war allein.

Er sagte zu Gott: »Warum bin ich allein? Ich sehe, das Schaf hat einen Widder an seiner Seite. Der Hund hat eine Hündin an seiner Seite. Der Rabe hat die Räbin. Die Katze den Kater. Sie neigen sich einander zu, und sie sind glücklich. Sie lieben sich und bringen Junge zur Welt, und sie gründen Familien. Und ich bin allein.«

Gott sagte: »Du bist einmalig.«

»Ja, ich bin einmalig«, sagte Adam und gab den Tieren weiter Namen.

In einem Talmud-Traktat heißt es, Adam habe versucht, die Tiere nachzumachen. Er habe versucht, sich mit den Tieren zu vereinigen. Aber er sei dabei nicht glücklich geworden, und da sei der Stachel der Langeweile in sein Herz eingedrungen. Und Langeweile macht böse.

Und als Gott ihn wieder besuchte, habe ihm Adam nicht in die Augen gesehen, und auf seine Fragen habe er nur widerwillig geantwortet. Er sei bockig gewesen. Und

Gott sah, daß die Seele Adams hungrig war. Und Gott schickte den Schlaf in Adams Seele.

Adam schlief, und der Schlaf hat seine Seele erquickt. Aber als er aufwachte, war er immer noch allein.

Er trat vor Gott und sagte: »Ich möchte nicht mehr allein sein.«

»Was willst du?« fragte Gott.

»Ich möchte auch ein Weib haben.«

Gott hatte Mitleid mit seinem Geschöpf, und er sagte: »Gut, ich werde darüber nachdenken.«

Dann hat Gott nachgedacht, und er sagte zu Adam: »Dreh dich um!«

Adam drehte sich um, und Gott modellierte aus Adams Hinterkopf das Gesicht einer Frau, und aus Adams Rücken modellierte er den Körper einer Frau.

»Jetzt bist du nicht mehr allein«, sagte er zu ihm.

Warum hat Gott das so gemacht? Er dachte, vielleicht kann ich ihn doch noch als einmaliges Wesen behalten, wenn ich aus ihm ein Doppelwesen in einer Person mache, so ist er immer noch einmalig und wird wohl Ruhe geben.

Aber Adam gab keine Ruhe. Er hatte ja gesehen, wie sich die Tiere einander zuneigten, wie sie sich voll Liebe in die Augen sahen. Wie sollte er seinem Hinterkopf in die Augen sehen? Wie sollte er sich seinem Rücken zuneigen?

»Es geht nicht«, sagte Adam zu Gott. »Es macht mich nicht glücklich. Es macht mich nur noch trauriger.«

»Was willst du?« fragte Gott.

»Ich will eine Frau haben«, sagte Adam.

Gott sagte: »Ich werde darüber nachdenken.«

Gott beriet sich mit dem Erzengel Michael.

»Was meinst du?« fragte er ihn.

»Er wird keine Ruhe geben«, sagte Michael.

»Ich fürchte auch«, sagte Gott. »Ich werde ihm eine Frau machen. Es bleibt mir nichts anderes übrig.«

Und Gott kratzte sich am Unterarm.

Und er sagte zu Michael: »Draußen vor dem Tor des Paradieses, dort liegt doch noch der Haufen Lehm, der vom ersten Entwurf übrig ist. Ich werde aus diesem Lehm eine Frau für Adam machen.«

Da erschrak Michael, denn er erinnerte sich, daß Samael auf diesen Lehm gespuckt hatte, bevor er in die Hölle gestürzt wurde.

Michael sagte zu Gott: »Das ... das ... ist vielleicht keine so gute Idee ... Warum gerade diesen Lehm?«

»Warum nicht«, sagte Gott. »Es wird Adam guttun, wenn seine Frau aus demselben Stoff ist wie er.«

»Vielleicht ist dieser Lehm schon alt«, stammelte Michael. »Ich will doch lieber frischen Lehm holen ...«

Aber Gott sagte: »Nein, ich werde Adams Weib aus diesem Lehm machen.«

Samaels Prophezeiung erfüllte sich: Michael hat Gott zwar nicht angelogen, aber er hat ihm auch nicht die Wahrheit gesagt. Er wagte es nicht, ihm zu sagen, daß Samael, der Teufel, auf diesen Lehm gespuckt hat. Denn er befürchtete, Gott würde ihn schelten, weil er es nicht verhindert hat.

Gott nahm also von dem Lehm, der draußen vor dem Tor des Paradieses lag, und formte daraus eine Frau. Und er gab der Frau einen Namen. Er nannte sie Lilith.

Gott machte Lilith wunderschön und führte sie dem Adam zu. Adam verliebte sich in Lilith.

Aber bevor die Nacht kam und Lilith und Adam sich niederlegten, holte Gott die Frau noch einmal zu sich und sagte zu ihr: »Daß wir uns richtig verstehen! Er ist der erste. Du bist die zweite. Du sollst ihm untertan sein, du sollst dem Mann unterlegen sein!«

Und das hat Gott wortwörtlich gemeint: »Du sollst unter ihm liegen!«

Aber Lilith wollte nicht die Unterlegene sein. Und sie wollte nicht unter Adam liegen, wenn sie sich liebten. Und sie wollte nicht zusehen, wenn er den Tieren Namen gab und dabei so umständlich vorging – Mücke, Elefant, Wurm, Blauwal ... Sie mischte sich ein.

»Was machst du da!« sagte sie. »Du nimmst den Wurm nach dem Elefant dran und den Flamingo nach der Schnecke.«

»Warum denn nicht?« fragte Adam.

»Soll die Natur denn keine Ordnung haben?« sagte Lilith.

»Warum denn?« fragte Adam.

»Damit man sich auskennt.«

»Wer soll sich auskennen?«

»Damit wir uns auskennen. Wir und unsere Kinder.«

»Unsere Kinder?«

»Willst du keine Kinder?«

»Wie die Tiere?«

»Nicht so wie die Tiere. Anders als die Tiere.«

»Das verstehe ich nicht.«

»Weil du die Natur nicht verstehst.«

»Und warum verstehe ich die Natur nicht?«

»Weil du keine Ordnung in die Natur bringst.«

»Und wie bringe ich Ordnung in die Natur?«

»Zum Beispiel, indem du die Tiere in Gruppen einteilst. In solche, die Eier legen, und solche, die keine Eier legen. Solche, die fliegen, und solche, die nicht fliegen. Solche, die vier Beine haben, und solche, die sechs Beine haben, und solche, die acht Beine haben.«

Adam gefiel das nicht, und er beschwerte sich bei Gott: »Sie tut nicht, was ich will. Und sie will, daß ich Dinge tue, die ich nicht will.«

Und Gott sagte: »Man muß vielleicht Geduld mit ihr haben.«

Und Adam hatte Geduld mit ihr. Aber Lilith wollte nicht unterlegen sein. Sie wollte es nicht. Und sie wollte Ordnung in die Natur bringen. Da gab es Streit. Streit zwischen Adam und Lilith. Streit war in Gottes Plan nicht vorgesehen. Warum auch sollte ein vollkommenes Wesen wie Adam streiten? Mit Unbehagen beobachtete Gott seine Geschöpfe – und kratzte sich dabei am Unterarm ...

Und dann hatte Adam keine Geduld mehr. Er wollte Lilith befehlen. Aber Lilith ließ sich nichts befehlen. Sie ging. Sie verließ Adam.

Sie ging in die Wüste. In der Wüste hausten Dämonen. Sie waren übriggeblieben aus der Zeit vor Gottes Schöpfung. Unbrauchbare Wesen, die kein Gesetz, keine Ordnung, keinen Sinn kannten, aber ungefährlich waren für Gottes Werk, weshalb er sich nicht um sie gekümmert hatte. Mit diesen Dämonen verkehrte Lilith. Es heißt, daß sie pro Tag mit tausend Dämonen verkehrte und daß sie tausend Kinder pro Tag zur Welt brachte, kleine, verführerische Quälgeister, nach Größe, Gewicht, Haarfarbe und Zahnstellung sortiert ...

Gott sah den jammernden Adam und schickte Michael zu Lilith, damit er sie zur Vernunft bringe und zu Rückkehr und Disziplin überrede.

Michael sagte zu Lilith: »Wir beide, du und ich, wir wissen, warum du so bist, wie du bist, und ich bin daran nicht unschuldig. Also bitte ich, der größte der Erzengel, dich: Kehre zu Adam zurück.«

Lilith sagte: »Glaubst du, daß er mich jetzt noch will? Oder glaubst du, daß ich ihn noch will? Glaubst du wirklich, daß ich eine Hausfrau werden kann, eine ganz normale Hausfrau, nachdem ich mit den Dämonen der Wüste verkehrt habe? Nein!«

Das sah Michael ein.

Er trat vor Gott hin: »Ich kann dir keine Ratschläge geben, was deine Sache betrifft, aber ich glaube, du mußt eine neue Frau machen.«

Und Michael überredete Gott dazu, frische Erde dafür zu nehmen.

Gott dachte sich: Vielleicht ist es gut, wenn Adam Zeuge meiner Schöpferkraft wird. Wenn er zusieht, wie ich seine Frau aus Lehm forme. Wenn er gleich zu Beginn seines Daseins Einblick gewinnt in die Anatomie. Wenn ich ihn an meinem Geheimnis teilhaben lasse.

Er schöpfte mit seinem Fingernagel Erde von allen Kontinenten, rief Adam, bat ihn, sich niederzusetzen und ihm zuzusehen, und erlaubte ihm, Fragen zu stellen, wenn er etwas nicht verstehe, und begann den Lehm zu kneten. Spuckte darauf, knetete, walkte, spuckte abermals darauf, knetete. Bis ein glatter Teig war.

»Aus diesem Stoff habe ich dich gemacht«, sagte Gott zu Adam.

Adam nickte.

»Und aus diesem Stoff werde ich dir eine Frau machen.«

Adam nickte.

Gott begann mit dem Gesicht. Er strengte sich an, formte ein besonders zartes Gesicht.

»Weißt du«, sagte er zu Adam, »zuerst werdet ihr euch ansehen. Deshalb will ich ihr Gesicht als erstes machen.«

Es sollte ein freundliches Gesicht werden. Gott formte ein Lächeln, und in die Wangen drückte er Grübchen, die entzücken sollten.

Und Adam war entzückt. Voll Ungeduld und Verlangen sah er zu, wie unter Gottes Fingern langsam das Angesicht einer Frau aus der Erde entstand.

Als nächstes nahm sich Gott die Hände vor.

»Nachdem ihr euch in die Augen geblickt habt, werdet ihr euch berühren wollen. Deshalb mache ich als zweites die Hände«, sagte er.

Zarte, feingliedrige Hände machte Gott seinem neuen Geschöpf.

»Ich will deiner Frau einen Namen geben«, sagte Gott.

Adam nickte.

»Ich will, daß sie Eva heißt.«

Das war Adam recht.

Nun kam der Körper von Eva dran. Der Körper mußte von innen heraus aufgebaut werden. Adam hatte keine Ahnung, wie ein menschlicher Körper aufgebaut ist, er wußte nur, wie er von außen aussieht, weil er manchmal an seinem eigenen Körper hinabgesehen hatte.

Gott stellte zuerst das Knochengerüst auf, und dann hängte er die Innereien daran, die Leber, das Herz, die Lunge, die Gedärme.

Da war dann Adam nicht mehr so entzückt.

Er sagte zu Gott: »Du brauchst gar nicht weiterzubauen, ich werde dieses Wesen nie anrühren, es ekelt mich davor. Ich will das nicht. Du hast mir versprochen, du baust mir eine Frau. Das da will ich nicht haben.«

Er stand auf, drehte Gott den Rücken zu und ging.

Gottes Geduld war auf eine harte Probe gestellt. Aber Gott war geduldig mit seinem Wesen, er liebte Adam, und er überlegte. Er rief den Schlaf, befahl ihm, er solle in Adam fahren.

Als Adam bewußtlos vor ihm lag, entschloß sich Gott, Adams neue Gefährtin aus dessen Rippen zu schneiden. Und was geschah mit der unfertigen Eva, der ersten Eva? Auf deren Leib noch keine Haut war? Gott vergaß sie. Sie versteckte sich im Gebüsch, das so üppig im Garten Eden wuchs.

Gott betrachtete Adam, wie er dalag und schlief. Und da griff er in Adams Seite, nahm eine Rippe heraus und schuf aus dieser Rippe die Frau. Weil dieser Teil dem Herzen am nächsten liegt.

Am nächsten Tag wachte Adam auf. Er sah vor sich Eva, und sie war wunderschön. Er war zufrieden. Er führte sie durch den Garten Eden, zeigte ihr das Paradies.

»Das alles gehört uns.«

»Das alles?« fragte Eva.

Sie kamen in die Mitte des Gartens, wo der Baum der Erkenntnis von Gut und Böse wuchs.

»Das alles gehört uns«, sagte Adam zu Eva, »aber von diesen Früchten dürfen wir nicht essen. Gott hat es verboten.«

»Was ist, wenn wir es tun?« fragte Eva.

»Dann werden wir bestraft.«

»Was heißt das?«

»Dann sterben wir. Das hat Gott gesagt.«

»Was ist sterben?« fragte Eva.

»Sterben ist der Tod«, sagte Adam.

»Was ist der Tod?«

Das wußte Adam nicht. Noch war ja kein Wesen in seiner Welt gestorben. Wie konnten Adam und Eva dieses Verbot verstehen, wenn sie die Strafe nicht verstanden? Solange sie nicht wußten, was der Tod ist, so lange schreckte er sie nicht. Aber es gab für sie nur eine Möglichkeit herauszukriegen, was der Tod ist, nämlich vom Baum der Erkenntnis zu essen. Aber dann würden sie sterben. Das hieß: Den Tod verstehen und sterben sind eines.

Wer nicht weiß, fragt. Eva fragte. Damit war die Neugierde in die Welt gesetzt.

Die Spaziergänge durch den Garten Eden waren immer

gleich. Am Ende langten Adam und Eva immer in der Mitte des Gartens an und standen vor dem Baum der Erkenntnis und fragten. Aber es gab nur Fragen. Vorläufig gab es nur Fragen. Antworten gab es noch keine.

Erinnern wir uns: Samael, der Engel, der sich geweigert hatte, vor Adam niederzuknien, er war in die Hölle gestürzt worden. Und er hatte dem Erzengel Michael eine Feder aus dem Flügel gerissen. Und mit Hilfe dieser Feder war es ihm und wird es ihm immer möglich sein, auf die Erde zu steigen, um dort sein Unheil anzurichten. Und das tat nun Samael.

Samael stieg aus der Hölle, kletterte in den Garten Eden und schlüpfte in eine Schlange.

Und eines Tages ergab es sich, daß Eva allein einen Spaziergang durch den Garten machte. Das heißt: Eva nahm erst gar keinen Umweg, sie ging schnurstracks zum Baum der Erkenntnis. In ihrem Kopf war die Frage erfunden worden, und in ihrem Kopf hatten sich mehr Fragen angesammelt als in Adams Kopf.

Sie stand vor dem Baum und dachte nach. Und da kam die Schlange auf sie zu. Und aus dem Mund der Schlange sprach Samael zu Eva.

»Wie geht es dir?«

»Ich weiß nicht, was du meinst«, sagte Eva.

Wir können erklären, warum sie so antwortete. Auf die Frage »Wie geht es dir?« gibt es zwei Antworten, nämlich entweder »gut« oder »schlecht«, und nur wenn beide Antworten möglich sind, ist auch die Frage selbst möglich. Was für einen Sinn hätte es zu fragen, wie es einem geht, wenn nur eine Antwort darauf möglich wäre.

Eva lebte im Paradies. Wie sollte es ihr dort schlechtgehen. Also war auf die Frage Samaels nur eine Antwort möglich. Also war die Frage als solche unsinnig.

Deshalb sagte Eva: »Ich weiß nicht, was du meinst.«

Samael hatte das Gespräch absichtlich so begonnen. Übrigens: Wunderte sich Eva nicht, daß ein Tier sprechen konnte? Offensichtlich wunderte sie sich nicht. Die Schamanen aller Welt können mit den Tieren sprechen, heißt es. Warum? Weil sie einen Spinnwebfaden in der Hand halten, der bis ins Paradies zurückreicht.

»Du stehst da und schaust den Baum an«, setzte Samael das Gespräch fort. »Was gibt es so Interessantes an dem Baum zu sehen?«

»Ich weiß es eben nicht«, sagte Eva. »Er sieht aus wie alle anderen Bäume auch, und trotzdem dürfen wir seine Früchte nicht essen.«

»Vielleicht sind die Früchte giftig?«

Und wieder fragte Eva: »Wie meinst du das?« Denn woher sollte sie wissen, was giftig bedeutet? Kann im Paradies etwas giftig sein?

»Giftig heißt«, sagte Samael, »daß du stirbst, wenn du davon ißt.«

»Ja, so ist es«, sagte Eva. »Aber ich weiß nicht, was sterben heißt. Und was der Tod ist, weiß ich auch nicht. Und Adam weiß es auch nicht.«

»Wenn du nicht weißt, was der Tod ist, woher weißt du dann, daß es ihn überhaupt gibt?«

»Weil es Gott gesagt hat«, antwortete Eva der Schlange.

»Dann weiß Gott, was der Tod ist?«

»Er weiß es.«

»Aber wenn er es weiß, warum sagt er euch nicht, was der Tod ist?«

»Diese Frage habe ich mir auch schon gestellt«, sagte Eva.

»Und welche Antwort hast du dir gegeben?« fragte Samael aus dem Mund der Schlange.

»Daß es nicht gut ist, wenn uns Gott sagt, was der Tod ist.«

»Ich glaube, du hast recht«, sagte Samael. »Du bist sehr klug, Eva.«

»Aber warum ist es nicht gut, wenn uns Gott sagt, was der Tod ist?« sprach Eva weiter.

Und Samael sagte: »Müßte man die Frage nicht anders stellen? Müßte man nicht fragen: Für wen ist es nicht gut?«

»Für Adam und mich ist es nicht gut«, sagte Eva.

»Nein«, sagte Samael. »Für Gott ist es nicht gut, euch zu sagen, was der Tod ist. Denn wenn ihr wüßtet, was der Tod ist, dann würdet ihr sein wie er. Und wenn ihr von diesem Baum eßt, dann wißt ihr, was der Tod ist. Denn dieser Baum heißt der Baum der Erkenntnis.«

Und dann hat Eva vom Baum der Erkenntnis gegessen.

Und sie hat zu Adam gesagt: »Ich habe vom Baum der Erkenntnis gegessen. Ich weiß nun, was der Tod ist. Ich weiß, daß ich sterben werde. Und wenn ich sterbe, dann bist du wieder allein.«

Da hat auch Adam vom Baum gegessen.

Und sie hörten die Schritte Gottes, und sie versteckten sich im Gebüsch.

»Wo bist du, Adam?« rief Gott.

Adam trat hervor, und über seine Scham hatte er ein Feigenblatt gelegt.

Gott fragte: »Was tust du da? Was ist mit dir? Was hältst du da vor dich hin?«

»Ich hörte dich kommen«, sagte Adam, »und da habe ich gesehen, daß ich nackt bin. Und ich wollte nicht nackt vor dich hintreten.«

Gott sagte: »Woher weißt du, was nackt bedeutet? Du hast vom Baum der Erkenntnis gegessen!«

Adam sagte: »Ja, das habe ich. Die Frau, die du mir gemacht hast, hat mich verführt.«

Und nun trat auch Eva aus dem Gebüsch, und Gott fragte Eva: »Warum hast du vom Baum der Erkenntnis gegessen?«

Eva sagte: »Sie, die Schlange, hat mich verführt.«

Da wandte sich Gott an die Schlange, in der Samael steckte.

Gott verfluchte sie: »Weil du es getan hast, sollst du von nun an im Staub kriechen!«

Was?! Wie sah denn die Schlange aus, bevor sie verflucht wurde? Hatte sie etwa Beine? Ja, sie hatte Beine! Man weiß, wie sie ausgesehen hat. Ich bin nicht der erste, dem diese Frage in den Sinn kommt. Schon vor vielen Hunderten, Tausenden Jahren ist diese Frage gestellt worden. Die Mythen geben genaue Auskunft: Die Schlange hatte ausgesehen wie ein Kamel. Genau so. Sie hatte lange Beine, sie hatte ein Fell, sie hatte eine fleischige, ungespaltene Zunge.

Gott hackte der Schlange die Beine ab. Dann zog er ihr das Fell ab. Dann griff er ihr ins Maul und riß ihr die Zunge auseinander, so daß sie von nun an gespalten war. Nämlich, weil sie gespaltenes Zeug mit Eva geredet und die Frau dadurch in einen Zwiespalt gebracht hatte.

Aus dem Fell der Schlange machte Gott Kleider für Adam und Eva. Denn im Paradies durften die beiden nicht mehr bleiben, und draußen vor dem Paradies waren die Nächte kalt.

Gott gab Michael den Auftrag, die Menschen aus dem Garten Eden hinauszuführen. Und Gott schickte ihnen einen Fluch nach.

Zu Adam sagte er: »Du sollst im Schweiße deines Angesichts dein Brot verdienen.«

Zu Eva sagte er: »Du wirst unter Schmerzen die Kinder zur Welt bringen.«

Damit hatte sich abermals das Prinzip des Buchstaben Beth durchgesetzt: Es soll nicht möglich sein, etwas Ideales, etwas Vollkommenes zu erschaffen! Das Paradies, der Garten Eden, ist für ewig verloren.

Kain und Abel

Von der Entdeckung des Feuers – Vom Schwitzen – Von einem goldenen Widder und seiner Herde – Von der Erfindung des Pflugs – Von der Frau an der Mauer – Von einem großen Gewitter – Von der ersten Eva – Von Kains Haß – Von den beiden Opfern – Vom Mord – Von einem siebenfachen Fluch und einer siebenfachen Strafe

Adam, der erste Mensch, der Sohn der Erde, Eva, die Mutter alles Lebendigen, wie ihr Name gedeutet wird – sie sind aus dem Paradies vertrieben worden …

Draußen waren die Nächte kalt und die Tage heiß. Adam baute eine Hütte, die ihn und seine Frau vor der Kälte schützen sollte und die Schatten gab, wenn die Sonne das Land ausdörrte. Sie lernten den Hunger kennen. Sie lernten den Durst kennen. Die Früchte hingen nicht mehr vor ihnen, so daß sie nur noch die Hand auszustrecken brauchten, um sie zu pflücken. Und die Tiere waren keine Freunde mehr. Entweder sie waren scheu und liefen davon, oder sie waren Räuber und griffen an, und man mußte vor ihnen auf Bäume flüchten oder die Haustür verrammeln.

Die Erde trug wenig, zu wenig. Adam und Eva mußten sich abschinden. Ja, im Schweiße ihres Angesichts mußten sie sich ihr Brot erarbeiten.

Oft genug machte sie das Brot nicht satt. Sie schlachteten Tiere. Kranke Tiere, die von den wilden Herden zurückgelassen wurden. Mit Widerwillen aßen sie das Fleisch. Sie hatten Hunger, sie waren verzweifelt. Hätte Gott ihre Seelen nicht in ihren Körpern fest verankert, sie hätten sie herausgerissen.

Denn oft erschien es ihnen besser, zu sein wie die Tiere,

die keine Seele hatten und die Verzweiflung nicht kannten.

Zuerst aßen sie das Fleisch der Tiere roh, dann entdeckten sie das Feuer.

In der griechischen Mythologie ist es Prometheus, der den Menschen das Feuer brachte. Er hat es dem Gott Hephaistos geraubt. Prometheus hat den Menschen gemacht, er hat ihn aus Asche geknetet. Er liebte den Menschen, er liebte ihn ohne Einschränkung, ohne etwas von ihm zu erwarten. Ein Paradies gibt es in der griechischen Sagenwelt nicht. Prometheus verteidigte seine Kreatur gegen die Götter, vor allem gegen Zeus. Er war der Anwalt der Menschen. Er hat ihnen in Form des Feuers die Kultur gebracht. Und er hat dafür gebüßt. Er hat das Leid der Menschen auf sich genommen. Diese Geschichte wird, in messianischer Umdeutung, viel später in der biblischen Mythologie wieder auftauchen.

Es gibt eine hebräische Legende, nach der war es Luzifer, der uns das Feuer gegeben hat. Unfreiwillig allerdings. Er habe, heißt es, seinen Finger durch die Erde nach oben gesteckt, um zu prüfen, ob der Geist Gottes immer noch über den Dingen schwebe. Luzifer war in der Hölle, die Hölle war Feuer. Sein Finger loderte also höllenmäßig. Da sei Adam des Weges gekommen und habe dieses leuchtende, flackernde Ding aus dem Boden wachsen sehen und habe daran ein Holzscheit entfacht.

So war in der hebräischen Überlieferung das Feuer auf die Erde gekommen.

Zurück zu Adam und Eva, von denen es in der Bibel heißt: Adam erkannte Eva. Das meint, sie vereinigten sich ehelich. Eva wurde schwanger, und sie brachte einen Knaben zur Welt. Der Mensch war zwar schwach im Vergleich zu seiner früheren Konstitution, als er im Paradies lebte, aber er war stark im Vergleich zu uns heute. Gleich nach der Geburt war ein Kind in der Lage zu gehen, und am Abend desselben Tages arbeitete es bereits im Haushalt mit.

Evas kleiner Bub rannte gleich los, sobald Adam seine Nabelschnur abgebissen hatte, und er brach eine Ähre ab und brachte sie seiner Mutter als Geschenk.

Eva rief aus: »Ich habe einen Mann gewonnen mit Hilfe unseres Gottes!«

Darum nannte Eva ihren Sohn Kain. Denn Kain leitet sich von »qanah« ab, und das heißt »gewinnen«. Kinder sind allemal ein Gewinn.

Bald darauf wurde sie wieder schwanger, und sie brachte wieder einen Sohn zur Welt, und den nannte sie Abel. Abel leitet sich von »hebel« ab, und das bedeutet »Hauch« oder »Nichtigkeit«. Abel war sehr klein, sehr schmächtig, und er schaffte es nicht, gleich nach der Geburt aufzustehen, um seiner Mutter ein Geschenk zu suchen.

»Was ist dieser wert?« fragte Eva ihren Mann Adam. »Er ist so leicht, der Sturm wird ihn davonwehen, und seine Hände sind so zart, er wird den Boden damit nicht umgraben können.«

»Vielleicht wird ihn der Wind vor sich hertragen«, sagte Adam. »Dann wird Abel ein guter Jäger werden.«

Allmählich erlosch bei Adam und Eva die Erinnerung an das Paradies, es blieb eine Ahnung zurück, wie wir sie von unserer frühen Kindheit haben, eine glückliche, verschwommene Ahnung, in der wir uns selbst kaum begreifen. Die Menschen waren da, und sie waren eine kleine Familie. Ihr Leben war hart, sie teilten sich die Arbeit auf.

Kain arbeitete zusammen mit seiner Mutter auf dem Feld, sie bereiteten Ackerboden und bearbeiteten ihn. Sie säten, jäteten, ernteten. Ihre Hände waren braun wie die Erde, die Fingernägel so hart wie kleine Schaufeln.

Abel ging mit seinem Vater auf die Jagd. Aber was verstanden sie schon von der Jagd! Sie liefen hinter den Tieren her. Und wenn sie ein Tier erwischten, dann war das Glück. Abel war ein guter Läufer, wie Adam vorausgesagt hatte. Aber die Tiere waren schneller. Adam und Abel warfen Steine nach den Tieren. Aber wenn sie eines trafen, dann war das Zufall.

Die Jagd war Glück und Zufall. Wenn sie Fleisch mit nach Hause brachten, dann stammte es von einem kranken Tier, das nicht mehr weiter konnte und liegengeblieben war. Oder sie nahmen mit, was ein Löwe übriggelassen hatte.

Eva sagte: »Was ihr macht, ist Zeitverschwendung.«

Kain sagte: »Und es ist gefährlich.«

Kain liebte seinen Bruder Abel, und er machte sich Sorgen um ihn. Der Mensch war unfertig. Er machte Fehler. Er mußte lernen. Er war ein Versager. Aber ein lernfähiger Versager. Das war so schlecht nicht. Es wird sich herausstellen, daß es nichts Besseres gibt ...

Abel war ein kluger junger Mann. Aber stark war er nicht. Und er hatte einen Hang zum Nichtstun. Er schlief länger als die anderen, und manchmal saß er einfach nur da. Mit den Händen in der Erde wühlen, das tat er nicht gern. Die Nägel brachen ab, die Haut zerriß und blutete. Manchmal saß er einfach nur da und starrte vor sich hin.

»Tu etwas!« sagte dann seine Mutter.

»Tu etwas!« sagte auch sein Vater.

»Gleich tu ich etwas«, sagte Abel. »Gleich. Einen Augenblick noch. Dann tu ich etwas. Dann tu ich bestimmt etwas. Ich bin bloß noch nicht fertig.«

»Womit bist du noch nicht fertig?« fragte sein Bruder Kain.

»Ich weiß nicht, was es ist«, sagte Abel. »Ich muß nachdenken.«

»Laßt ihn«, sagte Kain zu den Eltern. »Abel denkt nach.«

Ja, Kain liebte seinen Bruder. Er bewunderte ihn. Er verteidigte ihn. Er machte sich Sorgen um ihn.

»Was ist eigentlich Nachdenken?« fragte Kain.

»Vielleicht ist Nachdenken auch eine Art von Arbeit«, sagte Abel.

»Man sieht aber nichts.«

»Die Arbeit ist innen«, sagte Abel.

»Was immer es auch ist«, sagte Kain. »Du schwitzt dabei nicht. Gott aber hat gesagt, wir sollen unser Brot im Schweiß unseres Angesichts essen. Er wird es nicht gern sehen, wenn du einfach nur so dasitzt.«

»Ich schwitze schon«, sagte Abel. »Aber ich schwitze innerlich.«

»Laßt ihn«, sagte Kain zu den Eltern. »Er schwitzt schon, nur innerlich.«

Adam war fleißig, Eva war fleißig, am fleißigsten war Kain. Sie hatten keine Zeit zum Nachdenken. Nicht einmal über das Nachdenken dachten sie nach. Eva meinte, Abel sei krank. Aber er war nicht krank.

»Er ist ein guter Jäger«, sagte Adam zu Eva. »Du solltest ihn sehen.«

»Dazu habe ich keine Zeit«, sagte Eva.

Eines Tages, als Abel wieder einmal mit seinem Vater auf der Jagd war und sie erschöpft im Schatten des Waldrands saßen, weil sie wieder einmal hinter einer Herde Antilopen hergerannt waren, aber keine Beute gemacht hatten, zeigte Abel mit der Hand zum Himmel und sagte: »Da sind sie wieder.«

»Wer ist dort?« fragte Adam.

»Die Vögel«, sagte Abel.

»Die erwischen wir noch weniger als die Antilopen«, sagte Adam. »Wir können vielleicht nicht besonders schnell rennen, aber fliegen können wir schon gar nicht.«

»Immer wenn wir ein krankes oder ein totes Tier gefunden haben«, sagte Abel, »waren die Vögel am Himmel, und sie waren genau über dem Tier.«

»Weil sie sich eben auch ihren Teil holen wollen«, erklärte Adam seinem Sohn. »Und weil sie besser sehen als wir und von dort oben den besseren Überblick haben.«

»Eben«, sagte Abel. »Vielleicht können wir sie für uns arbeiten lassen.«

»Aber das werden sie nicht tun«, sagte Adam. »Willst du sie fragen?«

»Ich brauche sie nicht zu fragen«, sagte Abel. »Sie erzählen mir auch so alles, was ich wissen will. Wäre es nicht viel bequemer für uns, erst den Himmel zu beobachten, ob wir irgendwo Vögel sehen, die sich über einer Stelle sammeln, als blind in der Gegend herumzurennen in der Hoffnung, zufällig ein krankes Tier zu finden?«

Das war eine Revolution in der Jagd! Von nun an gab es öfter Fleisch. Und Adam und Eva schimpften nicht mehr mit Abel, wenn er wieder einmal einfach nur dasaß und vor sich hin starrte.

Kain aber war sehr stolz auf seinen Bruder.

»Es ist Nachdenken, was er macht«, sagte er leise. »Man schwitzt dabei innerlich.«

Nun gingen Adam und Abel öfter auf die Jagd. Und es kam vor, daß sie viele Tage von zu Hause weg waren.

Eines Tages jagten Adam und Abel weit draußen in der Steppe, wo nur wenige Bäume wuchsen, da sahen sie wieder die Vögel am Himmel, und sie rannten hin und fanden einen Rehbock, der eben verendet war. Sie begannen, den Kadaver mit scharfen Steinen zu zerlegen, da hörten sie hinter sich ein tiefes Knurren. Es war ein Löwe. Auch er wollte das Fleisch.

Es war nicht das erste Mal, daß sie von starken Tieren vertrieben wurden, von Löwen, Leoparden, Hyänen, Wölfen. Vater und Sohn hatten ausgemacht, sich bei Gefahr zu trennen. Um den Feind zu verwirren. Aber natürlich auch, damit es im schlimmsten Fall nur einen von ihnen erwischte.

Adam lief auf einen Baum zu und schwang sich in die Äste. Abel rannte hinaus in die offene Steppe. Der Löwe verfolgte Abel, und Adam wußte, sein Sohn wird diesen Wettlauf nicht gewinnen können. Denn der Löwe ist schneller als der Mensch. Traurig und ohne Hoffnung stieg er von dem Baum und machte sich auf den Heimweg, um der Mutter und dem Bruder die böse Nachricht zu überbringen.

Abel aber rannte um sein Leben. Da stand ihm plötzlich ein goldener Widder im Weg.

»Weg da! Weg da!« rief Abel. »Ein Löwe verfolgt mich! Du bist schneller als er, du kannst ihm vielleicht entkommen!«

Der goldene Widder konnte sprechen, und er kannte Abels Namen, und er sagte: »Schwing dich auf meinen Rücken, Abel! Setz dich auf mich, klammere dich fest an meinem Fell, ich werde dich retten!«

Abel hatte keine Zeit für Fragen. Er tat, was ihm der Widder befahl, und auf dem Rücken des Widders entkam er dem Löwen.

Als sie in Sicherheit waren, fragte Abel: »Ich habe noch kein Tier gesehen, das sprechen kann. Warum kannst du das?«

Der Widder sagte: »Siehst du, Abel, ich komme aus dem Paradies, aus dem Garten Eden. Weißt du, was das Paradies ist?«

»So ungefähr«, sagte Abel.

»Deine Eltern sind daraus vertrieben worden.«

»Ja, sie haben manchmal so etwas erzählt. Sie können sich aber selber nicht mehr besonders gut daran erinnern.«

Der Widder sagte: »Siehst du, Abel, die Hälfte der Tiere mußte damals mit deinen Eltern nach draußen gehen. Die andere Hälfte durfte bleiben. Meine Familie ist geteilt worden. Ein Teil meiner Familie ist draußen, ein Teil ist drinnen im Garten Eden. Wir drinnen machen uns Sorgen um die draußen. Man hört schreckliche Dinge von draußen. Weil ich dich vor dem Löwen gerettet habe, sollst du dich um die Meinen kümmern.«

Abel sagte: »Wo ist deine Familie?«

Da lief der Widder und sammelte seine Familie um sich und führte sie zu Abel. Es war eine große Schafherde, gut genährt, viele Muttertiere, kräftige Böcke, hoffnungsfrohe Lämmer. Sie alle blickten zu Abel auf. Der brach sich einen Ast von einem Baum und schnitt ihn sich zurecht. Das war sein Schäferstab.

»Ich will auf deine Familie aufpassen«, sagte er zu dem goldenen Widder.

Und der goldene Widder sagte: »Ich werde wieder in den Garten Eden zurückkehren.«

Und Abel führte seine Herde nach Hause.

Zu Hause herrschte Trauer. Mutter, Vater und Bruder meinten, Abel sei von dem Löwen zerrissen worden. Um so größer war die Freude, als der verloren Geglaubte an die Tür pochte, und um so größer war die Verwunderung, als sie sahen, daß er nicht allein war.

»Was ist das?« fragte Kain.

»Das ist meine Herde«, sagte Abel. »Ich bin von nun an nicht mehr Jäger, ich bin Hirte.«

Sein Bruder Kain umarmte ihn. Er hatte sehr um Abel geweint.

Mit dieser Herde, die ihm Gott geschenkt hatte, begründete Abel die Schafzucht. Und er schwitzte nun noch weniger als zuvor. Die Arbeit bestand darin, im Schatten zu sitzen und die Herde im Auge zu behalten. Und als ihm der Wolf zwei Lämmer stahl, stahl Abel dem Wolf zwei Welpen, und er war gut zu den Welpen, und sie liebten ihn und folgten ihm aufs Wort.

»Wie kommt es, daß die Wölfe dir folgen?« fragte Kain.

»Es sind keine Wölfe mehr«, sagte Abel. »Es sind Hunde, und es sind meine Gehilfen.«

Und so durfte Abel von nun an noch länger im Schatten liegen und nachdenken, denn seine Hunde paßten auf die Herde auf, und wenn Gefahr drohte, schlugen sie an.

Abel führte am Morgen die Schafherde hinaus auf die Weide, und am Abend führte er sie wieder nach Hause. Wenn es Zeit war, dann schlachtete er ein Tier. Und die Familie aß gemeinsam, und alle wurden satt. Und alle waren zufrieden.

Manchmal, wenn alle am Abend zusammensaßen, bat Abel seine Mutter und seinen Vater, vom Paradies zu erzählen. Dann erzählten die beiden und ließen ihre Söhne an dem Fell riechen, das ihnen als Kleidung diente.

»Das ist der Geruch des Paradieses«, sagten Adam und Eva.

»Wie war das Paradies?« fragte dann Abel.

»Die Sorge hat es nicht gegeben«, sagte Eva.

»Ich glaube, es war wie Schlaf«, sagte Adam.

Abel war zufrieden, ja, er war sehr zufrieden. Aber seine Neugierde war nicht gestillt.

Er sah die wilden Rinder, und er stahl aus ihrer Herde zwei Neugeborene, ein männliches und ein weibliches, und er zog die Kälber groß. Er war gut zu ihnen, so daß sie ihn liebten und bei ihm blieben. Als sie reif waren, paarten sie sich, und jedes Jahr warf die Kuh zwei Junge.

Die wuchsen heran und paarten sich ebenfalls, und bald besaß Abel zu seiner Schafherde obendrein noch eine Rinderherde.

Kain war nicht eifersüchtig, er freute sich für seinen Bruder, er wunderte sich über ihn und bewunderte ihn.

Er sagte zu Abel: »Obwohl du nicht richtig, sondern eher innerlich arbeitest, hast du unsere Familie reich gemacht. Ich hätte das nicht fertiggebracht.«

Und Abel sagte: »Gott hat mir geholfen.«

»Gott liebt dich«, sagte Kain.

»Ich glaube schon«, sagte Abel.

»Liebt dich Gott mehr als mich?« fragte Kain.

»Ich weiß es nicht«, sagte Abel. »Ich denke mir, er liebt dich anders.«

»Wie liebt er mich?«

»Ich weiß es nicht.«

»Kann es sein, daß er mich nicht liebt?«

»Das kann ich mir nicht vorstellen. Warum sollte er dich nicht lieben?«

»Warum sollte er mich lieben?«

»Wir wissen relativ wenig von Gott«, gab Abel zu.

»Kann es sein, daß er mich haßt?« fragte Kain. »Mein Rücken schmerzt von der Arbeit, so daß ich am Abend manchmal schreien möchte. Er ist krumm und häßlich geworden. Der Schweiß brennt in meinen Augen, und meine Hände sind so hart wie der Boden.«

»Ich habe über deine Arbeit nachgedacht«, sagte Abel.

»Ich habe noch nie über meine Arbeit nachgedacht«, sagte Kain. »Ich habe keine Zeit dazu, und wenn ich am Abend vom Feld nach Hause komme, dann bin ich zu erschöpft, um einen Gedanken zu fassen.«

»Ich habe heute ein Ding gebaut«, sagte Abel, »und

ich habe dabei geschwitzt. Das hier habe ich gebaut. Es ist für dich.«

Er zeigte seinem Bruder das Ding, das sah aus wie ein langes Holzscheit.

Er sagte: »Du gräbst mit den Händen die Erde auf, du bekommst einen krummen Rücken davon, deine Hände sind schrundig, die Nägel brechen, und der Schweiß rinnt dir von der Stirn in die Augen. Dennoch ist der Erfolg deiner Arbeit gering. Probier es einmal damit.«

Den Pflug hatte Abel erfunden.

»Spann ihn hinter einen meiner Ochsen«, sagte Abel zu Kain. »Dann wirst du in kürzerer Zeit mehr Ackerland umpflügen, und dein Rücken wird nicht mehr so krumm sein, und deine Hände werden nicht mehr so schrundig und hart sein. Und wir werden mehr zu essen haben.«

Kain tat, wie ihm Abel geraten. Und es war gut. Sehr gut sogar. Am Abend schmerzte sein Rücken nicht mehr. Die Hände wurden weicher. Die Nägel brachen nicht mehr. Und er hatte während der Arbeit Zeit, sich den Schweiß von der Stirn zu wischen, ehe er ihm in die Augen rann.

»Einen Nachmittag lang nachdenken bringt mehr als eine Woche Arbeit«, sagte Kain.

Abel nickte.

War Kain eifersüchtig? Wer würde es ihm verübeln? Seine Arbeit war besser geworden durch die Erfindung seines Bruders. Aber er war dennoch bedrückt und traurig. Gott liebt mich nicht, dachte er. Gott liebt Abel. Abel ist klüger, Abel ist schöner. Abel ist fröhlicher. Kain liebte seinen Bruder, und er bewunderte ihn. Und er dachte sich: Ich wäre gern so wie er. Und es tat ihm weh, daß er anders war. Daß er Kain war.

Am Abend trieb Abel seine Rinderherde über die Felder Kains. Der Rinderdung ließ Kains Pflanzen schneller und kräftiger wachsen.

»Willst du wissen, warum ich meine Rinder über deine Felder treibe?« fragte Abel.

»Nein«, sagte Kain, »ich denke, es wird schon richtig sein.«

»Nein, du denkst nicht«, sagte Abel, »du sagst nur, daß du denkst.«

»Alles, was du machst, ist richtig«, sagte Kain. »Wir waren arm, durch dich sind wir reich geworden. Besser kann es im Paradies auch nicht gewesen sein.«

Und wieder wollte Abel sagen: Nicht durch mich, sondern durch Gott sind wir reich geworden, denn Gott hat mir die Gedanken eingegeben, die uns reich gemacht haben, Gott hat mir einen Kopf gegeben, mit dem ich denken kann. Aber er sagte es nicht. Er wußte ja, er würde seinem Bruder damit nur weh tun.

Eines Tages war Abel wieder einmal mit seinen Herden unterwegs, er suchte neue Weideplätze. Da kam er an eine Mauer. Diese Mauer war sehr hoch, und es sah aus, als wachse aus ihrer Krone der Fels zu einem Gebirge empor. Abel zog mit seiner Herde an der Mauer entlang weiter. Er war neugierig und wollte sehen, ob sich ein Tor in der Mauer finden ließ. Die Sonne schien auf die Mauer, der Wind hatte sich gelegt. Es war nicht heiß, es war nicht kalt.

Da sah Abel eine Frau, die bei der Mauer saß, den Rücken an die Steine gelehnt. Sie trug das gleiche Kleid aus Fell, wie es seine Mutter Eva und sein Vater Adam trugen. Abel blieb stehen und hob seine Hand zum Gruß. Die Frau bewegte sich nicht, aber sie lächelte ihm zu. Sie sah schläfrig aus. Und sie sah aus, als ob sie keine Sorgen hätte.

Da trat Abel näher und blieb vor ihr stehen.

»Ich bin Abel«, sagte er. »Wer bist du?«

Die Frau antwortete nicht. Sie blickte ihn nur an. Eine

warme Zärtlichkeit war in ihrem Blick, und Abel setzte sich neben sie.

Abel sagte etwas und noch etwas, fragte etwas und noch etwas. Er bekam keine Antwort. Aber er hatte ja auch keine Antwort erwartet. Es genügte ihm, in das Gesicht dieser Frau zu sehen. Ein freundliches Gesicht, ein Lächeln und Grübchen, die entzückten. Und zarte, feingliedrige Hände hatte sie.

Abel legte seinen Kopf in ihren Schoß, und die Frau tat ihre Hand über seine Augen, denn die Sonne blendete ihn. Das Fell, das sie trug, roch wie die Felle, die Adam und Eva trugen. Alle Aufgeregtheit und Anspannung ließen von Abel ab. Ein Friede war in ihm, wie er ihn nicht kannte. Abel vergaß alles um sich herum. Er schlief ein, und als er erwachte, wußte er zuerst nicht, wo er war, und er wußte nicht, wer er war. Und es tat ihm weh, als ihm alles wieder einfiel.

Seine Herde hatte nach ihm gerufen. Er mußte sich um seine Tiere kümmern, und er mußte nach Hause zu seiner Familie. Zum Abschied legte er seine Wange an die Wange der fremden Frau. Dann ging er.

Abel konnte nichts für sich behalten, das Glück schon gar nicht. Als er wieder zu Hause war, nahm er seinen Bruder Kain beiseite.

»Geh morgen mit mir auf die Weide«, sagte er.

»Warum? Was soll ich dort?« fragte Kain. »Ich kann nicht mit Tieren umgehen.«

»Das brauchst du auch nicht«, sagte Abel. »Ich will dir etwas zeigen.«

Kain wollte das nicht. Das heißt, er wollte es schon, er war vielleicht kein neugieriger Mensch, nicht so neugierig wie Abel, das sicher nicht, aber er wußte, wenn ihm sein Bruder etwas zeigen wollte, dann war das auch wert, gesehen zu werden. Aber was immer es war, so dachte Kain, es wird ein neuer Beweis dafür sein, wie sehr Abel von Gott geliebt wird. Er gönnte seinem Bruder alles Glück. Aber er selbst hätte eben auch gern ein Stück davon gehabt, einmal wenigstens, nur ein kleines Stück wenigstens. Er fürchtete sich vor dem Neid. Er fürchtete, der Neid könnte sich in sein Herz schleichen und es vergiften. Darum wollte er nicht mit Abel gehen, obwohl er mit ihm gehen wollte. Darum wollte er nicht sehen, was ihm sein Bruder zu zeigen hatte, obwohl er es sehen wollte.

»Ich habe keine Zeit«, sagte er.

»Das ist nicht wahr«, sagte Abel. »Seit du den Pflug hast, hast du Zeit.«

»Seit du mir den Pflug gegeben hast, meinst du.«

»Was spielt das für eine Rolle.«

»Für dich spielt es keine Rolle«, sagte Kain. »Wie schön wäre es, wenn ich dir auch einmal etwas geben könnte.«

»Dann komm mit mir«, sagte Abel. »Laß einen Tag die Feldarbeit ruhen. Schenk mir diesen einen Tag.«

Da wußte Kain wieder einmal nicht, was er antworten sollte. Und am nächsten Tag begleitete Kain seinen Bruder Abel. Die Herde blieb zu Hause.

»Du sollst mir ja nicht bei der Arbeit zusehen«, sagte Abel, »sondern ich will dir etwas zeigen.«

Es war ein weiter Weg, und erst am Abend kamen sie bei der Mauer an. Abel, der gute Augen hatte, sah die Frau lange, bevor Kain sie sah. Sie schlichen sich heran und versteckten sich hinter Bäumen und Sträuchern.

»Sie wollte ich dir zeigen«, sagte Abel. »Sie ist wie das Glück selbst. Ich habe meinen Kopf in ihren Schoß gelegt, sie hat ihre Hand über meine Augen getan, denn die Sonne hat mich geblendet. Ich bin eingeschlafen, und als ich aufwachte, wußte ich nicht, wo ich bin, und ich wußte nicht einmal, wer ich bin. Und es hat mir weh getan, als ich mich wieder daran erinnerte. So schön ist es gewesen.«

Kain war aufgeregt. Der Anblick der Frau, die dort an der Mauer saß, berührte ihn tief. Er war verwirrt.

»Was ist das überhaupt für eine Mauer?« fragte er.

»Ich weiß es nicht«, sagte Abel.

»Hast du die Frau nicht gefragt?«

»Sie redet nicht. Sie hat mir keine Antwort gegeben.«

»Was sollen wir jetzt tun?« fragte Kain.

»Wir gehen zu ihr«, sagte Abel. »Wir setzen uns neben sie, ich zu ihrer Rechten, du zu ihrer Linken.«

»Das will ich nicht«, sagte Kain.

»Aber warum denn nicht?«

»Ich will es nicht.«

»Aber was willst du? Ich habe dich hierher geführt, damit du wie ich das Glück spüren kannst, das im Gesicht und in den Händen dieser Frau liegt. Wir haben den weiten Weg bis hierher zurückgelegt. Und jetzt willst du nicht?«

Schließlich sagte Kain: »Ich will allein zu ihr.« Ganz leise sagte er es.

O ja, wir können ihn verstehen! Was wird sein, dachte Kain, wenn wir uns beide neben sie setzten? Was wird dann sein? Wer von uns wird seinen Kopf in ihren Schoß legen dürfen? Wem wird sie die Hand über die Augen tun, damit ihn die Sonne nicht blendet? Sie wird sagen, einer von euch ist zuviel. Welcher ist zuviel? Einen wird sie von sich stoßen. Wen? Wen wohl!

Und Abel erriet, was sein Bruder dachte, und auch er konnte ihn verstehen.

»Gut«, sagte er. »Geh allein zu ihr. Ich warte hier.«

»Warte nicht auf mich«, sagte Kain, und er sagte es in einem barschen Ton. »Geh wieder nach Hause und kümmere dich um deine Tiere.«

Abel zuckte mit den Schultern und ging. Er wußte, Kain an seiner Stelle hätte ihn, Abel, nicht allein zu dieser Frau gelassen. Aber er dachte sich, Kain hat kein Glück, ich habe Glück, er hatte nie Glück gehabt, ich immer, mich liebt Gott, ihn liebt er nicht. Und Abel machte sich auf den Weg nach Hause.

Kain aber ging zu der Frau, die bei der Mauer saß, die den Rücken an die Steine gelehnt hatte, und er setzte sich neben sie.

»Ich bin Kain«, sagte er, und er fragte nicht, wer sie sei. »Mein Bruder hat von dir erzählt«, sagte er, und er sagte nicht, was Abel erzählt hatte. »Ich möchte meinen Kopf in deinen Schoß legen. Und ich möchte, daß du deine Hand über meine Augen legst.«

Es war alles so, wie Abel erzählt hatte. Kain roch den Duft des Fells, er wurde ruhig, alle Bitternis schwand aus ihm, sein Herz, das eng geworden war, weil sein Auge nicht weiter gesehen hatte als bis zum harten Boden vor seinen Füßen, sein Herz öffnete sich. Es tat ihm leid, daß er so grob mit Abel geredet hatte. Es tat ihm leid, daß sein Bruder nicht auf ihn wartete, denn er hätte gern mit ihm gesprochen, hätte ihn gern umarmt.

So schlief Kain im Schoß der Frau ein, und es war ihm, als läge er im Paradies, diesem wunderschönen Garten, von dem seine Eltern manchmal am Abend sprachen wie von einem Traum.

Kain erwachte und machte sich auf den Weg nach Hause. Er hoffte, er würde seinen Bruder noch antreffen, hoffte, daß Abel noch nicht mit seiner Herde aufgebrochen war. Kain wollte Abel danken. Weil er mit ihm das Paradies geteilt hatte. Oder wenn schon nicht das Paradies, so doch eine Ahnung davon.

»Abel!« rief er, als er zu den Hütten kam. »Abel! Wo bist du, Bruder, daß ich dich umarmen kann!«

Aber Abel war bereits mit seinen Herden losgezogen, und es war wahrscheinlich, daß er Tage, ja Wochen unterwegs sein würde. Da sei Kain auf die Knie gefallen, heißt es in einer Legende, und er habe zum ersten Mal in seinem Leben die Augen nicht auf den Boden gerichtet, sondern zum Himmel, und er habe gebetet.

»Beschütze meinen Bruder«, habe er zu Gott gebetet.

Und im selben Augenblick sei ein Gewitter losgebrochen. Ein Blitz sei vom Himmel gefahren und habe den Stein zerschmettert, der Kains Feld im Norden begrenzte, und es habe zu regnen begonnen, so stark habe es geregnet, wie sich selbst Adam und Eva nicht erinnern konnten, daß es je auf der Erde geregnet hatte. Und als sich Kain umdrehte, um nach seinen Eltern Ausschau zu halten, stand er bereits bis zu den Knöcheln im Wasser.

Eva war auf dem Feld, und sie lief schreiend in die Hütte, Adam folgte ihr, und sie riefen Kain, er solle zu ihnen kommen. Denn sie fürchteten, ein Blitz könnte ihn erschlagen.

Aber Kain blieb auf dem Feld stehen, lange, den Kopf zum Himmel erhoben. Das Wasser rann über sein Gesicht, seinen Bart, seine Brust. Was habe ich getan, dachte er. Warum schleudert Gott seinen Blitz zur Erde, wenn ich mich niederknie und zu ihm bete?

Schließlich schlich er sich in die Hütte und kroch unter seine Felle, um zu schlafen. Und Kain schlief ein, in einen dumpfen Schlaf fiel er.

Er wachte auf, weil es still war. Der Regen hatte aufgehört. Eine angenehm frische Luft erfüllte die Hütte. Kain hörte Geflüster. Es kam vom Bett seiner Eltern. Der Span, der in der Schale Öl brannte, gab wenig Licht, aber genug, so daß Kain seinen Vater Adam und seine Mutter Eva sehen konnte. Die beiden saßen einander im Bett gegenüber und umarmten sich. Eva strich ihrem Mann über das Haar. Adam berührte Evas Augen mit seinen Fingern.

Es war nicht das erste Mal, daß Kain seine Eltern bei der Liebe beobachtete. Diesmal aber war er noch erfüllt von der Erinnerung an die Frau, die weit weg von ihm an der Mauer saß, und er wußte, daß seine Eltern im Augenblick das gleiche empfanden, was er, Kain, empfunden hatte, als er seinen Kopf in den Schoß der Frau gelegt und sie ihre Hand über seine Augen getan hatte.

Kain sah, daß Adam Eva die Kleidung abstreifte, und er dachte, wenn der Tag beginnt, werde ich hinausgehen zu der Mauer und die Frau suchen, und ich werde ihr die Kleider abstreifen, wie es mein Vater bei meiner Mutter macht, und ich werde die Haut dieser Frau küssen, wie der Vater die Haut der Mutter küßt.

Am nächsten Tag ließ Kain die Feldarbeit sein und machte sich wieder auf den Weg. Er fand die Frau. Sie saß, wo sie gesessen hatte. Er setzte sich neben sie. Aber er legte seinen Kopf nicht in ihren Schoß, und er bat sie nicht, ihre Hand über seine Augen zu tun. Er streifte ihr die Kleidung ab.

Ach, hätte er es nicht getan!

Die Frau hatte keine Haut. Ihr Körper war offen. Kain schrie auf und lief davon. Er lief, bis er vor Erschöpfung niederfiel, und er schrie, bis er keine Stimme mehr hatte. Da lag er und rang nach Luft.

Was war geschehen? Wer war diese Frau? Und was war das für eine Mauer, vor der die Frau saß?

Es war die Mauer zum Paradies. Und die Frau war die erste Eva. Erinnern wir uns: Gott hatte vor den Augen Adams aus Lehm eine Frau geformt, zuerst ihr Gesicht. Es sollte ein freundliches Gesicht werden. Er formte ein Lächeln, und in die Wangen drückte er Grübchen, die entzücken sollten. Dann machte er die Hände. Zarte, feingliedrige Hände machte Gott seinem neuen Geschöpf. Zuletzt baute er den Körper. Da hatte sich Adam mit Ekel abgewandt, und Gott hatte seine Arbeit unverrichtet liegengelassen.

Was aber war mit diesem unfertigen Wesen geschehen, das am Körper noch keine Haut hatte? Als Gott den Menschen aus dem Paradies entließ, mußte auch die erste Eva gehen. Sie setzte sich draußen an die Mauer. Und wartete? Vielleicht wartete sie. Worauf? Daß Gott noch einmal kommt und sie dann vollendet?

Das alles wußte Kain nicht. Niemand hatte es ihm erzählt. Er dachte sich: Abel, mein Bruder, war vor mir bei der Frau gewesen. Abel, mein Bruder, will nicht, daß ich die Haut dieser Frau streichle. Deshalb hat er ihr die Haut abgezogen und sie mitgenommen.

»Ich hasse Abel!« rief Kain. »Ich hasse ihn!« rief er in den Himmel hinauf. »Ich hasse ihn!« fluchte er auf die Erde hinunter.

Als Abel nach Wochen mit seinem Vieh zu den Hütten zurückkehrt, wird er von seinem Bruder Kain nicht begrüßt. Kain ist auf dem Feld, mit den Händen gräbt er im Boden, wie er es gemacht hat, bevor ihm Abel den Pflug geschenkt hatte.

»Was ist mit dir?« fragt Abel. »Warum blickst du mir nicht einmal in die Augen, wenn ich dich begrüße?«

»Ich habe zu tun«, sagt Kain.

»Mit den bloßen Händen wieder? Was ist mit dem Pflug? Ist er zerbrochen? Zeig ihn mir, ich will ihn reparieren!«

»Ich arbeite nicht mehr mit deinem Pflug«, sagt Kain. »Geh, laß mich in Frieden!«

»Was ist los mit dir?« fragt Abel. »Was habe ich dir getan?«

Kain gibt keine Antwort.

»Schau mir doch wenigstens in die Augen!« sagt Abel.

Aber Kain schaut seinem Bruder nicht in die Augen. Natürlich hat sich Abel darüber geärgert. Er dreht sich um und stampft davon.

Da erhob sich Kain von den Knien und rief ihm nach: »Noch etwas!«

»Was heißt noch etwas?« fragte Abel, ohne sich umzudrehen.

»Ich will nicht, daß du dein Vieh weiter über meinen Acker treibst.«

»Und warum nicht?«

»Ich will es nicht.«

»Du willst es einfach nicht?«

»Ja, ich will es einfach nicht.«

Abel blickte seinen Bruder an, dem die Sonne in die Augen stach, dem der Schweiß über das Gesicht rann.

Und zum ersten Mal war Verachtung in seiner Stimme: »Weißt du eigentlich«, fragte er, »weißt du eigentlich, warum ich meine Rinder über dein Feld treibe?«

»Es interessiert mich nicht.«

»Es sollte dich interessieren. Der Dung der Rinder läßt deine Pflanzen besser wachsen. Hast du das nie beobachtet? Nein?«

Kain antwortete nicht. Er senkte den Blick.

»Und?« fragte Abel. »Soll ich meine Rinder über deine Felder treiben?«

»Ich will es nicht«, sagte Kain.

In der Nacht aber beobachtete Abel, wie Kain Rindermist aus den Ställen holte und ihn auf sein Feld streute. Abel stellte seinen Bruder zur Rede.

Wieder fragte er ihn: »Was ist geschehen? Was habe ich getan, daß du mich wie einen Feind behandelst?«

Und Kain behandelte seinen Bruder tatsächlich wie

einen Feind: »Der Boden, auf dem du stehst«, sagte er, »er gehört mir. Erhebe dich in die Lüfte!«

»Du Narr!« rief Abel aus. »Die Kleider, die du trägst, sie stammen von meinen Tieren. Zieh sie aus!«

Aber Abel war doch traurig über diesen Streit. Er liebte seinen Bruder, er wußte nicht, was der Grund für sein Verhalten war, aber er wollte Versöhnung. Und er wußte kein anderes Mittel, um seinen Bruder wieder zu gewinnen, als ein Geschenk.

Alles war neu in dieser Zeit, neu und wenig erprobt. Auch die Kunst der Menschenkenntnis war noch nicht sehr entwickelt. Woher sollte Abel wissen, daß Geschenke auch kränken, auch demütigen können. Nämlich dann, wenn immer nur einer schenkt. Was hätte Kain ihm schenken können? Wenn er ihm Brot und Gemüse gab, dann bekam er Fleisch dafür. Das war kein Schenken, das war Tausch.

Durch Beobachtung hatte Abel eine Entdeckung gemacht: Es gibt Steine, wenn man die heiß macht, dann wird ein Teil flüssig. Man kann diese glühende Flüssigkeit in eine Form rinnen lassen, und wenn sie abkühlt, dann hat man ein Arbeitsgerät, das härter ist, als der Stein war. Abel machte eine Axt und einen Spaten und einen Pflug.

»Was auch immer der Grund ist, warum du mich haßt«, sagte Abel zu Kain. »Ich bitte dich um Vergebung. Und zum Zeichen, daß unser Streit beendet ist, nimm diese Geschenke von mir.«

Abel ist derjenige, der alles weiß, Abel ist derjenige, der Geschenke verteilt, Abel ist derjenige, der alles verzeiht, sogar dann, wenn er nicht einmal weiß, was es zu verzeihen gibt. Kain nahm die Geschenke nicht an.

Abel sagte: »Bruder! Wir müssen doch in Zukunft zusammenleben. Und wenn wir nach dem Tod zu Gott in den Himmel kommen, dann wird er uns fragen, was der

Grund für unseren Streit war. Und er wird uns fragen, warum wir unseren Streit im Leben nicht beendet haben. Er wird sagen, es war schlecht, daß wir gestritten haben, es war schlecht, daß wir uns nicht versöhnt haben. Und, Bruder, wir werden für das Gute belohnt und für das Schlechte bestraft werden.«

Und in Kains Antwort lag alle Bitterkeit seines Lebens: »Es gibt keine zukünftige Welt«, sagte er. »Es gibt keine Belohnung für das Gute, es gibt keine Bestrafung für das Schlechte. Das Paradies ist verloren. Diese Welt hier ist nicht aus Gnade geschaffen worden, hier herrscht kein Erbarmen. Ich habe Gottes Wort befolgt, ich habe im Schweiß meines Angesichts mein Brot gegessen. Du hast geruht und geträumt. Und dennoch bist du derjenige, der Geschenke verteilt, der alles weiß, dem alles gelingt, der großzügig alles verzeiht, der von allen geliebt wird.«

Abel antwortete: »Gott liebt uns beide.«

»Und das glaubst du?« fragte Kain.

»Ja.«

»Daß er dich und mich liebt?«

»Dich und mich.«

»Gleichermaßen?«

»Gleichermaßen.«

»Das glaubst du wirklich?«

»Ja.«

»Na gut«, sagte Kain. »Das möchte ich bewiesen sehen. Bringen wir beide ihm ein Opfer dar. Du opferst das Deine, ich opfere das Meine. Du ein Lamm, ich eine Garbe Weizen.«

Kain baute seinen Altar mitten im Feld. Abel baute seinen Altar im Schutz eines Felsens. Der Rauch von Kains Altar stieg nicht in den Himmel, er wurde vom Wind verweht. Der Rauch von Abels Altar dagegen erhob sich zu einer weißen Säule.

»Na?« sagte Kain.

»Ach«, sagte Abel, »das läßt sich erklären.«

»So, das läßt sich also erklären.«

»Ja, natürlich! Denk doch nach!«

»Nachdenken soll ich, so.«

»Machen wir den Versuch noch einmal«, sagte Abel. »Diesmal bau du deinen Altar neben dem Felsen auf, ich bau den meinen mitten auf dem Feld.«

»Gott braucht mir nicht zweimal zu sagen, daß er mich nicht liebt«, sagte Kain.

Kain nahm die Axt aus Eisen, die ihm Abel schenken wollte, und erschlug ihn damit.

Kain hatte von nun an Angst. Er hat etwas getan, was vor ihm noch nie getan worden war. Er hat den Mord erfunden. Er versteckt die Leiche seines Bruders im Gebüsch. Er hört Schritte hinter sich. Er wagt es nicht, sich umzudrehen.

Er hört die Stimme Gottes: »Wo ist dein Bruder?«

»Ich weiß es nicht«, sagt Kain. »Bin ich der Hüter meines Bruders?«

»Das Blut deinen Bruders schreit zum Himmel«, sagt Gott.

Gott macht Kain klar, was Mord bedeutet.

»Die Schuld ist zu groß für mich«, sagt Kain. »Wohin soll ich gehen? Wer mich erkennt, wird mich erschlagen, wie ich meinen Bruder erschlagen habe. Aber mein Mörder wird im Recht sein.«

»Niemand darf Kain etwas antun«, sagt Gott. »Wer Kain erschlägt, der soll verflucht sein. Und der Fluch soll vererbt werden über sieben Generationen.«

Und als Strafe für den Mord an seinem Bruder sprach Gott einen siebenfachen Fluch über Kain:

Erstens, ein Horn soll auf Kains Stirn wachsen. »Damit dich jeder sofort erkennt!«

Zweitens, in jedem Geräusch soll Kain den Schrei »Brudermörder« hören. »Damit du immer an deine Tat erinnert wirst!«

Drittens, eine Lähmung soll Kains rechte Hand wie ein Pappelblatt zittern lassen. »Damit diese Hand nie wieder etwas Böses tun kann!«

Viertens, ein unersättlicher Hunger soll Kain quälen. »Damit du nie Zufriedenheit erlangen kannst!«

Fünftens, kein Wunsch soll Kain je erfüllt werden. »Damit du keinen Augenblick Glück erfahren wirst!«

Sechstens, der Schlaf soll Kain meiden bis in die frühen Morgenstunden. »Damit du nie vergißt, wie einsam du bist!«

Siebtens, niemand soll sterben, solange der erste Mörder lebt. »Damit dein Name Tod bedeute!«

Seth

Vom Wachsen und Vermehren – Von der Sehnsucht der ersten Menschen – Von einem, der nur Ersatz sein sollte – Von einem fanatischen Ahnenforscher – Von einem, der nicht mehr weiß, wer Gott ist

Kain hatte Schwestern, und er verband sich mit seinen Schwestern und lag ihnen bei und zeugte viele Töchter und Söhne, und die Söhne lagen ihren Schwestern bei, und die Schwestern brachten viele Kinder zur Welt, und die Kinder brachten Kindeskinder zur Welt. Erst ein Mensch war bisher gestorben, und der war ermordet worden: Abel.

Adam und Eva waren nun auch schon über fünfhundert Jahre alt. Eva hat viele Kinder geboren. Es gibt Mythologen, die haben geforscht, und ihre Forschungen ergaben, daß Eva dreißig Kinder zur Welt gebracht hat. An die meisten Kinder konnte sie sich gar nicht mehr erinnern. Nur einer, der ruhte als sehnsuchtsvoller Gedanke in ihrem Herzen – Abel...

Die Menschheit breitete sich aus: über das ganze Land, über die ganze Erde. Man hatte viel zu tun. Das meiste war noch neu, das meiste wurde zum ersten Mal getan, auch die meisten Fehler wurden zum ersten Mal gemacht, so war die Zeit angefüllt mit Gutmachen und Schlechtmachen und Wiedergutmachen...

Die Menschen beteten nicht mehr zu Gott. Sie vergaßen Gott. Sie opferten nicht mehr. Sie vergaßen auch die Erzählungen der Schöpfung, wie sie von Adam und Eva überliefert worden waren. Man vergaß Adam und Eva.

Man erzählte von ihnen wie von Sagenfiguren. Man erzählte bald gar nicht mehr von ihnen. Viele neue Wörter wurden erfunden. An jedem neuen Tag wurden hundert neue Wörter erfunden. Wer hat die erfunden? Man wußte darauf keine Antwort. Man erfand das Wort »man«, wenn man nicht genau wußte, wer gemeint war, aber glaubte, es seien viele gemeint...

Man gründete Städte. Niemand starb. Wie lautete der siebte Fluch, den Gott auf Kain geschleudert hatte? »Niemand soll sterben, solange der erste Mörder lebt. Damit dein Name Tod bedeute!« Die Städte müssen riesengroß gewesen sein!

Ja, Eva und Adam lebten immer noch. Sie lebten in ihrer Hütte. Weit weg von den Städten. Alle ihre Kinder hatten sie verlassen. Ihre Enkel wußten kaum etwas von ihnen. Die Urenkel wußten gar nichts mehr. Es war damals Mode, nicht zurückzublicken.

Adam und Eva hatten Sehnsucht. Nach allem möglichen hatten sie Sehnsucht. Aber die größte Sehnsucht hatten sie nach ihrem Sohn Abel.

In der Bibel heißt es: »Nach vielen Jahren erkannte Adam sein Weib wieder, und Eva brachte den Seth zur Welt.«

Seth heißt soviel wie Ersatz. Er sollte der Ersatz sein für den geliebten Abel. Den fröhlichen Abel. Den Abel, der so gern erzählte. Seth sollte auch ein Ersatz sein für den intelligenten Abel, der innerlich schwitzte.

Es war eine leichte Geburt.

»Der Bub macht keine Mühe, wirst sehen«, sagte Eva.

»Genau wie Abel«, sagte Adam.

»Er wird uns das Leben leichter machen«, sagte Eva.

»Wie Abel«, sagte Adam.

»Hat er nicht Augen wie er?« sagte Eva.

»Auf jeden Fall hat er ein Kinn wie er«, sagte Adam.

Wenn es heiß war und den Menschen der Schweiß von der Stirn rann, strich Eva mit ihrer Hand über Seths Gesichtchen und sagte: »Seine Haut ist trocken.«

Und Adam sagte: »Du meinst, trocken, wie die Haut von Abel war.«

Und Eva sagte: »Ja, das meine ich.«

»Er ist unser zweiter Abel«, sagten Adam und Eva.

Das ist eine sehr große Belastung für einen Menschen, wenn er schon von der Geburt an für jemanden anderen steht. Da denkt er, sobald er denken kann: Oh, ich schwitze, ich darf aber nicht schwitzen! Und er wischt sich schnell die Stirn ab, wenn er seine Eltern kommen sieht.

Seth war intelligent, und er war fröhlich, und er erzählte gern. Und er war auch gottesfromm. Aber er wäre das alles am liebsten auf seine Art gewesen. Er hat seine Intelligenz, seine Phantasie, seine Fröhlichkeit darauf verwenden müssen, zu sein wie Abel, wie sein Bruder, der vor vielen hundert Jahren auf der Welt gelebt hatte. An den sich seine Eltern erinnerten wie an eine alte Sagengestalt.

Erst war dies eine Belastung für Seth, dann hat ihn sein Ahnenbruder zu interessieren begonnen: Wie war dieser Abel? Schließlich hat sich Seth zum fanatischen Ahnenforscher entwickelt.

Er hat sich von seiner Mutter Geschichten erzählen lassen, hat sich von seinem Vater Geschichten erzählen lassen. Er hat sich auch Geschichten über Abels Bruder Kain erzählen lassen.

»Ich werde ihn suchen und töten«, sagte Seth. »Ich werde Abel rächen!«

»Wer Kain tötet, zieht den Fluch Gottes auf sich«, belehrte ihn Adam.

»Wer ist Gott?« fragte Seth.

»Er weiß nicht, wer Gott ist«, sagte Adam zu Eva.

»Weil wir ihm nur von Abel erzählt haben«, sagte Eva.

Seth suchte das Grab des Abel und fand es und errichtete darauf eine Kultstätte. Er schlachtete Tiere und ließ ihr Blut über den Altar rinnen. Abel zum Gedächtnis.

Dem Adam hat das große Sorgen gemacht.

»Er übertreibt es«, sagte er zu Eva.

»Wer, meint er denn, daß Abel gewesen sei?« fragte sie.

»Wer, meinst *du* denn, daß Abel gewesen sei?« fragte Adam den Seth.

»War er Gott?« fragte Seth zurück.

Da soll Adam den Altar umgestürzt haben, den Seth für seinen ermordeten Bruder errichtet hat. Von da an sei Seth still geworden, habe sich am Abend vor die Hütte gesetzt neben Adam und Eva und habe seine Gedanken auf die Reise geschickt – in die Vergangenheit. Immerhin: Seth war damals auch schon bald dreihundert Jahre alt...

Enos

Von einem, der wissen will, wie der Mensch funktioniert – Von einem, der wissen will, woher wir kommen – Von einem, der meint, er brauche nicht zu wissen, wer Gott ist – Von einem, der wissen will, was eine Seele ist – Von Adams Antwort – Von einem besorgten Messer – Von der Erfindung der Anatomie – Von der Erfindung des Götzen

Seth hatte zwei Söhne, Enos und Henoch. Wie hieß die Mutter der beiden? Keine Ahnung. Ihren Namen habe ich nicht finden können.

Enos und Henoch waren außerordentlich klug. Sie verließen bald die Hütte ihrer Eltern und zogen in die Stadt. Sie schafften spielend Wohlstand heran. Sie gingen einander aus dem Weg. Zuviel hatten sie in ihrer Kindheit über Bruderhaß gehört. Sie wollten es nicht darauf ankommen lassen.

Enos interessierte sich für die Natur. Er wollte wissen, wie der Mensch funktioniert, was der Mensch eigentlich ist. Er studierte die Hand.

»Woher weiß die Hand, wie fest sie drücken muß?« fragte er.

Er gab einem Studenten erst ein Ei in die Hand und dann einen schweren Eisenstab.

»Wenn du den Eisenstab so fest drückst wie das Ei, dann fällt er dir aus der Hand. Wenn du das Ei aber so fest drückst wie den Eisenstab, dann platzt es. Du weißt das. Aber woher weiß das deine Hand?«

Die Studenten warteten darauf, daß Enos sich selbst die Antwort gab.

»Ich weiß die Antwort nicht«, sagte Enos. »Noch weiß ich die Antwort nicht!«

Bald wurde dem Enos die Lehranstalt zu eng. Es wurde ihm zu blöd, das überlieferte Wissen rauf- und runterzubeten. Er wollte sich nicht mehr mit den törichten Fragen seiner Studenten herumschlagen. Woher kommen wir? Das war die Frage aller Fragen. Und nur diese Frage interessierte Enos.

»Die Schule ist der Geist in Trauer!« rief er aus und stampfte davon.

Keiner versuchte, ihn zu halten. Man grinste.

Von der ganzen Schöpfung Gottes hat sich Enos nur für den Menschen interessiert.

Er fragte jeden, den er auf der Straße traf: »Woraus, denkst du, sind wir gemacht worden?«

»Schwere Frage«, sagte jeder.

»Denkt nach!« sagte Enos.

»Aus Feuer?« fragten die einen.

»Aus Wasser!« behaupteten die anderen.

»Aus Luft vielleicht«, spekulierten dritte.

Die meisten aber sagten: »Man weiß es nicht. Man wird es nie wissen. Und es ist auch völlig egal. Kannst du mit diesem Wissen Handel treiben? Kannst du von diesem Wissen abbeißen? Bringt dir dieses Wissen eine schöne Frau? Nein? Was ist dieses Wissen denn wert?«

Enos zog durch die Welt. Fragend. Grübelnd. Forschend. Zweifelnd und verzweifelnd.

Nach vielen Jahren besuchte Enos seinen Vater Seth.

Auch ihn fragte er: »Woraus sind wir gemacht, was ist das, was ich angreife, wenn ich meinen Arm angreife?«

Seth antwortete: »Soweit mir erzählt worden ist, sind wir aus Erde gemacht worden.«

»Aus Dreck?«

»Eher Lehm ...«

»Und wer hat uns aus Lehm gemacht?«

»Gott hat uns aus Lehm gemacht«, sagte Seth. »So ist

es mir jedenfalls erzählt worden von meinem Vater und von meiner Mutter.«

»Und wer Gott ist, das weißt du auch?«

»Ich dachte einmal, ich wüßte es«, gab Seth kleinlaut zur Antwort. »Aber das war ein Irrtum. Ich weiß tatsächlich nicht, wer Gott ist.«

Ich brauche nicht zu wissen, wer Gott ist, dachte Enos bei sich. Es genügt mir, wenn ich weiß, wie er den Menschen gemacht hat. Den Menschen, den wollte Enos nämlich nachmachen. Das war seine Ambition.

Also hat Enos Erde genommen, hat sie geformt. Hat den Menschen nachgebildet. Er war der erste Bildhauer. Vor Enos ist niemand auf die Idee gekommen, den menschlichen Körper nachzubilden. Aber Enos tat es nicht aus künstlerischen Motiven. Bald standen und lagen und saßen jede Menge Erdmenschen in seinem Garten herum.

Enos ging wieder zu seinem Vater Seth und sagte: »Ich habe es probiert. Ich habe einen Menschen aus Lehm gemacht, aber der hat sich nicht gerührt. Dann habe ich noch einen gemacht und noch einen und noch einen. Sie liegen, stehen, sitzen alle in meinem Garten herum. Bewegen sich nicht, reden nicht, atmen nicht. Was fehlt da?«

Seth sagte zu seinem Sohn: »Ja eben, Gott hat seinem Erdklumpen eine Seele eingeblasen.«

»Eine Seele? Was ist das?«

»Das weiß wieder kein Mensch. Durch die Nase hat er ihm angeblich die Seele in den Leib geblasen.«

Enos ging zurück in seinen Garten und probierte auch das. Preßte seine Lippen auf die Lehmnasen. Blies. Aber es nützte nichts. Die Erdmenschen blieben Erdmenschen, die Lehmklumpen blieben Lehmklumpen.

Enos fragte weiter, bohrte weiter, bedrängte seinen Vater: »Ich will es wissen: Wie ist es gemacht worden?«

Seth sagte: »Laß mich doch damit in Frieden! Als ich so alt war wie du, wollte ich auch wissen und wissen und wissen. Heute weiß ich nur eines: Am besten ist es, man setzt sich am Morgen auf die Bank hinter dem Haus und steht erst am Abend auf. Und dann legt man sich ins Bett. Das ist meine Weisheit. Frag deinen Großvater! Frag Adam. Er weiß es.«

Enos machte sich auf den Weg zur Hütte des alten Adam. Adam war damals gute achthundert Jahre alt.

Enos fragte den Alten, der größer war als jeder andere Mann auf der Welt: »Erinnerst du dich?«

Adam sagte: »Ich erinnere mich sehr wenig. Wenn ich mich daran erinnere, an das Paradies erinnere, dann möchte ich alleine sein. Oder mit meiner Frau Eva zusammen sein. Es ist eine sehr schöne Erinnerung, aber es ist auch eine sehr schmerzliche Erinnerung. Schmerzlich deswegen, weil ich aus eigener Schuld aus diesem Paradies vertrieben worden bin ...«

Adam sprach langsam, wie kein Mensch auf der Welt langsam sprach. Enos verlor die Geduld.

»Gut, wir können nicht mehr zurück ins Paradies«, sagte er. »Aber das will ich ja auch gar nicht. Ich will nur wissen, wie wir gemacht worden sind. Das mit der Seele zuerst, bitte! Kurz, prägnant, ohne Randgeschichten!«

Adam dachte lange nach, sehr lange, einen Tag, zwei Tage, drei Tage.

Dann antwortete er: »Das Leben ist allein Gottes Macht und allein Gottes Geheimnis.«

Enos warf die Arme in die Luft.

Enos grub die Leiche des Abel aus. Abel war die einzige Leiche, die es gab. Und: Die Verwesung war noch nicht erfunden. Der Leichnam war unversehrt. Enos wollte den Körper aufschneiden und hineinschauen.

»Weil ich der Gescheiteste bin auf der Welt und ich

herausgefunden habe, daß mir niemand eine Antwort geben kann, weil niemand mehr weiß als ich!«

Er besorgte sich ein Messer. Messer waren bis dahin nur verwendet worden, um die Früchte des Feldes zu teilen und zu schälen. Das Messer wehrte sich in Enos' Hand. Es sprang ihm von den Fingern, und es begann zu sprechen.

Es sagte: »Ich will das nicht tun! Ich weiß, was du vorhast. Du willst mich in diesen Leib hineinstoßen, du willst ihn mit meiner Hilfe aufschneiden.«

Enos sagte: »Ja, das will ich, weil ich wissen will, wie uns Gott gemacht hat.«

Das Messer: »Ich werde verdammt sein, wenn ich das tue, auch wenn ich gar nichts dafür kann, weil du mich zwingst, werde ich trotzdem verdammt sein. Ich will aber nicht verdammt sein.«

Aber Enos hielt das Messer mit beiden Händen fest und schnitt damit in den toten Körper des Abel.

Tatsächlich wurde das Messer verdammt. Von diesem Augenblick an war es nicht nur ein Gegenstand des häuslichen Gebrauchs mehr, sondern auch eine Waffe.

Enos studierte das Innere des Menschen. Schnitt jede Faser auf. Verfolgte die Bahn jeder Ader. Wog das Gehirn. Wog die Leber und die Nieren und maß die Länge des Darms.

Er machte sich erneut an die Arbeit, Menschen zu formen. Er dachte: Vielleicht liegt es daran, daß ich den falschen Lehm genommen habe. Er machte sich auf den Weg, suchte Lehm. Wurde ein Lehmkenner. Ein Besessener.

Eines Tages kam Enos an eine Mauer, groß, mächtig, ihre Krone sah aus, als sei sie ein Gebirge. Wir wissen es: Es war die Mauer zum Paradies. Enos ging an der Mauer entlang, und er kam zum Tor des Paradieses. Aber er war ein verblendeter Mensch, er sah auf das Tor, aber er sah nichts. Er legte die Hand auf das Tor, aber er spürte nichts. Er erkannte nicht einmal die Mauer als eine Mauer. Er meinte, es sei ein Fels. Er verstand nichts mehr vom Paradies. Niemand mehr verstand etwas vom Paradies.

Aber Enos verstand etwas von Lehm.

Erinnern wir uns: Außen, neben dem Tor zum Paradies, lag jener Haufen Lehm, der vom ersten Adam stammte. Jener Haufen, auf den Samael gespuckt hatte, bevor er vom Erzengel Michael in die Hölle gestoßen worden war.

Aus diesem Lehm baute Enos seinen Menschen.

Und genau in dem Augenblick, als sich Enos über seinen Lehmmann beugte, um ihm eine Seele in die Nase zu blasen, schlüpfte Samael, der Teufel, an Enos' Mund vorbei in den Erdkörper.

Und Samael sagte: »Du hast mich gerufen?«

Enos fiel um.

Als er sich wieder gefaßt hatte, fragte er: »Habe ich dich gemacht?«

»Nicht ganz«, sagte Samael aus dem Mund des Lehmmenschen. »Nicht ganz. Aber ich will dir behilflich sein. Was soll ich tun?«

»Mach einen Schritt«, sagte Enos.

»Das kann ich nicht«, sagte Samael.

»Dann heb die Hand!«

»Das kann ich auch nicht.«

»Dann spuck mich an!«

»Geht nicht.«

»Was kannst du eigentlich?«

»Aus dem Maul von dem da sprechen, das kann ich. Mehr kann ich nicht.«

»Das heißt«, sagte Enos, »einen Menschen im eigentlichen Sinn habe ich nicht gemacht?«

»Im eigentlichen Sinn nicht«, sagte Samael. »Aber überleg: Seit so langer Zeit mühst du dich ab. Ohne jeden Erfolg. Weißt du, daß man über dich lacht? In deinem Alter! Schau deinen Bruder Henoch an! Aus ihm ist etwas geworden. Ein Geschäftsmann. Er ist nicht so begabt wie du. Aber ihn respektiert jeder. Dich lachen alle nur aus. Früher bist du jemand gewesen, dann hast du dir diesen Vogel in den Kopf gesetzt, daß du Leben machen möchtest. Das kann niemand. Jeder weiß das. Nur du willst es nicht wissen. Deshalb lacht man dich zu Recht aus. Also überleg: Mit einer Lehmpuppe, die sprechen kann, kannst du viel Eindruck machen. Das ist mehr als nichts!«

Enos wußte, es ist nicht das, was er wollte, natürlich nicht, in seiner Jugend war er beseelt von dem Gedanken, ein großer Naturwissenschaftler zu werden. Er hatte sein Ziel nicht erreicht. Aber, sagte er sich, ich habe es halb erreicht, immerhin halb. Wer kann das schon von sich behaupten.

Enos war der erste Mensch, der Götzenbilder aufgestellt hat. Und die Menschen fielen vor seinen Götzen auf die Knie und hörten sich an, was Samael, der Teufel, aus den Lehmmäulern auf sie herunterredete.

Henoch

Von seiner ersten und zweiten Devise – Von der Erfindung des Handels – Vom Streitschlichten – Von seiner Berufung zum Propheten – Von der Schrift – Von Esoterikern und Science-fiction-Fans – Von der Himmelfahrt des Propheten

Einer, der sich nicht vor den Götzen des Enos auf den Boden geworfen hat, war der Bruder des Enos: Henoch.

Henoch hatte für diese Götzen gar nichts übrig. Er war ein nüchterner Mensch. Er wußte, daß diese Götzenbilder im besten Fall ein Ersatz für das verlorene Bild Gottes waren. Ebenso wie sein Vater Seth ein Ersatz für den Vorfahr Abel war.

»Ich weiß nicht mit Sicherheit, ob es einen Gott gibt«, pflegte Henoch zu sagen. »Wenn sich nach dem Tod herausstellt, daß es keinen gibt, war es kein Schaden, an ihn geglaubt zu haben. Wenn es aber einen gibt, wird es von Nutzen sein. Also ist es besser, an Gott zu glauben, als nicht an ihn zu glauben.«

So lautete seine erste Devise.

Den Tag über hat sich Henoch allerdings mit ganz anderen Dinge beschäftigt. Er leitete ein Büro. War Besitzer eines Lagerhauses. Des größten weit und breit. Er war verheiratet, hatte Familie, lachte selten. War keine Stimmungskanone, ging früh zu Bett, stand früh auf. Liebte seine Tätigkeit. Import, Export hauptsächlich. Wobei das Wort Liebe sicher übertrieben ist.

Er hat Gottes Gebote geachtet, heißt es, er hat gebetet, nicht besonders leidenschaftlich, das wurde auch nirgends verlangt. Er war ein pflichtbewußter, nüchterner, kühl kalkulierender Mann. Wie gesagt: Er war nicht so begabt wie sein Bruder Enos, lange nicht. Er war zufrieden, und anstrengende Begeisterungsanfälle wie bei seinem Bruder waren bei ihm bis dato nicht beobachtet worden.

»Ein Ziel vor Augen macht, daß wir stolpern.«

Das war seine zweite Devise.

Henoch sah, wie die Menschen auf den Feldern schufteten, er sah, wie die einen mehr Getreide ernteten, als sie verbrauchen konnten, er sah, wie die Fischer mehr Fische aus dem Meer zogen, als sie essen konnten, und wie die Hirten mehr Fleisch erzeugten, als sie nötig hatten. Er wußte, derjenige, der Fleisch hat, der hat keinen Fisch, würde aber gern welchen haben, und derjenige, der Fisch hat, hat kein Getreide, würde aber gern welches haben.

Da hat Henoch den Handel erfunden. Dem Fischer hat er Fleisch, dem Fleischer hat er Brot gebracht. Er war pünktlich, nicht allzu teuer, aber billig auch nicht.

Und manchmal sagte einer: »Ich habe zum Geburtstag einen Hut bekommen, aber ich besitze schon einen. Willst du mir nicht diese Ente dafür geben, Henoch?«

Und Henoch sagte: »Nein, die kann ich dir nicht geben, die ist nämlich schon deinem Nachbarn versprochen. Aber ich habe hier ein paar neue Schuhe, und ich sehe, die deinen sind bald hinüber. Gib mir den Hut, dann kriegst du dafür die Schuhe.«

Und da sah der Mann erst, daß seine Schuhe bald hinüber sein würden, und er tauschte und dachte, gut, daß es den Henoch gibt!

Henoch wurde reich. Nicht von heute auf morgen wurde er reich. Allmählich wurde er reich. Und schließlich war er sehr reich.

Der Händler, das war Henoch klar, benötigt Gerechtigkeit als Grundlage für sein Gewerbe. Denn handeln können miteinander nur zwei Gleiche. Deshalb war Henoch ein gerechter Mann. Wenn zwei sich stritten, gingen sie zu Henoch.

»Mach du den Richter«, sagten sie.

Der Händler, das war ihm ebenfalls klar, benötigte Frieden. Wo Haß und Krieg herrschten, hatte der Handel wenig Spielraum. Deshalb war Henoch auch ein friedlicher Mensch. Wenn er sah, wie einer mit einer Schaufel auf einen anderen losging, um ihn zu schlagen, und alle Umstehenden das Schlichten längst aufgegeben hatten, dann trat Henoch zwischen die beiden.

Und er sagte mit seiner leisen, feinen Stimme: »Nur einen Augenblick, ich will gar nicht stören. So eine Schaufel könnte ich brauchen. Ich tausche sie gegen einen Stapel Handtücher ein.«

»Aber mit den Handtüchern kann ich den da nicht schlagen!« rief der eine.

»Das ist auch wieder wahr«, sagte Henoch. »Aber du könntest die Handtücher gegen einen Satz Suppenschüsseln tauschen, die kannst du ihm an den Kopf werfen. Ich weiß da zufällig eine Frau, die hat viel zu viele Suppenschüsseln und kein einziges Handtuch, und wenn du bis morgen wartest, dann will ich gehen und mit ihr verhandeln ...«

»Ach, hau ab, du gehst uns auf die Nerven!« sagten da die beiden Streitenden.

Sie hatten die Lust am Schlagen verloren. Und am Ende reichten sie einander die Hand und reichten auch Henoch die Hand und kamen sich wie Idioten vor.

Die Leute sagte: »Der Henoch, der! Wenn der in der Nähe ist, dann! Wenn der sich um etwas kümmert, dann klappt's.«

Dieser Henoch fiel Gott ins Auge.

Von Gott haben wir schon lange nicht mehr gesprochen. Wo war er? Was hat er gemacht? Hat er sich vom Menschen und seiner Welt abgewandt? Wollte er einen neuen Versuch starten? Tatsächlich gibt es Vermutungen in diese Richtung. Wir werden noch darauf zurückkommen.

Gott, sagen die einen, habe den Menschen in seiner Welt eine Weile lang nach eigener Maßgabe leben lassen. Er habe zugesehen. Aber dann sei ihm der Wandel der Menschen zu bunt geworden. Sagen die einen. Andere meinen, der Wandel sei ihm gar nicht zu bunt geworden, Gott habe sich lediglich geärgert, daß die Menschen vergessen hätten, die Schöpfung zu bejubeln. Und vergessen hätten es die Menschen, weil sie die Geschichten vergessen hätten. Weil sie eben nicht mehr wußten, wie die Welt geworden war. Weil es Mode geworden war, nicht zurückzuschauen.

Gott dachte sich, den Menschen fehlt ein Prophet.

Gott blickte sich um. Und sein Auge fiel auf Henoch. Ausgerechnet auf ihn. Henoch sollte der erste Prophet werden. Ausgerechnet der!

Gott begegnete Henoch. Damals begegnete er den Menschen noch so, wie er war. Als er später dem Abraham begegnete, schlüpfte er in das fleischliche Kleid eines Menschen. Weil die Menschen den Anblick Gottes später nicht mehr ertragen konnten. Zur Zeit des Henoch konnten sie den Anblick Gottes noch ertragen.

»Ich bin Gott«, sagte Gott zu Henoch. »Glaubst du mir?«

Henoch sah, was er sah. Und er dachte an seine Devise, die zweite. Und er glaubte.

Er fragte: »Gibt es einen Grund, warum du mir erscheinst?«

»Ja«, sagte Gott. »Ich brauche deine Hilfe.«

»Was soll ich tun?«

Gott sagte: »Ich habe dich ausgewählt, weil du ein nüchterner Mann bist. Du sollst den Menschen erzählen, was ich Herrliches erschaffen habe. Damit sie wieder an mich denken. Ich werde dir die Schöpfung erklären, und du sollst den Menschen von den Wundern der Schöpfung erzählen.«

»Werden sie mir glauben?«

»Ja.«

»Und warum ausgerechnet mir?«

»Sie kennen dich als einen Mann, der durch nichts zu begeistern und durch nichts aus der Ruhe zu bringen ist. Wenn jemand wie du plötzlich in Begeisterung und prophetische Unruhe verfällt, dann werden sich die Menschen denken, da muß etwas wirklich Großes dahinterstecken, und sie werden ihm glauben.«

Henoch war ein Händler – ja, einer, der sich weder so ohne weiteres begeistern noch so ohne weiteres aus der Ruhe bringen ließ –, und er fragte: »Was ist mein Lohn?«

Gott hat das gefallen, denn diese unerschütterliche Nüchternheit war ja der Grund gewesen, warum er Henoch ausgewählt hatte.

Gott sagte: »Was willst du haben?«

Henoch hatte schon die ganze Zeit auf die Unterarme Gottes geblickt, dort waren diese tätowierten Schriftzeichen, die ja schon seit Urzeiten, schon seit vor der Erschaffung des Menschen, auf Gottes Unterarmen waren.

Henoch fragte: »Was ist das da auf deinen Armen?«

Gott sagte: »Das sind Schriftzeichen.«

»Ich weiß nicht, was Schriftzeichen sind«, sagte Henoch. »Fang deine Erklärung der Welt damit an, daß du mir diese Schriftzeichen erklärst.«

Und Gott erklärte Henoch die Schrift.

»Das heißt«, sagte Henoch, »wenn man sich etwas nicht gut merken kann, dann braucht man es nicht mehr mühsam auswendig zu lernen, man kann es sich aufschreiben und dann ablesen?«

Gott sagte: »Ja, das hast du verstanden, das ist gut.«

Für einen Händler war das natürlich eine wunderbare Erfindung, und Henoch sagte: »Diese Schriftzeichen hätte ich gerne. Die möchte ich als Lohn haben dafür, daß ich den Menschen deine Schöpfung erzähle.«

Gott war damit einverstanden.

Da nahm Gott den Henoch mit und führte ihn ganz zurück in die Vergangenheit. Weit zurück in die Zeit, als die Menschen noch gar nicht waren. Alles zeigte er seinem Propheten.

Dann führte er ihm die Zukunft vor. Vor und zurück auf der Zeitachse fuhr Gott mit Henoch. Über jede Sekunde des Daseins flog er mit ihm, vom Anfang aller Dinge bis an ihr Ende.

Das heißt, während ich hier sitze und schreibe, und selbstverständlich auch während Sie diese Zeilen lesen, immer, immer, in jedem Augenblick wird Henoch, der erste Prophet Gottes, durch die Zeit gehoben. Deshalb nimmt es auch nicht wunder, daß Esoteriker und Science-fiction-Fans so vernarrt sind in diesen Propheten. Geben Sie das Stichwort »Henoch« in eine Suchmaschine des Internet, und Hunderte Pages werden Ihnen aus den erwähnten Richtungen entgegenflattern ...

Henoch machte sich Notizen. Erst sehr kühle Notizen. Aber seine Begeisterung über Gottes Schöpfung wuchs. Als seine Reisen durch die Zeiten beendet waren, war aus dem trockenen, etwas langweiligen Geschäftsmann ein glühender Prophet geworden.

Das Buch Henoch liegt uns noch heute vor. Freilich – der Historiker, der Forscher, der nüchterne, der wird eine andere Geschichte zur Entstehung dieses Buches erzählen.

Im Buch Henoch stehen interessante Dinge. Der Prophet hat als erster vorgeschlagen, die Zeit nicht allein nach dem Mond, sondern auch nach der Sonne zu messen, und er hat damit den Begriff des Jahres erfunden. Das Sonnenjahr hat nach Henoch 364 Tage. Das ist erstaunlich genau.

Henoch lebte nicht so lang wie die anderen Menschen seiner Zeit. Er starb aber nicht. Er verschwand einfach. Es gab keinen Leichnam. Gott holte ihn zu sich. Henoch war es gelungen, die Menschen wieder zu Gott hinzuführen. Die Götzen seines Bruders Enos wurden zerschlagen. Die Menschen waren wieder von Gott und einer Schöpfung begeistert.

Als junger Spund ist Henoch von Gott von der Erde weggeholt worden, er war gerade dreihundertfünfundsechzig Jahre alt. Gott habe ihn, heißt es, ein Jahr älter werden lassen, als das Jahr Tage zählt.

Kains Tod

Von Jägern im allgemeinen – Von Lamech – Von Tubal-Kain – Vom unglücklichen Zufall – Vom schnellen Zeugen

Noch war kein Mensch gestorben auf der Welt. Einer war weggenommen worden, Henoch, einer war ermordet worden, Abel.

Viel zu viele Menschen lebten damals, viel mehr als heute. Überall waren Menschen. Es war nicht mehr viel Erde übrig, wo sich die Tiere verstecken konnten. Man meinte, die Tiere seien überflüssig. Man sagte, sie nehmen nur Platz weg. Groß war der Mann, der viele Tiere töten konnte.

Es kam dann die Zeit, als Kain über achthundert Jahre alt war, der alte Kain, der Mörder, mit dem Horn auf der Stirn, dem Zeichen des Mörders. Kain, der Brudermörder, starb keines natürlichen Todes. Gott hätte ihn leben lassen bis in alle Zeiten. Kain wurde getötet.

Das ging so: Einer der Nachfahren Kains, von Enkel kann man gar nicht reden, weil man nicht weiß, zur wievielten Generation nach Kain er gehörte, das war ein gewisser Lamech, und der war der bedeutendste Jäger seiner Zeit. Er war so bedeutend, so leidenschaftlich als Jäger, daß er auch als alter Mann, als er schon blind war, immer noch auf die Jagd gehen wollte.

»Wenn der Pfeil die Stirn des Tiers durchbohrt, dann klingt das wie ein Kuß auf die Stirn einer meiner zwei Frauen. Und wenn der Pfeil die Flanke eines Rehs durchbohrt, dann klingt das wie ein Kuß auf den Bauch einer meiner zwei Frauen.« Solche Dinge sagte Lamech, der Jäger.

Übrigens: Er betonte immer, daß er zwei Frauen hatte. Daraus schlossen manche Mythologen, Lamech habe die Polygamie eingeführt. Erwiesen ist das nicht.

Lamech hatte drei Söhne. Jabal hieß der eine, Jubal der andere, und Tubal-Kain hieß der Jüngste. Tubal-Kain war ein Jäger wie sein Vater, und er begleitete seinen Vater auf die Jagd.

Und wenn Lamech sagte: »Ich rieche ein Wild«, dann richtete Tubal-Kain Pfeil und Bogen seines Vaters auf das Wild, und Lamech brauchte nur den Pfeil loszulassen.

Eines Tages waren die beiden wieder auf der Jagd, und da sagte Lamech: »Ich rieche ein Wild.«

Und tatsächlich, Tubal-Kain sah hinter einem Gebüsch ein Horn hervorschauen. Er drehte seinen Vater samt Pfeil und Bogen in die richtige Richtung, und Lamech schoß, und er traf. Und es hörte sich an wie ein Kuß auf die Stirn seiner Frau.

»Ich hab das Wild in die Stirn getroffen«, sagte Lamech. »Geh und schau nach, mein Sohn.«

Tubal-Kain kam zurück und meldete: »Du hast einen Mann erschossen, der trägt ein Horn auf der Stirn.«

Da wußte Lamech, er hatte seinen Vorfahren Kain getroffen, und er hatte damit einen Fluch auf sich und seine Familie geladen, einen Fluch, der sieben Generationen dauern würde.

So sehr erschrak der blinde Lamech, daß er die Hände zusammenschlug und ausrief: »Um Gottes willen, ich habe Kain getötet!«

Aber weil der unglückliche Zufall es so wollte, war der Kopf seines Sohnes Tubal-Kain zwischen seine Hände geraten, und die Pranken eines großen Jägers sind furchtbar, und der Kopf des Tubal-Kain war zerschmettert.

Schreiend stolperte Lamech nach Hause zu seinen zwei Frauen und sagte: »Einen Mann habe ich getötet, und einen Knaben habe ich erschlagen.«

Und er schlüpfte eilig unter die Decken zu seinen zwei Frauen und sagte: »Wir müssen einen Nachfahren zeugen! Jetzt gleich! Schnell! Auf der Stelle!«

Und eine der Frauen wurde schwanger und brachte einen Sohn zur Welt und gab ihm den Namen Noah.

Das war auch die Zeit, als Adam und Eva starben ...

Die Gottessöhne

Von einem depressiven Gott – Vom großen Gemetzel – Von den Giganten – Von Asaels Mitleid – Von Schemchasais Liebe – Von Istahars Wunsch zu fliegen – Von einem guten und einem bösen Ende

In der Bibel heißt es, die Gottessöhne seien herabgestiegen vom Himmel.

Wir wissen nicht, wer diese Gottessöhne sind. Die Bibel gibt uns keine Auskunft darüber. Aber die Mythen, Sagen und Märchen erzählen, daß diese Wesen übriggeblieben waren aus der Zeit vor Gottes Schöpfung.

Diese Gottessöhne sagten eines Tages zu Gott: »Wir werden unter den Menschen aufräumen, werden die meisten zertreten, das steht fest, jedenfalls die bösen Menschen, und dann werden wir die Welt bevölkern.«

Gott fragte: »Meint ihr, ihr paßt besser in diese Welt?«

»Ja«, sagten die Gottessöhne. »Gib uns Gelegenheit, es zu beweisen!«

Was war los mit Gott? Hatte er resigniert? War alles anders gelaufen, als er es sich vorgestellt hatte? Hatte er das Interesse an seiner Welt verloren? Oder hatte er nur das Interesse an den Menschen verloren?

»Dann geht«, sagte er zu den Gottessöhnen. »Seht zu, daß ihr es besser macht!«

»Wir werden es besser machen«, sagten die Gottessöhne. »Wir kennen die Menschen gut. Wir haben lange genug von oben zugeschaut.«

Ja, so war es: Diese sogenannten Gottessöhne hatten

die ganze Zeit von oben zugeschaut, wie es unten auf der Erde zuging. Und bei dieser Gelegenheit haben sie sich in die Menschenfrauen verliebt. Sie wollten es mit den Menschenfrauen treiben. Das ist die Wahrheit, und diese Wahrheit steht auch in der Bibel.

»... und sie nahmen sich von ihnen Frauen, wie es ihnen gefiel ...«

Hat Gott das nicht gewußt? Aber er weiß doch alles. Hatte er keine Kraft mehr, um sich gegen die Gottessöhne zu stellen?

Diese Bibelstelle hat immer wieder Verwunderung ausgelöst, Verwirrung gar. Es ist merkwürdig, aber man wird den Eindruck nicht los, daß Gott zu diese Zeit in eine Depression verfallen ist. Eine göttliche Depression.

Nun flogen also die Gottessöhne vom Himmel herab. An ihren Schulterblättern waren riesige Flügel, goldene Flügel mit Azur und Türkis durchwirkt, silbern umrahmt, mit Rubinen gepunktet. Die Anführer hießen Schemchasai und Asael. Und es war ein Gemetzel unter den Menschen.

»Nur die Männer!« befahlen Schemchasai und Asael. »Die Welt braucht keine Männer! Tötet sie alle!«

Die Menschen waren nicht auf Töten eingestellt. Seit Kain hatte es keinen Mörder mehr gegeben. Lamech hatte nur aus Versehen getötet. Man hat aufeinander eingeschlagen, das schon, aber man hat sich gegenseitig nicht erschlagen. Die Jäger hatten auf Tiere geschossen, niemals auf Menschen. Und Schemchasai und Asael und die anderen Gottessöhne sahen aus wie Menschen, wie große, schöne Menschen. Den Männern zitterten die Hände, wenn sie den Bogen spannten und den Pfeil auf die Eindringlinge richteten.

Schemchasai und Asael gingen mit der unfaßbaren Brutalität von Gleichgültigen vor. Sie köpften die Männer, wie Bauernbuben im Vorbeigehen Disteln köpfen. Nicht Haß war ihr Antrieb. Der Bauer haßt das Gras ja auch nicht, das er mäht.

Schemchasai und Asael befahlen, daß sich die Menschenmänner auf den Plätzen der Stadt versammeln sollten. Dann gingen sie durch die Reihen und ließen ihre Schwerter kreisen. Die Frauen nahmen sie mit sich.

Es heißt, Asael habe Augenblicke des Mitleids gehabt. Er blickte auf die weinenden Frauen. Sah ihre Tränen. Fing die Tränen mit dem Finger auf. Verwandelte die Tränen in Diamanten. Band die Diamanten an Kettchen. Hängte die Kettchen den weinenden Frauen um den Hals.

»Schön«, sagte er dazu.

Aber die Frauen weinten weiter, sie weinten um ihre Männer, ihre Söhne, ihre Liebhaber.

»Hör auf!« sagte da Asael zu Schemchasai. »Laß die Männer leben. Sie sollen die Frauen für uns schmücken. Wer uns dient, soll verschont bleiben.«

Da gab es viele Männer, die putzten ihre Frauen heraus, rieben sie mit Duftölen ein, schlugen sie auf die Wangen, damit sie schön rot wurden. Um ihr Leben zu retten, taten sie das.

Und andere taten es nicht.

»Warum nicht?« fragte Schemchasai.

»Aus Liebe«, sagte Asael.

»Interessant«, sagte Schemchasai und köpfte die Männer.

Asael und Schemchasai und die anderen Gottessöhne schwängerten alle Frauen. Und die Frauen brachten Riesen zur Welt, Giganten. Und dann geschah es, daß sich Schemchasai, der Gnadenlose, in eine Menschenfrau verliebte. Sie hieß Istahar.

Istahar lebte allein. Ihr Vater war gleich beim ersten

Massaker ums Leben gekommen, ihre Brüder später. Ihre Mutter war vor Gram gestorben, und ihre Schwester war verschleppt worden, sie wußte nicht wohin.

»Ich wünsche mir, daß du aus freien Stücken zu mir kommst«, sagte Schemchasai. »Ich werde dich nicht berühren, wenn du es nicht willst.«

»Dann wirst du mich niemals berühren«, sagte Istahar.

»Ich will warten«, sagte Schemchasai.

Er hockte sich vor Istahars Haus und wartete. Ein schöner, großer Mann mit goldenen Haaren. Er hockte auf einem Stein und blickte still zur Tür.

Am nächsten Tag saß Schemchasai immer noch vor dem Haus von Istahar. Da kam Asael vorbei.

»Was machst du hier?« fragte er.

»In dem Haus lebt eine Frau«, sagte Schemchasai, »die hat es noch mit keinem von uns getrieben.«

»Dann hol sie doch heraus!« sagte Asael.

»Ich warte auf sie«, sagte Schemchasai.

»Sie wird freiwillig nicht kommen.«

»Ich warte.«

»Ich werde sie für dich holen«, sagte Asael.

Er stampfte auf die Tür zu, wollte mit der Faust die Tür einschlagen, da traf ihn ein Stein am Hinterkopf. Schemchasai hatte den Stein geworfen.

»Ich sagte, ich warte, bis sie kommt«, sagte er.

»Vielleicht will ich sie ja für mich haben«, sagte Asael.

»Meinetwegen sollst du sie haben«, sagte Schemchasai. »Aber dann mußt du auch auf sie warten. Setz dich neben mich und warte!«

Und das hat Asael getan.

So saßen die beiden Gottessöhne vor dem Haus der Istahar. Und während sie warteten, ging die Welt weiter.

Die Giganten stritten sich mit ihren Vätern, es kam zum Krieg. Die Gottessöhne und ihre Nachkommen erschlugen sich gegenseitig. Am Ende waren von den Eindringlingen nur Schemchasai und Asael übrig. Die saßen auf dem Stein vor dem Haus der Istahar.

Die Menschen krochen aus ihren Verstecken, viele waren es nicht mehr. Sie schlichen sich an das Haus von Istahar heran, beobachteten die beiden mächtigen Führer der Gottessöhne, die da saßen und das Haus bewachten und warteten.

»Was wollt ihr denn noch?« fragte ein Mutiger. »Ihr habt uns doch schon alles genommen. Der Krieg gegen eure Nachfahren hat unsere Felder verwüstet. Was wollt ihr beiden denn noch?«

»Sie wollen wir«, sagte Schemchasai. »Diese Frau mit dem Namen Istahar!«

»Ja, sie wollen wir«, sagte auch Asael. Ja, auch Asael hatte sich in Istahar verliebt. Und das, obwohl er sie noch nie richtig gesehen hatte. Nur manchmal hatte er kurz ihr Gesicht gesehen, wenn sie durch das Fenster nach draußen schaute, ob das Böse noch immer vor ihrem Haus hockte.

»Und was wird, wenn ihr sie bekommt?« fragte ein anderer Mutiger.

»Dann gehen wir«, sagten die beiden Gottessöhne.

»Was ist mit denen los?« tuschelten die Menschen. »Sind sie müde geworden vom Töten?«

Daß sich diese beiden tatsächlich verliebt hatten, das konnte keiner glauben.

»He!« rief ein dritter. »He! Istahar! Laß die beiden hinein! Alle Frauen der Stadt sind von ihnen genommen worden, nur du nicht!«

»Ja, laß sie hinein!« riefen nun auch andere. »Sonst werden wir alle sterben!«

Istahar schob den Vorhang beiseite und blickte hinaus. Sie sah die beiden riesigen Männer mit den goldenen Haaren und den goldenen Flügeln auf dem Stein vor ihrem Haus sitzen. Und sie sah ihre Nachbarn, die in einigem Abstand auf der Straße standen und zu ihr herüberschauten.

»Also gut«, sagte Istahar. »Ich werde Schemchasai und Asael zu mir lassen. Aber nur unter einer Bedingung.«

»Bedingungen stellt sie«, höhnten die Nachbarn.

»Wie lautet deine Bedingung?« fragte Schemchasai.

Istahar trat vor die Tür.

Sie stellte sich vor die beiden Gottessöhne hin und sagte: »Immer habe ich die Vögel des Himmels beneidet. Sie können die Welt von oben sehen, sie fliegen durch die weiche Luft, es muß sein, wie im Wachen zu schlafen.«

»Was hat das damit zu tun?« fragten die Nachbarn.

»Wenn Schemchasai und Asael mir einmal, nur einmal ihre Flügel leihen«, sagte Istahar, »damit ich einen kleinen Rundflug machen kann, nur einen kleinen, dann werde ich die beiden zu mir lassen.«

Und die Nachbarn, die alles verloren hatten, sogar die letzten guten Sitten, die brachen in johlendes Gelächter aus.

»Bedingungen stellt die Verrückte! Ja, kannst du dir das vorstellen! Flügel! Klar, Flügel!«

Aber Schemchasai erhob sich, griff sich an die Schulterblätter, löste die Flügel und legte sie vor Istahar hin. Und auch Asael legte seine Flügel vor Istahar hin.

Istahar befestigte sich die Flügel, Schemchasais Flügel am Rücken, Asaels Flügel an der Hüfte. Und dann erhob sie sich in die Luft. Istahar flog hoch hinauf. Sie flog bis vor den Thron Gottes.

»Rette mich!« sagte sie.

»Wie denn? Wie denn?« sagte Gott.

»Schick deinen stärksten Engel«, sagte Istahar. »Ich werde Schemchasai und Asael in eine Höhle locken. Dann soll dein Engel den Berg auf die Höhle drücken.«

»Du willst dich wirklich opfern?« fragte Gott.

»Wenn's anders nicht geht!« sagte Istahar.

Es gibt zwei Versionen vom Ende. Eine heroische und eine versöhnliche. Michael wurde geschickt, in beiden Versionen wurde er geschickt. In der heroischen Version führte Istahar Schemchasai und Asael in die Höhle und starb dort mit den beiden, als Michael den Berg auf sie preßte. Die andere Geschichte läßt Istahar durch einen schmalen Gang, zu schmal für die Gottessöhne, entkommen.

Die Sintflut und der Turmbau zu Babel

Von Baumeistern und Musikanten – Von einem Besuch des Erzengels Uriel – Von einer schnellen Art, alles zu lernen – Von einem kuriosen Prediger – Von einem kuriosen Schiff – Vom Tod des Ältesten – Von den Tieren – Vom großen Wasser – Von einem Streit mit einem Raben – Vom neuen Geschlecht – Vom Turmbau zu Babel – Von Nimrod, dem Angeber – Von Gottes Staunen – Von der Verwirrung der Sprachen

Lamech, der alte, blinde Jäger, hatte vier Söhne: Jabal, Jubal, Tubal-Kain und Noah. Den Tubal-Kain hat er erschlagen. Den Noah hat er als Ersatz in derselben Nacht mit einer seiner zwei Frauen gezeugt.

Die Söhne Jubal und Jabal waren sehr angesehen in ihrer Zeit. Das war die Zeit, als die Gottessöhne die Städte verwüsteten. Jabal und Jubal hatten die Katastrophe überlebt. Jubal war Musikant, man sagt von ihm, er habe die Zither erfunden, auch die Flöte habe er erfunden, zumindest verbessert habe er sie. Sein Bruder Jabal war Baumeister. Er leitete den Wiederaufbau des Landes nach der Katastrophe.

Der Beruf des Baumeisters und der Beruf des Musikanten lagen in dieser Zeit gar nicht soweit voneinander entfernt. Auch in anderen Geschichten kann man auf Brüderpaare treffen, die sich in diese Berufe teilen. Die griechische Mythologie erzählt uns von Amphion und Zethos, der eine war Architekt, der andere ein Musiker, der die Kithara des Hermes weiterentwickelt hat, gemeinsam haben sie die Stadt Theben erbaut.

Die Gebäude, die Tempel, alles, was in der Stadt gebaut wurde, wurde nach musikalischen Überlegungen geplant. Die Architekten haben die Proportionen der Gebäude, bevor sie zu bauen begannen, auf gespannte

Saiten übertragen, das heißt, sie haben die Saiten eines Monochords entsprechend verkürzt, und erst wenn ein schöner Akkord gestrichen wurde, durfte der Auftrag erteilt werden, erst dann durfte der Bauherr sicher sein, daß auch das Haus schön werden würde.

Jubal und Jabal betrieben ein gemeinsames Büro, sie arbeiteten zusammen. Sie waren ehrliche, aufrichtige Leute, hatten Familien, kluge Kinder, Freunde, mit denen man auch manchmal gemeinsam in Urlaub fuhr. Man kann nicht sagen, daß Jabal und Jubal gottesfürchtig waren. Sie machten sich keine Gedanken über Gott. Aber sie waren tolerant.

»Wenn sich einer Gedanken über Gott machen will, dann soll er sich Gedanken über Gott machen dürfen«, sagten sie.

Eines Tages bekamen Jabal und Jubal Besuch von ihrem jüngeren Bruder Noah. Noah war ein ganz anderer Charakter. Ein Stück Holz im Vergleich zu seinen Brüdern. Hartholz, um genau zu sein. Jabal und Jubal waren es gewohnt, sich unter Menschen zu bewegen, sie verstanden es, elegant zu argumentieren, sie waren smart und aufgeschlossen und glatt und dennoch unterhaltsam, geistreich, charmant und so weiter. Feine Gesellschaft, Abteilung Kultur. Noah war ein stiller, in sich gekehrter, schwerblütiger Mann. Er wirkte ungepflegt. Manchmal sagte er Sätze, die kamen ihm einfach so aus dem Mund, keiner hatte ihn danach gefragt.

Zum Beispiel: »Das Gegenteil von Lüge ist nicht Wahrheit, sondern Überzeugung.«

Dann kam es vor, daß einer mitten in einem Gespräch zu Jabal und Jubal sagte: »Ah, ja, da habe ich neulich euren Bruder getroffen, der sagte ...«

Dann sahen sich Jabal und Jubal an und lächelten, und es war ein stolzes Lächeln.

Und sie sagten: »Ja, ja, man unterschätzt ihn leicht. Noah hat einen breiten Kopf. Er ist der Hellste von uns.«

Sie sagten das freilich mit einem feinen, ironischen Lächeln. Und derjenige, der mit Jabal und Jubal zusammensaß, war womöglich ein Schmeichler und wollte etwas von den beiden.

Und er sagte: »Na, na, da gibt es doch wohl noch zwei Hellere in der Familie.«

Und Jabal und Jubal sagten, und diesmal ziemlich ernst: »Nur daß man sich da nicht täuscht!«

Ein Bauer war Noah, einer, der selten in die Stadt kam. Er war verheiratet mit Naama, der Tochter des Henoch, also seiner Cousine. Sie war eine unglaublich starke Frau. Sie war in seelischer Hinsicht stark, in geistiger Hinsicht stark. Und außerdem konnte sie einen Baumstamm auf einer Seite hochstemmen, während er auf der anderen Seite an einen Querbalken geschraubt wurde... Naama hatte drei Söhne geboren: Ham, Sem und Jaffet.

Eines Tages ging Noah, was selten geschah, in die Stadt, und er besuchte seine beiden Brüder. Er betrat ihr Büro, setzte sich auf den Besuchersessel, klemmte die Unterarme zwischen seine Knie, starrte auf den Boden. Jabal und Jubal warteten, nachdem sie ihn begrüßt hatten.

Es war schon vorgekommen, daß Noah stumm dagesessen und dann aufgestanden und gegangen war, und Jabal und Jubal hatten sich Vorwürfe gemacht, weil sie nicht auf ihn eingegangen waren, weil sie ihn nicht gefragt hatten, was denn sein Problem sei.

Darum fragten sie ihn diesmal: »Noah! Was ist los, was können wir für dich tun? Können wir überhaupt etwas für dich tun?«

Noah nickte. Dann stammelte er. Es war eigentlich weniger ein Stammeln als vielmehr ein Murmeln auf Ü und A.

»Laß dir Zeit«, sagte Jubal.

»Wir sind für dich da«, sagte Jabal.

Schließlich brachte es Noah heraus.

Er erzählte folgende Geschichte: »Gott hat einen Engel zu mir geschickt«, sagte er. »Und zwar seinen Erzengel Uriel. Dieser Uriel richtete mir aus, ich soll ein Schiff bauen. Aber ich kann das nicht. Und ich bilde mir auch nicht ein, daß ich so etwas kann. Woher soll ich das können, bitte!«

Jubal und Jabal hörten ihrem Bruder zu, sie wußten, sie mußten ihm Zeit lassen, er tat sich schwer, seine Gedanken zu formulieren.

»Ein Engel, sagst du?«

»Mhm.«

»Und woher hast du gewußt, daß es ein Engel ist?«

»Er hat es gesagt.«

»Was hat er gesagt? Genau.«

»Ich bin ein Engel, Gott hat mich zu dir gesandt. Das hat er gesagt.«

Weder Jubal noch Jabal zweifelten daran, daß ihnen Noah die Wahrheit sagte. Und auch wenn Noah selbst immer wieder behauptete, das Gegenteil von Lüge sei nicht Wahrheit, sondern Überzeugung, taten sie seine Geschichte dennoch nicht damit ab, daß sie sich sagten, Noah sei lediglich von etwas Falschem überzeugt. Sie nahmen ihren Bruder ernst. Aber sie nahmen die Wahrheit nicht ernst.

»Ein Schiff sollst du also bauen?«

»Eine Arche. Ja.«

»Wir haben bisher noch nie etwas von einem Erzengel mit dem Namen Uriel gehört«, sagten Jabal und Jubal.

»Ich auch noch nicht«, sagte Noah. »Aber er war's.«

Zum ersten Mal hob er die Augen und sah seine Brüder an. Er war verzweifelt. Sie konnten es in seinen Augen lesen.

»Erzähl weiter«, sagte Jabal. »Warum sollst du so eine Arche bauen?«

»Uriel hat gesagt, Gott will die Menschheit bestrafen.«

Eine lange Pause entstand. Noah blickte von einem zum anderen.

Dann sagte er: »Um genau zu sein: Gott will die Menschheit ausrotten.«

»Das hat der Engel gesagt?«

»Mhm.«

»Und warum will er das?«

»Es tue ihm leid, die Menschen überhaupt gemacht zu haben. Ich zitiere den Engel. Sie treiben Unzucht, die Menschen, sie opfern nicht, sie beten nicht, sie lassen sich nicht mehr von der Schöpfung beeindrucken. Sie glauben an neue Götter, die eigentlich gar keine Götter sind, und wenn man zu ihnen sagt, das sind keine Götter in Wahrheit, dann ist es ihnen auch egal. Nicht einmal zu ihren falschen Göttern stehen sie. Ich zitiere immer noch den Engel. Und darum will Gott Wasser schicken und alle Welt ersäufen. Nur ich ... nur mich nicht ... mich nicht und meine Familie nicht ... euch wohl auch nicht ... ihr seid Familie ... davon gehe ich aus ... klar ... Ich komme zu euch, damit ihr mir vielleicht helft bei diesem Schiffsbau.«

Jabal und Jubal ließen sich nicht auf eine lange Diskussion mit ihrem Bruder sie.

Sie sagten: »Du sollst jede Unterstützung von uns haben, wir haben natürlich selber viel zu tun. Du siehst, es sind so viele Menschen, die Wohnungen von uns wollen, Häuser. Wir sind sehr beschäftigt. Aber wir versprechen dir, alles Holz, das wir nicht brauchen, kannst du haben. Aber bauen mußt du die Arche selber.«

Dann hörten Jabal und Jubal monatelang nichts von ihrem Bruder, bis eines Tages ein Kunde zu ihnen sagte: »Übrigens: Euer Bruder predigt.«

»Was tut er?« fragten Jabal und Jubal.

»Er predigt in den Parks der Innenstadt.«

Die beiden eilten in die Innenstadt, sahen von weitem schon, daß sich die Menschen in einem der Parks drängten. Sie zwängten sich durch die Schaulustigen, da sahen sie Noah auf einer Kiste stehen, und sie hörten ihn reden. Und sie waren fassungslos.

»Was ist Gott?« hörten sie Noah tremolieren. »Ist Gott unser ewiges Gedächtnis? Ist es wahr, daß die Vergangenheit in der Gegenwart enthalten ist? Dann können wir, wenn wir einen Tisch anschauen, den Baum erkennen, aus dem der Tisch gemacht ist? Ja? Heißt das, daß alles, was wir für vergangen halten, gar nicht vergangen ist? Aber wenn es so ist, dann ist in jedem Tautropfen alles enthalten, was je war ...«

Hier sprach ihr Bruder Noah? Jabal und Jubal konnten es nicht glauben. Derselbe Noah, der kaum in der Lage war, in einem Frühstückscafé ein Butterbrot zu bestellen, ohne zu stammeln. Und hier sprach er mit Verve, vielleicht ein wenig zu laut, aber dafür desto mitreißender. Ja, er riß die Menschen mit.

Und Jabal und Jubal sagten sich: »Also, wir wissen doch, daß unser Bruder eigentlich irgendwie dumm ist, seien wir ehrlich, vielleicht nicht dumm in einem bösen, ordinären Sinn, aber ganz bestimmt nicht gebildet, auf jeden Fall irgendwie nicht richtig unterm Scheitel. Ganz bestimmt aber ist er kein rhetorisches Genie. Was ist da geschehen?«

Hier die Antwort: Der Erzengel Uriel hatte Noah ein zweites Mal besucht und zu ihm gesagt: »Dein Schiff soll für alle sein.«

»Aha, für alle«, sagte Noah. »Also nicht nur für mich und meine Familie ... im weitesten Sinn ...«

»Nein«, sagte Uriel, »Gott hat beschlossen, er will alle retten, die sich zu ihm bekehren. Hast du verstanden?«

»Mhm.«

»Und du sollst den Menschen von Bekehrung predigen!«

Da sagte Noah: »Warum ausgerechnet ich? Ich bin doch einer der Dümmsten. Ich kann nicht reden, wie soll ich den Leuten von Bekehrung predigen? Hätte ich nicht einfach weiterleben können wie bisher? Warum plötzlich so ein Theater um meine Person? Ich weiß nichts, was soll ich den Leuten denn predigen, ich weiß nichts über die Wunder der Schöpfung, gar nichts weiß ich. Ich weiß nicht einmal, wie ein Dosenöffner funktioniert.«

Da legte Uriel seine Engelshand auf Noahs Stirn, und durch die Hand hindurch fegte ein Stromstoß. Es war so, wie wenn man etwas von einer Festplatte herunterlädt, genauso ist das gesamte Wissen der Menschheit mit einem Schlag durch die Hand des Engels in das Gehirn des Noah gefahren.

»Gott«, sagte Noah, »jetzt weiß ich alles! Und doch ist alles gleich wie vorher. Was soll ich damit?«

»Sag den Menschen die Wahrheit über sie selbst«, sagte der Engel.

Damals war es nicht viel anders als heute: Alles zu wissen ist kurios. Einer, der alles weiß, ist ein Spinner. Noah war ein Kuriosum in den Parks der Stadt. Er stand da und hatte das Buch Henoch in der Hand und schüttelte es. Öffnete es aber nicht, war nicht nötig, er kannte den Inhalt auswendig. Er verkrampfte sich beim Reden, das Kinn reckte er in die Luft. Hochrot im Gesicht brüllte er am Ende seiner philosophischen Ausführungen seine Botschaft hinauf in die Blätter der Parkbäume, die seine Brüder gepflanzt hatten.

»Bessert euch! Bessert euch doch! Bessert euch doch endlich, bitte!«

Und dann funkte ihm immer wieder sein Allwissen dazwischen, und er mischte Fakten und Daten unter sein Anliegen, und er konnte zwischen Wesentlichem und Unwesentlichem nicht mehr unterscheiden, weil für den Allwissenden alles wesentlich ist, und er erzählte im selben Atemzug von den Wundern der Schöpfung, und im nächsten Atemzug verriet er, wie viele Haare auf dem Kopf eines Menschen wachsen, wie viele Haare es überhaupt gibt, wie viele Sterne es gibt, wie viele Sekunden seit Anbeginn der Zeit vergangen sind.

Und er fragte die Leute: »Warum verkehrt ein Spiegel rechts und links und nicht oben und unten? Aus wie vielen Steinen besteht das höchste Haus in der Stadt? Wie viele Engel passen auf eine Nadelspitze? Warum kann man einen Winkel von sechzig Grad mit Zirkel und Lineal nicht in drei gleiche Teile teilen?«

»Meine Güte!« seufzte Jubal.

»Mein Gott!« seufzte Jabal.

Die Leute hörten Noah zu und staunten. Aber seine Botschaft nahmen sie nicht ernst.

Am Schluß sagte Noah wieder: »Bessert euch, geht in euch, betet, opfert dem großen Gott im Himmel! Glaubt wieder an seine Schöpfung! Und wenn ihr soweit seid, dann kommt zu mir! Ich baue ein Schiff, denn Gott wird die Flut schicken, und nur wer in meinem Schiff ist, wird die Flut überleben!«

»Von welchem Gott sprichst du?« fragte einer.

»Vom alten Gott, der alles gemacht hat und alles gut gemacht hat und auch das Gute gemacht hat«, antwortete Noah, und Jabal und Jubal wunderten sich wieder, woher ihr jüngerer Bruder nur diese Worte hatte.

Aber dieser Zwischenrufer, der war ein Pfiffiger, und er gab keine Ruhe.

»Wir haben einen neuen Gott!« trumpfte er auf. »Der macht das Gute jeden Tag neu.«

»Das Gute muß nicht jeden Tag neu geschaffen werden!«

»Doch! Denn das alte Gute ist aufgezehrt.«

»Wer sagt das?«

»Unser neuer Gott!«

»Du redest vom Teufel«, wetterte Noah.

»Wer als Gott das Gute neu schafft, den haben die Bewahrer des alten Guten immer für einen Teufel gehalten!« stach der andere nach.

»Kann deiner das Gewitter machen und den Regen, den Blitz und den Wolkenbruch?«

»Nein, aber Schirme kann er machen und Blitzableiter und warme Socken.«

»Dann halt deinen Schirm bereit und überprüf deinen Blitzableiter und pack die warmen Socken ein!« rief Noah.

Da haben die Leute gelacht und waren auf Noahs Seite und sind nach Hause gegangen und haben sich weiter keine Gedanken gemacht.

Wenige Tage später erschien Noah wieder im Büro seiner Brüder Jubal und Jabal und sagte: »Ich habe versucht, mit eurem Holz ein Schiff zu bauen, es ist mir nicht gelungen.«

»Hast du denn einen Plan?« fragten Jabal und Jubal.

»Der Engel Uriel hat mir die Maße für das Schiff angegeben«, sagte Noah.

Er griff in seine Tasche und holte ein zusammengefaltetes Blatt Papier heraus und legte es vor seine Brüder auf den Tisch. Jabal und Jubal schauten sich die Skizze an, die Noah nach Angaben des Engels verfertigt hatte. Sie zogen die Augenbrauen hoch.

»Wenn die Maße von einem Engel stammen«, begannen sie vorsichtig, »und er diese Maße von Gott persönlich bekommen hat ...«

»Hat er«, sagte Noah, »hat er ...«

»... dann wollen wir auch nicht daran herumkritisieren.«

»Und angenommen, die Maße kämen nicht von Gott, was würdet ihr dann dazu sagen?«

»Dann müßten wir sagen: Der Plan ist völlig verrückt. Das Schiff soll dreihundertfünfzig Meter lang und zweihundert Meter breit und nochmals dreihundert Meter hoch sein? Das Ding kann nicht fünf Minuten stehen! Hör zu, Noah, wie oder wer auch immer Gott sein mag, wir wissen es nicht, wir beide nicht, aber wir wissen eines: Auch er kann nicht gegen die Gesetze der Technik verstoßen.«

Sie haben sich die Zeit genommen, mit ihm zu diskutieren, nur geglaubt haben sie ihm nicht. Aber sie haben die Hand über ihn gehalten. Jabal und Jubal waren sehr mächtig in ihrer Stadt, sehr angesehen.

Sie haben verkünden lassen: »Wer unserem Bruder Noah etwas antut oder ihn auch nur verspottet, der wird es mit uns zu tun bekommen. Man mag ihn für einen Spinner halten, aber niemand soll ihm etwas zuleide tun!«

Das hat gewirkt.

Noah aber hat unverdrossen weiterhin in den Parks gepredigt. Er wußte ja, es hängt von ihm ab, von seinen Fähigkeiten als Prediger, wie viele Menschen das furchtbare Gottesgericht überleben werden.

Die Jahre vergingen. Nichts geschah.

Jabal und Jubal sagten sich: »Er ist versorgt. Er baut an seiner Arche. Das schadet niemandem. Das nützt niemandem. Die wenigsten Menschen können das über ihr Tun sagen. Lassen wir ihn. Wenn er etwas braucht, soll er es bekommen.«

Die beiden haben das aber nicht richtig gesehen. Noah hat absichtlich den Bau seiner Arche hinausgezögert. Gott hatte ihm nämlich über den Erzengel Uriel ausrichten lassen, daß er die Flut nicht schicke, ehe die Arche fertig sei.

Noahs Frau Naama hat es wohl sehr schwer gehabt in dieser Zeit, sie hat ihren Mann natürlich auch für einen Spinner gehalten, aber sie war es gewohnt, mit Spinnern umzugehen, schließlich war ihr Vater Henoch, zumindest am Ende seines Lebens, auch ein Spinner gewesen.

Nach zweiundfünfzig Jahren war die Arche fertig. Ein kurioses Ding – wie sein Erbauer. Zusammengenagelt und gestützt und wieder genagelt und wieder gestützt und verstrebt, sah es aus wie ein grauer, vermooster, aber immerhin gewaltiger Holzhaufen. Und die Arche hielt.

»Unter einem Schiff stelle ich mir zwar etwas anderes vor«, sagte Jabal, »aber was soll's! Das Ding wird zuletzt womöglich sogar schwimmen!«

»Was ja bitte hoffentlich nicht notwendig sein wird«, ergänzte Jubal.

Dann starb der älteste Mensch, Methusalem, er starb im Alter von neunhundertneunundsechzig Jahren.

Da stieg Uriel wieder zu Noah herab und sagte: »So, jetzt ist es soweit. Eine Woche Frist noch. Die Totenfeiern für Methusalem werden eine Woche dauern. Methusalem war ein gottesfürchtiger Mann. Aber nach dieser Woche, wer dann nicht auf deiner Arche ist, der wird untergehen. Sag das den Leuten!«

Noah predigte wieder in den Parks, aber es glaubte

ihm niemand, man hatte sich an den Spinner gewöhnt, es kam niemand, um ihm zuzuhören, er predigte den Vögeln und den Eichkätzchen und den streunenden Hunden.

Als die Frist verstrichen war, sagte Uriel: »Wenn niemand kommt, dann ist das Schiff eben nicht für die Menschen gemacht worden.«

»Für wen dann, bitte?« fragte Noah kleinlaut.

»Die Tiere haben dich predigen hören, sie werden dir glauben, sie werden kommen. Führe die Tiere auf die Arche!«

»Tiere?«

»Ja.«

»Was für Tiere denn?«

»Von allen Tieren der Welt zwei Stück, Männlein und Weiblein. Von den reinen Opfertieren aber je sieben Weiblein und sieben Männlein.«

»Ich soll das machen?« rief Noah aus. »Ich habe mich jetzt zweiundfünfzig Jahre zum Esel der Stadt gemacht, also wirklich, und jetzt soll ich die Tiere, alle Tiere, wirklich alle, wirklich alle Tiere der ganzen Welt auf meine Arche führen?«

»Ja, das sollst du! Und Nahrung dazu«, sagte Uriel.

»Nahrung? Ich weiß doch gar nicht, was die Tiere fressen! Was frißt zum Beispiel das Känguruh? Oder das Schnabeltier?«

Uriel versuchte, ihn zu beruhigen: »Du wirst sehen, Noah, es wird dir gelingen. Gott ist mit dir, und jedes Tier hat seinen Schutzengel. Jeder Schutzengel wird sein Tier zu dir führen, und er wird auch die nötige Nahrung mitbringen.«

Und so war es am folgenden Tag bereits: Eine riesenlange Prozession von Tieren stand vor der Arche, von den großen bis zu den kleinen. Und neben jedem Tier stand sein zuständiger Engel mit einem Sack Futter auf dem Rücken.

Noah führte die Tiere in die Arche. Jedes Tier bekam seinen Platz.

Übrigens: Die englische Organisation klappte tadellos. Nur in einem Fall mußte improvisiert werden – beim Floh. Der Floh hatte aus irgendwelchen Gründen keinen Schutzengel, und so hatte niemand für den Floh auf der Arche einen Platz reservieren lassen. Das war für den gerechten Noah allerdings kein Grund, das winzige Tier von der Arche zu jagen. Weil der Floh keinen Schutzengel hatte, hatte er auch keine Nahrung mit sich. Deshalb hat ihm Noah erlaubt, daß er sich in den Haaren der Tiere versteckt und sich vorübergehend vom Blut der Tiere ernährt. Als dann die Sache ausgestanden war, so viel sei verraten, hat sich der Floh an Blut als Nahrung so sehr gewöhnt, daß er dabei blieb.

Als die Tiere verladen waren, ging Noah ein letztes Mal zu seinen Brüdern Jubal und Jabal und sagte: »Hört zu, ich bin vielleicht verrückt, ich bin nicht so klug wie ihr, ich bin nicht so elegant wie ihr, aber glaubt mir, mir ist der Engel Gottes erschienen. Jetzt wird es ernst! Die Welt wird untergehen! Wer nicht auf meinem Schiff ist, der wird sterben. Bitte, kommt! Ihr seid meine Brüder, ihr habt mich immer beschützt, ihr habt mich immer verteidigt, wenn mich die Leute verspottet haben. Kommt!«

Ich glaube, Jubal und Jabal waren beeindruckt. Sie waren beeindruckt von der Beharrlichkeit ihres Bruders. Vielleicht dachten sie: Es muß etwas dran sein. Wenn einer so viel Energie – die Energie seines ganzen Lebens! – in so eine Idee investiert, dann kann diese Idee doch nicht nur Krampf sein. Aber sie konnten nicht über ihren Schatten springen.

Sie sagten zu ihm: »Hör zu, Noah, wenn wir jetzt auf

dich hören, dann ist es so, als ob wir zugeben, daß unsere Arbeit eigentlich ein Unsinn war, daß alles umsonst war. Nach allem, was wir wissen über Architektur, und wir wissen alles über Architektur, es gibt niemanden, der mehr weiß als wir, können wir sagen, dieses Schiff, das du da gebaut hast, ist jetzt schon ein Wrack, es kann ja nicht einmal auf dem Land richtig stehen. Wie soll das auf dem Wasser schwimmen können mit so vielen Tieren an Bord? Es wird untergehen! Wir haben ein Leben lang an die Gesetze der Technik geglaubt. Versteh uns. Es geht nicht. Man wird uns auslachen.«

Noah sagte: »Wer wird euch auslachen? Sie werden alle tot sein, und ihr werdet überleben!«

Aber Jabal und Jubal folgten ihrem Bruder nicht auf die Arche, sie blieben in der Stadt.

Nun wurde der Eingang zur Arche verschlossen. Im selben Augenblick begann es zu regnen. Und es regnete, wie es seit dem großen Gewitter zur Zeit von Kain und Abel nicht mehr geregnet hatte. Die Flüsse traten über ihre Ufer.

Die Leute aber spannten die Schirme auf und lachten: »Ist das der große Fluch des Noah? Solange das Wasser von oben kommt, wird es nach unten abfließen.«

Und dann kam das Wasser auch von unten. Es sprudelte aus dem Boden. Die Arche wurde vom Wasser hochgehoben. Da gerieten die Menschen in Panik.

»Laß uns hinein, Noah!« riefen sie.

Aber die Arche blieb verschlossen. Am Ende, so heißt es, hätten sich siebenhunderttausend Menschen um die Arche gedrängt.

Sie riefen: »Laß uns hinein, wir sind Menschen! Jag die Tiere davon, Noah!«

Aber die Arche blieb verschlossen. Die Menschen starben. Nur Noah und eine Familie wurden gerettet.

Vierzig Tage und vierzig Nächte schwamm die Arche auf dem Wasser. Keine Berge waren zu sehen, keine Hügel waren zu sehen. Es war, als ob die ganze Welt mit Wasser angefüllt wäre.

Der Gestank auf der Arche war unerträglich. Nach vierzig Tagen öffnete Noah ein Fenster.

Er griff sich den Raben und sagte: »Rabe, flieg hinaus! Melde mir, wie es aussieht draußen!«

Inzwischen – jeder wird das verstehen – war eine ziemlich gereizte Stimmung an Bord.

Der Rabe sagte: »Ich soll also. Warum ich? Ich gehöre zu den unreinen Tieren. Von mir gibt es nur ein Paar. Sollte mir etwas zustoßen, dann ist der Rabe ausgestorben. Dann wird es keine Raben mehr geben. Schick doch eines der reinen Tiere, von denen hast du ja sieben Paare.«

Noah sagte: »Ich habe gesagt, du sollst fliegen. Also wirst du fliegen.«

Und das ging so hin und her, die beiden brüllten sich an, unterstellten einander die absurdesten Dinge.

Der Rabe zum Beispiel rief aus: »Ah! Jetzt weiß ich, warum du willst, daß ich fliege! Du hast es auf mein Weibchen abgesehen! Du bist verrückt nach meinem Weibchen! Ich beobachte das schon die ganze Zeit! Du drückst sie immer an deine Brust!«

»Was redest du für einen Blödsinn!« schrie ihn Noah an. »Wo hätte sie denn sonst hin sollen, die Räbin! Es war ja kein Platz auf dem Schiff!«

Noah packte den Raben und warf ihn aus dem Fenster. Der Rabe kam bald darauf zurück.

Er sagte: »Es ist noch kein Land zu sehen.«

Noah wartete einen Tag und schickte die Taube aus. Auch die Taube meldete, es sei kein Land zu sehen. Nach einem weiteren Tag kam die Taube mit einem Ölzweig im Schnabel zurück. Und als Noah die Taube zum dritten

Mal aussandte, kam sie nicht mehr zurück. Das war für Noah ein Zeichen, daß die Taube Land gefunden hatte.

Bald sank das Wasser, und die Arche landete auf dem Berg Ararat. Als Noah die Tore öffnete, war ein wunderbarer Regenbogen gespannt über den ganzen Horizont.

Da sprach Gott aus den Wolken zu Noah, und er sagte: »Du siehst, ich wollte die Menschheit bestrafen, aber ich wollte sie nicht ausrotten. Du sollst das neue Geschlecht der Menschen gründen, und dieser Regenbogen soll ein Zeichen dafür sein, daß ich die Menschen nicht vernichten will. Immer wenn ihr diesen Regenbogen seht, soll er euch daran erinnern. Und ihr sollt euch auch daran erinnern, daß ich euch vernichten könnte. Wenn ich wollte!«

Die Erde war voll Schlamm. Noah und seine Söhne und Töchter, seine Frau, seine Schwiegertöchter und Schwiegersöhne verließen gemeinsam mit den Tieren die verschrammte alte Arche.

Eine neue Generation von Menschen und eine neue Generation von Tieren lebten nun auf der Erde. Diese neuen Menschen wurden nicht mehr so alt wie ihre Ahnen. Hundertzwanzig Jahre war von nun an die durchschnittliche Lebenserwartung. Wir heute können davon nur träumen. Vor der Sintflut sind die Menschen allerdings achthundert Jahre oder noch älter geworden.

Was ist aus Noah geworden? Die Hinweise verdichten sich, daß alles zuviel geworden ist für ihn. Das will ich gern glauben. Zweiundfünfzig Jahre lang ausgelacht zu werden, zweiundfünfzig Jahre lang an einem Schiff zu bauen, obwohl man das Schiffebauen nie gelernt hat, zweiundfünfzig Jahre lang in der Gewißheit leben, daß man für das Überleben der Gattung verantwortlich ist – wer kann das? Noah hat angefangen, Wein zu trinken. Und am Ende hat er nur noch Wein getrunken ...

Bald erregten die Menschen abermals das Mißfallen Gottes. Sie bauten einen Turm. Manche behaupten, die Pläne stammten noch von Jabal und Jubal. König Nimrod war es, der diesen Turm bauen ließ. Seine Kraft und seine Macht rührten daher, daß er die Kleider von Adam und Eva besaß. Erinnern wir uns: Diese Gewänder hatte Gott persönlich angefertigt, und zwar aus dem Fell der Schlange.

In der Bibel ist der Turmbau zu Babel nur eine Notiz, in wenigen Zeilen wird davon berichtet. Im Religionsunterricht haben wir gelernt, der Turm zu Babel sei ein Symbol für den Größenwahn des Menschen. Das ist ein Vorwurf, der besprochen werden will.

Zitieren wir: »Auf, bauen wir uns eine Stadt und einen Turm mit einer Spitze bis zum Himmel, und machen wir uns damit einen Namen, dann werden wir uns nicht über die ganze Erde zerstreuen!«

Sich einen Namen machen ist zweideutig. Es kann verwendet werden im Sinn von berühmt werden. Nur frage ich mich, vor wem hätten die Menschen – die Menschheit – berühmt werden wollen. Vor Gott? Er ist ihr einziges Gegenüber. Sich vor Gott einen Namen machen? Daß der Mensch vor Gott seine Eigenständigkeit behauptet? Der Turmbau – so scheint es zunächst – hat nichts mit Gott zu tun. Damit sich die Menschen »nicht über die ganze Erde zerstreuen« – das ist das Motiv für dieses Bauwerk. Ein Symbol für den Zusammenhalt der Menschen sollte der Turm sein. Nach allem, was geschehen war – das Wüten der Gottessöhne, die Sintflut –, kamen die Menschen zur Einsicht, von oben könne nicht nur Heil erwartet werden, vorsichtig ausgedrückt. Sie kamen zur Einsicht, daß der beste Freund des Menschen der Mensch ist. Zugegeben, diese Idee hat etwas Optimistisch-Hochmütiges an sich, vielleicht etwas Übermütiges.

Sicher aber gingen solchem Optimismus Verbitterung und Resignation voraus, Abschied von Illusionen.

Aber nach dieser Interpretation der Bibelstelle kann ich den Turmbau zu Babel nicht mehr als den Inbegriff des Größenwahns sehen. Daß sich allgemein doch die Auffassung durchgesetzt hat, die Menschen hätten mit dem Turm bösen Hochmut demonstriert, liegt an Gottes Reaktion auf den Bau.

Ich zitiere wieder: »Er sprach: Seht nur, ein Volk sind sie, und eine Sprache haben sie alle. Und das ist erst der Anfang ihres Tuns. Jetzt wird ihnen nichts mehr unerreichbar sein, was sie sich auch vornehmen.«

Ist es Größenwahn, sich viel vorzunehmen? Hätten die Menschen den Turm nicht bauen sollen, auch nicht, als sie die technischen Möglichkeiten dazu hatten? Ist es also Hochmut, zu machen, was sich machen läßt?

Die entscheidende Frage ist und bleibt: Was war böse am Turmbau zu Babel? Vielleicht gibt uns die Art der Bestrafung Auskunft über die Schuld. Gott verwirrte die Sprache der Menschen, »so daß keiner mehr die Sprache des anderen versteht«. Daß sich die Menschen einig waren, daß jeder den anderen verstand, kann das eine Schuld sein?

Augustinus, der große Kirchenvater und Philosoph, war der Meinung, die Ursünde des Menschen, die Erbsünde, wegen der Adam und Eva aus dem Paradies vertrieben worden waren, sei der Hochmut gewesen. Das Paradies bot alles, was der Mensch brauchte, alles in Hülle und Fülle, es gab nur das Gute, es gab nur Glück. Warum, so fragte sich Augustinus – und nicht nur er –, warum hat der Mensch das alles aufs Spiel gesetzt? Seine Antwort lautete: Weil der Mensch nicht den geringsten eigenen Beitrag zu seiner Welt geleistet hat und je leisten würde können.

Auch wenn sich der Mensch bewußt war, was ihm nach der Vertreibung aus dem Paradies bevorstand, nämlich daß er »im Schweiß seines Angesichts sein Brot essen« wird, er nahm alles in Kauf, sogar den Tod, nur damit er dieses harte Stück Brot selber machen konnte. Diese Gier nach Selbständigkeit nennt Augustinus Hochmut. Und dieser Hochmut sammelte sich noch einmal, um ein Symbol menschlicher Selbständigkeit zu errichten, eben den Turm zu Babel.

Gott zerstörte den Turm nicht. Er verwirrte die Sprachen der Arbeiter. Die Verwirrung der Sprachen machte, daß der Bau nicht zu Ende geführt wurde und der Turm schließlich zerfiel. Die Arbeiter verstanden einander nicht mehr, anstatt in einer Sprache wurde von nun an in siebenundsiebzig verschiedenen Sprachen gesprochen. So wurden die Menschen über die Erde zerstreut, und sie wurden einander fremd. Und sie haben sich verloren.

Mit dem Turmbau zu Babel endet die biblische Urgeschichte.

Abram und Sarai

Von der Macht des Nimrod – Vom Haushalt des Terach – Vom Turm der Geburt – Vom Nichteinschreiten Gottes – Vom Finger des Erzengels – Von Abrams Jugend – Von Sarai – Von Lot – Von Eliëser – Von langen zwölf Jahren – Von Abrams Flucht nach Ägypten – Vom Pharao – Vom großen Kummer

In der Stadt Ur lebte einst ein König, der hieß Nimrod. Die Forschung ist sich nicht sicher, ob es sich bei diesem Nimrod um denselben handelt, der den Turm zu Babel erbauen ließ, oder ob es dessen Nachfahre ist. Wie auch immer – für die Geschichte, die wir erzählen wollen, spielt Korrektheit in der Genealogie keine große Rolle.

Nimrod war mächtig. Er war unbesiegbar. Seine Stärke rührte von der Wunderkraft her, die von den Gewändern der ersten Menschen ausging. Nimrod hatte sich die Felle von Adam und Eva angeeignet. Die einen sagen, er habe die Felle geerbt. Glaubwürdiger sind jene, die sagen, er habe die Kleider in einem Raubzug erbeutet.

Nimrod war kein frommer Mann. Er bediente sich zwar des Zaubers, der den Kleidern Adams und Evas innewohnte, aber er betete nicht zu dem Gott von Adam und Eva. Im Gegenteil, er verhöhnte Gott.

»Angenommen, es gibt ihn«, sagte er, »dann ist er einer, der sich von einem Menschen wie mir seine Zaubermittel stehlen läßt. Entweder, er ist schwach. Dann will ich ihn nicht anbeten. Oder aber, ich bin gar kein Mensch, sondern selbst ein Gott, und zwar ein stärkerer Gott als er, denn er wagt es nicht, mir seine Zaubermittel wegzunehmen.«

»Letzteres! Letzteres!« riefen ihm seine Minister zu.

»Das heißt, ihr meint, ich sei ein Gott?«

Für die Minister war es günstig, das zu meinen. Also meinten sie es.

»Ja, dann«, sagte Nimrod. »Dann werde ich Götzenbilder aufstellen lassen!«

Diese Sache nahm Nimrod sehr ernst.

Er rief die Weisesten des Landes zu sich und stellte ihnen die Frage: »Wie muß ein Gott sein?«

Die Weisen berieten sich, und sie kamen zu dem Schluß: »Ein Gott muß Teil von allem sein, nur dann kann er als allmächtig gelten.«

Also wollte Nimrod, daß die Menschen glaubten, er könne sich allem anverwandeln. Er wollte, daß die Menschen fürchten müssen, er habe die Macht, in ihre Herzen zu schauen.

Deshalb verfügte er: »Fertigt so viele Götzenbilder an, wie Menschen in meinem Reich leben. Jeder soll in seinem Haus mein Bild haben. Die Bilder sollen meine Züge tragen, aber sie sollen auch die Züge der Besitzer tragen. So daß jeder Mann und jede Frau in meinem Bild auch sich selbst erkennen.«

Die Malerei und Bildhauerei waren in dieser Zeit die lukrativsten Berufsstände.

»Dreimal am Tag sollen sich meine Untertanen vor den Bildern niederknien!« befahl Nimrod. »Und wer an einem Bild vorbeigeht, muß den Hut vom Kopf nehmen. Und wer das nicht tut, weil er vielleicht Sorge hat, er könnte seinen Hut verlieren, dessen Sorge soll ernst genommen werden. Dem wird der Hut auf den Kopf genagelt!«

Man tuschelte im Volk: »Nimrod hat ein Herz für alle.«

Und man meinte damit: Er hat kein Herz.

Nimrod hatte einen Kanzler, der war zugleich sein erster General, der hieß Terach. Terach kniete dreimal am

Tag vor den Götzenbildern und zog den Hut, wenn er an einem Bild vorüberging. Aber er tat all das nur in der Öffentlichkeit. Zu Hause betete er zum alten Gott, zum Gott des Noah, zum Gott des Henoch, zum Gott des Adam.

»Gott möge mir vergeben, daß ich kein Held bin«, sagte er zu sich.

Terach war mit zwei Frauen verheiratet, Amitlai und Edna, und er hatte eine erwachsene Tochter, die lebte mit ihrem Mann im Haus ihres Vaters. Eines Nachts lag Terach seinen beiden Frauen bei, zuerst war er bei Amitlai und dann bei Edna.

Amitlai sagte zu ihm: »Ich spüre es, ich habe empfangen, und ich weiß, es wird ein Knabe werden.«

Und auch Edna sagte zu Terach: »Ich spüre es, ich habe empfangen, und ich weiß, es wird ein Mädchen werden.«

Am nächsten Tag beim Frühstück stellte sich heraus, daß auch die Tochter des Terach in der Nacht ihrem Mann beigelegen hatte, und auch sie hatte gespürt, daß sie schwanger war, daß sie einen Knaben zur Welt bringen wird.

»Gott hat uns ein Zeichen gegeben«, sagte Terach

»Und was hat dieses Zeichen zu bedeuten?« fragten die Frauen.

»Vielleicht, daß er mir verzeiht, daß ich kein Held bin«, sagte Terach.

»Und was bedeutet das Zeichen für uns?« fragten die Frauen.

»Keine Ahnung«, sagte Terach.

»Aber wir bringen die Kinder doch zur Welt«, sagten sie. »Werden es besondere Kinder sein?«

»Das kann ich mir eigentlich nicht vorstellen«, sagte Terach.

Es war eine bemerkenswerte Nacht, in der im Hause Terach drei Frauen schwanger wurden. In dieser Nacht sei ein Komet am Himmel erschienen, dieser Komet habe dicht über dem Horizont den Himmel umkreist und auf seiner Bahn vier große Sterne verschlungen.

Die Astrologen des Nimrod haben diesen Kometen beobachtet. Sie waren beunruhigt und haben in ihren Büchern nachgesehen und haben die richtigen Stellen gefunden, und sie gingen zu Nimrod.

»Hör zu, Nimrod, König und Gott, dieser Komet ist ein böses Vorzeichen für dich, denn in dieser Nacht ist ein Knabe gezeugt worden, und dieser Knabe wird deine Macht ruinieren. Und wenn nicht er, dann ein Nachfahre von ihm.«

Inzwischen glaubte Nimrod selbst, daß er ein Gott war. Und für einen Gott gibt es immer einen Ausweg. Für einen Gott gilt nur bedingt, was in den Sternen steht.

»Na gut«, sagte Nimrod, »dann werde ich dem vorbeugen. Ein Gott kann dem Schicksal vorbeugen. Menschen können das nicht. Gut, daß ich kein Mensch bin.«

Er befahl, einen Turm zu bauen. Noch einen Turm? Ja, aber nicht so hoch, wie der in Babel war. Es war gar nicht nötig, ihn so hoch zu bauen. Er sollte ja kein Wahrzeichen sein. Ein Turm der Geburt sollte es sein, und so wurde das Gebäude auch genannt.

Nach neun Monaten mußten alle schwangeren Frauen des Reiches nach Ur kommen und im Turm der Geburt gebären. Wenn eine Frau ein Mädchen zur Welt brachte, bekam sie Gold geschenkt. Wenn sie einen Knaben zur Welt brachte, so wurde dieser Knabe vom Turm geworfen, und er landete auf einem Lanzenfeld.

Terach, Kanzler und erster General, sollte die Operation organisieren und ihre Durchführung leiten. Er hatte niemandem verraten, daß seine Frau und seine Tochter ebenfalls ein Kind erwarteten und daß sie gespürt hatten, daß es Knaben werden würden. Terach ist einer, der in alles hineinschlittert. Er will nicht und tut es dann doch.

Erst hatte er zu seinen Frauen Amitlai und Edna gesagt: »Nein, unter gar keinen Umständen! Ich werde vor Nimrod hintreten und sagen, ich will diese Grausamkeit nicht organisieren, er muß sich einen anderen suchen.«

Und er war auch vor Nimrod hingetreten, aber als ihn der Blick des Herrschers traf, war aller Mut geschmolzen.

»Was ist?« hatte Nimrod gefragt.

»Ich wollte mich nur noch einmal persönlich dafür bedanken, daß du mir diese wunderbare Aufgabe übertragen hast«, hatte Terach gestammelt.

Zu Hause hatte er zu seinen Frauen gesagt: »Es ging nicht. Ich hatte eine furchtbare Auseinandersetzung mit ihm. Furchtbar! Ich habe geschrien! Ich habe ihm sogar gedroht! Ihr hättet mich sehen sollen! Angst und bang wäre euch geworden! Am Schluß hat er gesagt, er werde uns alle, euch, mich, unsere Kinder und Kindeskinder, alle werde er umbringen, wenn ich mich weigere, diese Sache zu organisieren.«

»Aber wir haben doch noch gar keine Kindeskinder«, sagten die Frauen.

»Aber wenn wir welche haben, wird er sie umbringen«, sagte Terach.

»Aber wie sollen wir je Kindeskinder haben, wenn wir vorher alle umgebracht werden«, sagten die Frauen.

Da blieb Terach nur noch das Machtwort. Terach war ein Opportunist, er hatte Angst, aber er war kein böser Mann. Er litt. Er litt entsetzlich. Er betete zu Gott. Flehte ihn an, er möge ihn, seine Frauen und deren Leibesfrucht retten. Für die anderen Frauen betete er nicht. Jeder muß für sich selber beten, hätte er gesagt, wenn man ihn darauf angesprochen hätte.

Als die Niederkünfte seiner Tochter und seiner Frauen bevorstanden, schickte Terach seine Frau Edna zum Turm der Geburt, dort sollte sie ihre Tochter zur Welt bringen und das Gold nehmen, und seine Frau Amitlai und seine Tochter brachte er in Sicherheit. Das heißt, er schickte sie in die Wüste.

»Ihr werdet den Weg schon finden«, sagte er. »Jeder findet den Weg in die Wüste.«

»Und wieder hinaus?« fragten die beiden weinend.

»Gott wird euch führen. Diese Angelegenheit wird Gott organisieren. Ich muß die andere Angelegenheit organisieren. Glaubt mir, umgekehrt wäre mir lieber!«

So machten sich Terachs erste Frau und seine Tochter auf den Weg in die Wüste. Beteten, weinten, schleppten sich mit ihren schweren Leibern.

Siebzigtausend Knaben seien in Ur getötet worden, heißt es. Siebzigtausend kleine Körper seien vom Turm auf das Lanzenfeld geschleudert worden. Seit Schemchasai und Asael hatte es keinen solchen Massenmord gegeben, Schemchasai und Asael aber waren keine Menschen, sie waren Gottessöhne, Ungeheuer.

Dieser Massenmord aber war von einem Menschen befohlen und von einem anderen Menschen organisiert worden.

Das hat Gott zugelassen? Die Menschen warfen sich zu Boden und schrien nach ihrem Gott.

»Es könnte kritisch werden«, sagten die Berater des Nimrod zu ihrem Herrn. »Angenommen, es gibt den Gott von denen doch. Dann wird er jetzt einschreiten.«

Nicht daß sich Nimrod nicht fürchtete. Er fürchtete sich, aber er war auch neugierig.

»Ich riskiere es«, sagte er. »Ich will es wissen.«

Nimrod wartete. Mordete weiter. Wartete, daß der Gott von denen einschritt.

»Er ist nicht eingeschritten«, stellte er nach einem Monat fest.

Die Berater des Nimrod schüttelten den Kopf. »Was ist das nur für ein Gott?«

»Kein Gott«, sagte Nimrod.

Oben im Himmel ist alles registriert worden. Jeder ermordete Knabe ist registriert worden von den Engeln. Jede Seele ist sorgsam aus den kleinen Mündern gepflückt worden. Und die Engel, so heißt es, hätten miteinander getuschelt.

»Jetzt reicht es aber!« sagten sie.

Aber es reichte nicht.

»Wann reicht es denn endlich!« sagten sie.

Sie weinten. Die Engel weinten. Bis dahin ist kein Weinen der Engel beobachtet worden. Sie weinten und warfen sich vor Gottes Thron.

»Schaust du diesem Massaker zu?« fragten sie. »Unternimmst du denn nichts dagegen? Siebzigtausend unschuldige Knaben! Unsere Finger sind wund vom Pflücken ihrer Seelen! Tu etwas!«

Gott habe sich gewunden.

»Was denkt ihr denn?« habe er die Engel angefahren. »Ich werde schon irgend etwas tun. Denkt ihr denn, daß ich schlafe? Ich schlafe nicht. Ich habe nicht geschlafen, seitdem ich den Menschen erschaffen habe!«

Er hat nicht eingegriffen.

Amitlai und ihre Tochter waren von Terach in die Wüste gebracht worden, um dort ihre Knaben zu entbinden.

Als sie nur noch Wüste um sich herum sahen, spannten sie ihre Tücher zwischen zwei Felsen, damit sie ein wenig Schatten hatten, und legten sich nieder.

Sie beteten zu Gott: »Laß es nicht zu!« riefen sie. »Laß es nicht zu, daß wir und unsere Kinder sterben!«

Sie brachten jede einen Knaben zur Welt. Sie reichten ihnen nur einmal ihre Brust.

»Behüte sie!« flehten sie zu Gott.

Sie kehrten in die Stadt zurück. Die Frauen des Reiches waren alle gezählt worden, alle, schwanger oder nicht schwanger. Das war ein erster Schritt im Organisationsplan des Terach gewesen.

»Kannst du uns nicht einfach aus der Liste streichen?« hatten Amitlai und ihre Tochter gebeten.

»Natürlich, natürlich mach ich das«, hatte Terach gesagt.

Und dann war er mitten in der Nacht in die königliche Registratur geschlichen.

Ein Wächter des Nimrod aber hatte ihn bemerkt und war ihm gefolgt. Er dachte sich, der Kanzler wird doch wohl nicht seine schwangeren Frauen aus der Liste streichen wollen.

Der Wächter beobachtete Terach, wie er den Registraturband mit seinem Namen aus dem Regal nahm. Er sah, daß Terach die Seite aufschlug, auf der seine Frauen aufgeschrieben waren.

»Was machst du da?« fragte der Wächter des Nimrod und trat hervor.

»Ich?«

»Sonst ist da ja niemand.«

»Ich kontrolliere etwas«, stotterte Terach.

»Mitten in der Nacht? Interessant. Was denn?«

»Ich kontrolliere ... ob meine Frau ... Edna ... meine schwangere Frau Edna ... auch auf der Liste steht, das kontrolliere ich ...«

»Und? Steht sie auf der Liste?«

»Ja. Hier.«

»Dann ist ja alles in Ordnung«, sagte der Wächter und nahm Terach den Registraturband aus der Hand.

Terach hatte das Amt verlassen, hatte sich tief vor dem Bild des Nimrod verbeugt und war nach Hause gelaufen. Verzweifelt, fluchend, sich verfluchend.

Darum eben war ihm am Ende nichts anderes übriggeblieben, als Amitlai und seine Tochter in die Wüste zu bringen.

»Aber ihr dürft nicht lange wegbleiben«, hatte er sie ermahnt, »sonst wird das auffallen, und die Soldaten werden euch suchen.«

Darum legten Amitlai und ihre Tochter die Neugeborenen unter die Tücher und legten sie in die Hand Gottes. Sie schleppten sich, noch vom Gebären geschwächt, zurück in die Stadt.

Gott schickte einen Engel zu den beiden Knaben, und zwar den Erzengel Gabriel. Gabriel reichte dem Sohn der Amitlai den kleinen Finger, damit er daran sauge. Das Kind saugte Milch aus dem Finger. Aber das war eine ganz besondere Milch, die der Knabe aus dem Finger des Gabriel trank, die bewirkte nämlich, daß der Knabe zu wachsen begann. Schnell wuchs er. Sehr schnell.

Als er sich satt getrunken hatte, sah der Sohn des Terach und der Amitlai aus wie ein Fünfzehnjähriger.

Ein paar Tropfen von Gabriels Milch fielen auf den Arm des Knaben, die schleckte der Säugling neben ihm auf. Das bewirkte, daß auch er zu wachsen begann, aber es war doch weniger Milch, und deshalb sah er nur aus wie ein Dreijähriger. Da saßen ein Dreijähriger und ein Fünfzehnjähriger in der Wüste.

Als Amitlai und die Tochter des Terach die Stadt Ur vor sich sahen, bekamen sich doch ein schlechtes Gewissen.

Sie sagten: »Wir können doch nicht unsere Kinder in

der Wüste liegen lassen! Sind wir denn verrückt? Auf Gott vertrauen wir? Auf den Gott, der bisher nichts gegen Nimrod unternommen hat? Warum vertrauen wir auf diesen Gott? Weil Terach uns dazu geraten hat? Nein, nein, nein! Es sind unsere Kinder! Niemand kann uns die Verantwortung für sie abnehmen!«

Sie kehrten um.

Aber entweder ihre Schwäche hatte ihre Sinne verwirrt, oder Gott hatte ihre Sinne verwirrt. Sie verirrten sich. Gingen im Kreis und fanden die Stelle nicht, wo sie ihre Knaben unter dem Schattentuch hatten liegenlassen.

Terachs Tochter hatte zum ersten Mal entbunden, sie hatte viel Blut verloren, sie war schwächer als Amitlai. Sie konnte nicht mehr weiter.

»Geh du allein«, sagte sie zu Amitlai. »Finde meinen Sohn. Gib ihm den Namen Lot. Das heißt der Verschleierte. Denn wenn er noch am Leben ist, dann doch nur, weil ich meinen Schleier über ihn gelegt habe, damit ihn die Sonne nicht verbrennt.«

So machte sich Amitlai allein weiter auf den Weg, um die neugeborenen Knaben zu suchen. Am Abend war sie am Ende ihrer Kraft. Sie fiel nieder und verlor das Bewußtsein. Da war ihr, als sähe sie einen jungen Mann auf sich zukommen.

»Der Friede sei mit dir«, sagte der junge Mann. »Was tust du hier allein in der Wüste?«

»Ich suche meinen Sohn«, sagte Amitlai. »Er ist erst wenige Stunden alt.«

»Und wer brachte ihn hierher, wo niemand leben kann?«

»Ich selber war es. Ich habe ihn in der Wüste entbunden. Und dann in der Wüste liegenlassen.«

»Dann bist du eine böse Mutter«, sagte der junge Mann.

»Ich bin keine böse Mutter«, sagte Amitlai. »Ich hatte nur Angst vor unserem bösen König. Jetzt habe ich keine Angst mehr.«

»Ich bin dein Sohn«, sagte der junge Mann. »Gott hat seinen Engel geschickt. Alles ist gut.«

Da war Amitlai, als träte aus dem Schatten des jungen Mannes ein Kind, drei Jahre alt vielleicht.

»Und er ist das Kind der anderen, die in der Wüste verschmachtet ist.«

Da hat sich Amitlai vom Wüstenboden erhoben und laut Gott gedankt. Und sie hat sich geschworen, niemals wieder an der Erhabenheit Gottes zu zweifeln. Sie gab ihrem Sohn einen Namen, nämlich Abram. Das heißt: Gott ist erhaben. Und das andere Kind nannte sie Lot, wie sie versprochen hatte.

Zusammen mit Abram und Lot ging Amitlai nach Ur. Sie weckten keinen Verdacht bei den Soldaten des Nimrod. Denn die glaubten nicht an Wunder, und ein Fünfzehnjähriger war für sie einer, der vor fünfzehn Jahren zur Welt gekommen war, und ein Dreijähriger war für sei einer, der vor drei Jahren zur Welt gekommen war, sie aber waren zuständig für neugeborene Knaben.

Amitlai, Abram und Lot erzählten Terach, was vorgefallen war. Und Terach schwor laut, daß er sich von nun an den Befehlen des Nimrod widersetzen wolle. Laut hat er geschworen – nachdem er zuerst sicherheitshalber die Fenster geschlossen hat ...

So haben Abram und sein Neffe Lot das Massaker an den Neugeborenen überlebt.

Abram wuchs in Ur auf, und er wurde ein intelligenter junger Mann. Manche behaupteten, er sei arrogant. Er hatte, meinten manche, ein rüpelhaftes Wesen. Ihm fiel es nicht im Traum ein, sich vor den Götzen des Nimrod zu verbeugen. Und den Hut ließ er auf dem Kopf. Und nicht genug: Bei jeder Gelegenheit machte er sich über die Bilder lustig.

»Sie sind nicht mehr auf dem neuesten Stand«, sagte er zum Beispiel. »Euer Gott hat in Wirklichkeit deutlich Augenringe bekommen und Hängebacken und Zahnlücken und eine Wamme unter dem Kinn. Sollte man seine Abbilder nicht einziehen? Nimrod muß sich doch ärgern, wenn er überall sieht, wie wenig Respekt die Natur vor ihm hat.«

Und wenn er gefragt wurde, ob er denn nicht an Nimrod glaube, antwortete er schlicht: »Nein.«

Und wenn er gefragt wurde, ob er überhaupt an etwas glaube, sagte er: »Ja.«

Und wenn man ihn fragte, woran er denn glaube, hob er den Finger und sagte: »An den Gott des Noah, den Gott des Henoch, den Gott Adams.«

War Abram ein mutiger Mann? Gewiß war er das. Aber er war eben auch ein privilegierter junger Mann. Er kannte weder Armut noch Arbeit, das Haus, in dem er lebte, wurde nicht von Soldaten des Nimrod durchsucht, und niemand auf der Straße wagte es, den Sohn des Kanzlers und ersten Generals zu beschimpfen. Abram genoß Narrenfreiheit. Noch ... Aber sein Vater Terach machte sich Sorgen.

Er sagte zu seinem Sohn: »Noch bist du jung. Die Jugend ist ein Narr. Das weiß auch Nimrod. Noch schützt dich mein Name.«

»Was soll ich noch fürchten«, sagte Abram. »Gott hat mir seinen Engel in die Wüste geschickt, als ich am Verdursten war. Er hätte mich damals nicht gerettet, wenn er nicht etwas mit mir vorhätte.«

»Aber was? Was hat er mit dir vor?«

»Ich weiß es nicht«, sagte Abram.

Edna – die zweite Frau des Terach – hatte im Turm

der Geburt ihre Tochter zur Welt gebracht. Sie nannte sie Sarai. Das heißt Fürstin. Vielleicht wollte Edna mit diesem Namen einen kleinen Protest gegen Terach und Amitlai absenden, die sie immer als die zweite behandelt hatten.

»Ich habe eine Fürstin geboren! Wenn ihr schon mir nicht die Ehre erweist, die mir gebührt, dann erweist sie wenigstens meiner Tochter!«

Sarai war also die Halbschwester Abrams. Sie war gleich alt wie Abram, aber sie sah fünfzehn Jahre jünger aus, weil Gott den Abram so schnell hatte wachsen lassen. Und als Sarai fünfzehn Jahre alt war, sah Abram aus wie dreißig. Die beiden liebten sich von Anfang an.

»Ich will, daß du meine Frau wirst«, sagte Abram.

»Ich will, daß du mein Mann wirst«, sagte Sarai.

Die beiden waren unzertrennlich. Sarai war Nimrods Götzen gegenüber nicht weniger respektlos als Abram. Wenn es Diskussionen mit ihrem Vater gab, war Sarai auf Abrams Seite. Und wenn Terach zum Machtwort griff, dann verteidigte Abram die Sarai.

»Nur um eins bitte ich euch«, machte Terach einen letzten Versuch. »Meinetwegen redet zu Hause, was ihr wollt, verflucht Nimrod, meinen Arbeitgeber, der ja nicht nur schlechte Seiten hat, immerhin bekomme ich von ihm das Geld für die Brötchen, die ihr jeden Morgen zum Frühstück eßt, verflucht ihn meinetwegen nach Strich und Faden, aber draußen, draußen auf der Straße, haltet euch zurück.«

»Aber was wir sagen, ist die Wahrheit«, konterte Sarai. »Nimrod ist ein Verbrecher!«

»Die Wahrheit fühlt sich am wohlsten in den eigenen vier Wänden!« sagte Terach.

»Entweder die Wahrheit kommt von Gott«, entgegnete Abram mit ruhiger Stimme, »dann gilt sie überall. Oder sie kommt nicht von Gott, dann gilt sie ...«

»... nirgends«, fuhr Lot fort.

»Denn die Wahrheit ...«, sagte Abram.

»... ist Gottes Wort«, beendete Lot Abrams Satz.

Lot war der Dritte im Bunde. Lot liebte Abram. Er habe ihn am Tag seiner Geburt aus der Wüste geführt. Ihrer beider Leben seien eins. Und wenn die Soldaten des Nimrod eines Tags gegen Abram vorgehen sollten, dann werde er sich ihnen entgegenstellen, sagte Lot.

Der Vierte im Bunde war Eliëser. Eliëser war ein Knecht des Terach. Aber er war mehr als ein Knecht, er war Mitglied der Familie. Er war der Lehrer und Vertraute Abrams. Er war klug und besonnen und verstand es als einziger, das aufbrausende Gemüt Abrams zu beruhigen. Und Abram schätzte seinen Rat. Bis zu seinem Tod wird sich Abram Rat bei seinem Lehrer, Freund, Knecht holen. Und immer wird er diesen Rat beherzigen – fast immer.

Bald scharten sich viele junge Leute aus Ur um Abram, Sarai, Lot und Eliëser. Und es war nur eine Frage der Zeit, bis Nimrod seine Loyalität gegenüber seinem Kanzler vergessen und seiner Polizei die entsprechenden Befehle geben würde.

Und dann war es soweit. Nimrod ließ Abram verhaften. Und als Terach mit seinem Herrn wegen seines Sohnes verhandeln wollte, ließ ihn Nimrods Wache erst gar nicht vor.

Nimrod wollte Abram hinrichten lassen. Ein Exempel wollte er statuieren. Wollte demonstrieren, daß es unter seiner Herrschaft keine Protegés gibt. Daß auch der Sohn des Kanzlers und ersten Generals Seiner Majestät Respekt zu erweisen hatte.

In der Nacht vor der Hinrichtung träumte Nimrod, er habe Abram in einen Feuerofen stecken lassen, und er sah im Traum, wie Abram brannte. Aber Abram verbrannte nicht, er blies die Feuerglut von sich. Die Flammen schlugen aus dem Ofen und erfaßten Nimrod und verbrannten ihn und verbrannten sein ganzes Reich.

Am Morgen begnadigte Nimrod Abram und ließ ihn ins Gefängnis werfen.

Zwölf Jahre verbrachte Abram in Nimrods Gefängnis.

Er fehlte den Seinen, er fehlte Lot und Eliëser, und vor allem aber fehlte er Sarai.

Sarai besuchte ihn im Gefängnis. Da standen sie sich gegenüber, zwischen ihren Gesichtern die Gitterstäbe, und da schworen sie sich ewige Treue. Da baten sie Gott, er möge ihnen den Segen geben, er möge ihren Bund besiegeln. Und Gott gab ihnen den Segen.

Während Abram im Gefängnis war, führten Lot und Eliëser die Geschäfte. Abram war reich, er hatte große Herden, Kamele, Schafe, Rinder, Esel, er hatte Gesinde um sich geschart.

Und dann nach zwölf Jahren wurde Abram entlassen. Er war nicht mehr derselbe. Sein Charakter war nicht gebrochen, das nicht, nein, aber er war gebeugt. Die Gefängnisjahre hatten ihm doch hart zugesetzt. Er war still geworden. Seinen Hochmut hatte er verloren.

Auch Nimrod hatte sich verändert. Er war noch grausamer geworden.

Eliëser sagte zu Abram: »Hüte dich, Nimrod will dir eine Falle stellen.«

»Was meinst du, Eliëser? Warum läßt er mich frei, wenn er mir etwas antun will?«

»Der Unmut im Volk ist sehr gewachsen«, sagte Eliëser. »Für die Menschen bist du ein Idol. Nimrod will dich töten. Er wird dir ein Verbrechen unterschieben und dich dann öffentlich hinrichten lassen.«

»Was soll ich tun?«

»Wir müssen Ur verlassen«, sagte Eliëser.

»Und wann?«

»Noch in dieser Nacht.«

Eliëser, Lot und Sarai hatten alles vorbereitet. Abrams Herden, das Gesinde, sein Hausrat, alles war bereit.

Abram verabschiedete sich von seinem Vater Terach.

»Wann sehe ich dich wieder, mein Sohn?« fragte Terach.

»Wenn du mir nachfolgst, schon bald«, sagte Abram.

»Das kann ich nicht«, sagte Terach.

Abram nickte. Er war im Gefängnis auch toleranter geworden gegen die Schwächen anderer.

»Wir werden uns nicht mehr wiedersehen. Habe ich recht?« fragte Terach.

Abram nickte.

Und dann sagte der Vater zum Sohn: »Segne mich, Abram, segne mich, bevor du gehst!«

Abram sagte: »Nicht der Sohn segnet den Vater, sondern der Vater segnet den Sohn. So ist es Brauch!«

Terach sagte: »Nicht ich bin der Auserwählte Gottes, du bist es. Segne du, der Sohn, den Vater!«

Abram segnete seinen Vater.

In derselben Stunde verließ Abram mit seinem ganzen Troß die Stadt Ur.

Abram, Sarai, Eliëser und Lot beschlossen, nach Ägypten zu ziehen. In Ägypten, hieß es, herrschten zwar andere Sitten, andere Religionen, aber es sei ein tolerantes Land. Deshalb gebe es dort auch mehrere verschiedene Religionen, keiner prüfe den anderen, keiner erhebe sich über den anderen, keiner verunglimpfe die Götter des anderen, auch dann nicht, wenn derjenige nur einen Gott habe. Außerdem sei dieses Land sehr fruchtbar und sehr weit. Es könne durchaus noch ein weiteres Volk vertragen.

Viele Jahre vergingen. Man darf sich diesen Zug nicht wie eine Reise vorstellen, die immer und streng auf das Ziel ausgerichtet ist. Der Begriff Ziel war sehr weit gefaßt, Ziel hieß soviel wie: Irgendwann werden wir dort sein.

Das kleine Volk und seine Herden zogen nach Westen, dann schlug man die Zelte auf und blieb vielleicht einige Jahre, weil gute Weiden in der Umgebung waren. Oder man kehrte wieder um, wenn man Gefahr von Banditen vor sich vermutete, zog ein Stück auf der eigenen Spur zurück, trieb günstigen Handel in einer Stadt, änderte abermals die Richtung, handelte freien Durchzug mit den Banditen aus. Und so weiter.

Kinder wurden geboren, Alte und Kranke starben, das Vieh vermehrte sich ...

Inzwischen waren Abram und Sarai sechzig Jahre alt geworden, vielleicht sogar schon siebzig. Aber Sarai war so schön wie eine junge Frau, sie war die schönste Frau weit und breit. Auch wenn man nur ihre Augen unter dem Schleier sah, diese Augen waren so feurig und so wunderschön, daß jeder Mann, der sie sah, diese Frau sofort begehrte.

Als sie nach Ägypten kamen, sprach Abram zu Sarai: »Hör zu«, sagte er, »wenn die Beamten des Pharaos dich sehen, dann werden sie dich mir wegnehmen und werden dich dem Pharao bringen, weil du so schön bist. Wenn wir dann sagen, du bist meine Frau, dann werden die Beamten mich töten. Deshalb, wenn du gefragt wirst, wer du bist, dann sag: Du bist Sarai, die Schwester des Abram. Das ist nicht gelogen, du bist ja meine Halbschwester.«

So machten sie es aus. Und es geschah, was Abram befürchtet hatte.

Als die Beamten des Pharaos die Augen der Sarai über dem Schleier sahen, da nahmen sie sie mit und fragten sie: »Wer bist du?«

Sarai sagte: »Ich bin die Schwester des Mannes, der unserem kleinen Volk vorsteht, ich bin die Schwester Abrams.«

Die Beamten führten Sarai zum Pharao.

»Benimm dich«, flüsterte ihr einer der Soldaten zu, »dann wirst du ein schönes Leben haben.«

Und der Soldat wußte, wovon er sprach. Der Pharao war ein feinsinniger, ein gebildeter, ein kultivierter Mensch. Die Soldaten hatten ihm gesagt, diese Frau sei freiwillig mit ihnen gekommen, es sei Brauch dieses neuen Volkes, als Gastgeschenk dem Herrscher Ägyptens seine schönste Frau zu überlassen.

Der Pharao nahm Sarai den Schleier ab und sah ihr Gesicht. Er war entzückt von ihrer Schönheit.

Er sagte zu ihr: »Werde du meine Frau! Ich will dich nicht als ein Geschenk haben. Ich, ich werde dich mit Geschenken überhäufen, ich werde deinen Bruder mit Geschenken überhäufen. Bleib bei mir!«

Der Pharao nahm Sarai zu sich, er nahm sie zu sich in sein Bett. Er war nicht nur ein liebevoller Liebhaber, er war auch ein guter Mann, der Sarai respektierte. Wir können den Verdacht durchaus aussprechen, daß Sarai ebenfalls Gefallen an dem Pharao fand. Wir sehen sie in den Armen des Pharaos, während wir gleichzeitig Abram sehen, wie er in seinem Zelt hockt und sich die Haare rauft, wie er vor Eifersucht und Angst zittert und zu seinem Gott ruft, er möge ihm Sarai wieder zurückgeben.

Gott sieht Sarai beim Pharao, sieht seinen Knecht Abram, und er schickt einen Engel. Ja, Gott muß die Sorge Abrams sehr ernst genommen haben, denn er schickte den Erzengel Michael persönlich.

Michael stellte sich neben das Bett des Pharaos, niemand konnte ihn sehen. Und als der Pharao Sarai umarmte, versetzte er ihm einen Stromschlag. Der Pharao konnte sich nicht mehr rühren, es war, als hätte er sich den Ischiasnerv eingeklemmt.

Er rief seine Ärzte: »Was war das?« fragte er.

»Vielleicht haben Ihre Majestät zu heftig geliebt«, sagten die Ärzte und gaben ihm Arzneien.

Es dauerte Tage, bis der Pharao wieder einigermaßen hergestellt war. Aber die Sehnsucht und die Begierde nach Sarai waren so stark, daß er wieder nach ihr rief.

Und Sarai legte sich neben ihn, und Michael stand wieder unsichtbar neben dem Bett, und als der Pharao – ganz sanft, ganz zärtlich diesmal – seinen Arm um Sarai legte, versetzte ihm der Erzengel abermals einen Schlag, noch schmerzhafter als beim ersten Mal.

»Was ist das nur? Es tut so weh!« schreit der Pharao.

Aber auch Sarai weiß keine Antwort. Und dann befällt von einem Tag zum anderen der Aussatz den ganzen Hofstaat des Pharaos.

»Was ist das?« fragt der Pharao Sarai. »Ich darf dich nicht berühren, und meine Leute erkranken am Aussatz. Was ist das? Sag es mir, wenn du es weißt!«

Aber Sarai weiß es wirklich nicht. Der Pharao befragt seine Weisen, und die wissen Bescheid.

»Der Gott dieses Mannes, der draußen vor der Stadt lagert, dessen Schwester du in dein Bett geholt hast, der Gott dieses Mannes hat diese Strafen geschickt. Denn Sarai ist nicht nur die Schwester dieses Mannes, sie ist auch seine Frau. Dieser Gott sieht es nicht gerne, wenn du mit Abrams Frau schläfst.«

Da erschrak der Pharao und sagte: »Ich habe das nicht gewußt!« Und er sagte zu Sarai: »Warum hast du mir das angetan?«

Er ließ Abram holen und sagte: »Warum habt ihr mir das angetan? Ihr schlagt mich mit Engelsfäusten, hängt meinem ganzen Hofstaat den Aussatz an. Hättet ihr mir doch gesagt, ihr seid Mann und Frau, ich hätte euch ziehen lassen.«

Der Pharao gab Abram Sarai zurück, und er beschenkte Abram, um ihn und auch seinen Gott zu besänftigen. Auch Sarai beschenkte er. Er küßte sie nicht zum Abschied. Er gab ihr nicht die Hand. Er schenkte ihr seine eigene Tochter, Hagar, sie sollte Sarai dienen.

Über die Liaison von Sarai und dem Pharao ist sehr viel spekuliert worden. Er muß sie sehr geliebt haben. Diese schöne Frau! Die als einzige von allen Frauen, was Schönheit betraf, der Eva nahegekommen ist. Die mit siebzig noch so schön war, daß der Pharao ein Jahr lang um sie trauerte. Man wagt es kaum, offen auszusprechen, daß auch Sarai den Pharao geliebt haben könnte. Sie hat im Gefängnis Abram ewige Liebe geschworen, ewige Treue. Was, wenn selbst Sarai, die Fürstin, die Patriarchin, die Erhabene, das Vorbild aller Frauen, wenn selbst sie ...

Abram, Lot, Eliëser, Sarai und nun auch Hagar verließen Ägypten und zogen weiter. Die Herden des Lot und die Herden des Abram waren inzwischen sehr groß geworden. Es gab Streit zwischen den Hirten, es war auch schwierig, mit einem so großen Troß zu ziehen. Und es war unvorteilhaft, mit so vielen Tieren und so vielen Menschen in ein Land einzuziehen.

Die Leute, die dort wohnten, bekamen Angst und sagten: »Die nehmen uns ja alles weg!«

Deshalb beschlossen Abram und Lot, sich zu trennen.

Sie sagten: »Wir teilen auf, was da ist.«

Abram sagte zu Lot: »Sag du, wohin du willst, ich nehme die andere Richtung.«

Lot wählte den Weg hinunter nach Sodom. Es hieß, in Sodom sei viel Platz, um Sodom seien ausreichend Felder, in Sodom könne eine Herde wie die des Lot ihr Auskommen finden, ohne daß Konflikte mit den dort ansässigen Bauern entstünden.

Abram nahm den anderen Weg, er zog mit den Seinen nach Kanaan. Es wird eine lange Zeit dauern, bis Abram und Lot einander wieder begegnen.

So legte die Zeit ein Jahr auf das andere. Abram wurde neunzig Jahre alt, Sarai ebenso, und sie hatten einen großen, einen schweren Kummer: Sie hatten keine Kinder. Es verging kein Tag, an dem Abram nicht zum Himmel blickte und seinen Gott bat, ihm doch einen Sohn zu schenken. Aber bisher war dieser Wunsch nicht erfüllt worden. Und Sarai weinte. Und manchmal fluchte sie auch.

Abraham und Sara

Von der Zeit in der Wüste – Von Abrams Traum – Von der gewissen Deutung des Traums – Von Hagar und Ismael – Von Sarais Eifersucht – Von König Abimelech – Von einem Besuch Gottes bei Abram und Sarai – Von Abraham und Sara – Von Saras Lachen – Von Isaak – Von einem Handel zwischen Gott und Abraham – Von der Vernichtung Sodoms

Abram und Sarai – inzwischen waren sie neunzig Jahre alt! Aber das ist nur eine Zahl. Die Menschen sind damals viel älter geworden. Das Alter war noch nicht so ein Problem, wie es für uns eines ist. Man wurde alt, aber man sah nicht älter aus. Sarai war immer noch die Schönste, eine blühende Frau, und Abram strotzte vor Elastizität und Manneskraft.

Sie zogen mit ihrem Volk und ihrem Vieh durch die Lande. Die Zeit floß dahin wie der breite Nil, den sie bei ihrem Besuch in Ägypten bewundert hatten. Abram war stundenlang am Ufer gestanden.

»Man verliert jeden Gedanken, wenn man ins Wasser schaut«, hatte er zu Eliëser gesagt.

»Ist das gut?« fragte Eliëser.

»Ja«, sagte Abram.

So hatten die beiden Freunde stundenlang am Nil gestanden und ins Wasser gestarrt. Eliëser wußte, warum es gut für Abram war, jeden Gedanken zu verlieren. Damals war Sarai beim Pharao. Die Zeit in der Wüste gleitet langsam.

Eines Tages hatte Abram einen Traum. Dieser Traum war so wirklich, so deutlich und bunt, daß ihn Abram träumend für die bunte Wirklichkeit hielt.

Er sah, daß Gott, der Herr, ihn besuchte, und Gott, der

Herr, sagte zu Abram: »Abram, ich möchte aus dir mein Volk gründen.«

Abram antwortete im Traum: »Das hast du mir schon vor vielen, vielen Jahren gesagt.«

Gott sagte: »Zweifelst du etwa daran, Abram?«

»Nein«, sagte Abram, »ich zweifle nicht daran, aber schau: Ich bin jetzt neunzig Jahre alt. Wie soll aus mir noch ein Volk gegründet werden? Ich habe keinen Sohn, ich habe keine Tochter. Meine Frau Sarai ist kinderlos. Wir wissen nicht, woran es liegt. Sag mir, woran es liegt!«

»Du mußt Vertrauen haben!« sagte Gott.

»Ich habe Vertrauen!« rief Abram. »Zeige mir einen Menschen, der mehr Vertrauen in dich hat als ich! Aber: Kann ich auch Vertrauen haben über die Gesetze der Natur hinaus?«

»Was meinst du damit?« fragte Gott.

Abram meinte damit folgendes: Der Monatsfluß seiner Frau Sarai war längst versiegt, sie war neunzig Jahre alt, wie sollte sie da noch ein Kind kriegen?

Aber Gott sagte: »Abram, ich werde dir etwas zeigen!«

Im Traum sprach Gott zu Abram, aber der Traum war wirklich und bunt wie die Wirklichkeit. Gott hob Abram von seinem Lager hoch, hob ihn über die Zelte, über die schlafenden Herden, hob ihn über die Berge und zeigte ihm das weite Land. Und er hob ihn höher, höher, höher, zeigte ihm den Mond und die Sterne.

Und Gott sagte: »Deine Nachkommen, Abram, werden so zahlreich sein, wie unter dir die Felder und wie über dir die Sterne sind.«

Dann setzte er ihn wieder auf die Erde und sagte: »Nimm ein Kalb, nimm eine Ziege, nimm einen Widder, nimm eine Taube!«

Abram träumte, daß er ein Kalb, eine Ziege, einen Widder, eine Taube nahm.

Dann sagte Gott: »Schneide diese Tiere jedes in zwei Teile!«

Und Abram träumte, daß er die Tiere jedes in zwei Teile schnitt.

Dann sagte Gott: »Du hast die Tiere in zwei Teile geschnitten. Nun sieh sie dir an!«

Abram beugte im Traum seinen Kopf über die Hälften der Tiere, und als er seinen Kopf wieder hob, war Gott verschwunden, und er erwachte.

Dieser Traum hat Abram sehr beeindruckt, er wußte: Dieser Traum hat etwas zu bedeuten. Mit diesem Traum will mir Gott etwas sagen. Alle Welt wußte, daß die Träume von Gott kommen. Woher denn sonst? Am nächsten Tag erzählte er den Traum seiner Frau Sarai.

Er sagte: »Deute mir diesen Traum! Ich verstehe ihn nicht. Ich habe zwar eine Vermutung, aber keine Gewißheit.«

Sarai sagte: »Ich verstehe deinen Traum auch nicht.« Und dann sagte sie: »Hör zu, Abram, ich glaube auch an deinen Gott, und ich denke, er ist auch mein Gott. Mir ist er zwar noch nie erschienen, auch im Traum nicht. Aber in meiner Jugend habe ich an ihn geglaubt, und ich dachte sogar, daß ich ihn irgendwie kenne. Vielleicht dachte ich das, weil du mir so oft und so eindringlich von ihm erzählt hast. Nun sagst du, er sei dir im Traum erschienen und habe dir Kindersegen vorausgesagt. Das will ich glauben, glauben will ich es. Aber ich kenne die Natur der Frau, und was ich weiß, das weiß ich.«

Sarai war eine Frau, die es gewohnt war, daß sie alles bekam, was sie sich wünschte, und daß sie alles sofort bekam. Sie hatte das Glück der schönen Menschen, denen sich jeder zuwendet, als erstes zuwendet, noch bevor man die anderen überhaupt wahrnimmt. Solche Menschen können sehr ungeduldig, ja, sehr zornig werden, wenn sie etwas nicht bekommen oder auch nur eine kleine Weile warten müssen.

Sarai wünschte sich nun schon seit siebzig Jahren ein Kind, und sie hat kein Kind bekommen. Sie war auf Gott nicht sonderlich gut zu sprechen. Früher war sie eine weltoffene, lebhafte, aber auf eine schmucklose Art freundliche Person gewesen. Im Alter war sie ungeduldig geworden, sie fuhr den Leuten über den Mund, stand auf und ging, wenn ihr einer zu langatmig argumentierte. Das Gesinde fürchtete sich vor ihr. Ja, sie konnte böse sein. Und sie war manchmal böse. Was freilich ihrer Schönheit keinen Abbruch tat.

Noch etwas muß dringend erwähnt werden, was die Laune der Sarai in letzter Zeit verschlechterte: Sie hatte bemerkt, daß Abram ihre Dienerin Hagar sehr gern ansah. Daß er jede Gelegenheit wahrnahm, sie anzusehen, daß er um keine Ausrede verlegen war, wenn er »zufällig« ins Bad platzte, wo Hagar gerade ihren Körper wusch. Sarai hatte Hagar vom Pharao geschenkt bekommen, inzwischen wäre es ihr lieber gewesen, diese Hagar wäre in Ägypten geblieben. Abrams Augen waren voll Sehnsucht. Sarai war verzweifelt.

»Wenn ich ehrlich bin«, sagte sie zu Abram, »dann will ich mit deinen Träumen nichts zu tun haben, egal, wer in ihnen die Hauptrolle spielt.«

Abram aber wollte seinen Traum gedeutet bekommen. Vielleicht auch deshalb, weil er ihn schon längst für sich gedeutet hatte und nur noch eine Bestätigung hören wollte.

Also ging er zu Eliëser, seinem Freund und Lehrer und Berater, und sagte: »Eliëser, du bist mein ältester Freund, du bist viel mehr als mein Diener, viel mehr als mein

Knecht. Außerdem bist du der klügste Mann, den ich kenne.« Er erzählte ihm den Traum und sagte: »Deute ihn mir!«

Aber auch Eliëser sagte: »Ich weiß nicht, was dieser Traum bedeutet.«

»Niemand weiß, was mein Traum bedeutet«, sagte Abram.

»Das kommt vor«, sagte Eliëser.

»Kann es sein«, begann Abram den Gedanken zu knüpfen, den er von Eliëser bestätigt hören wollte, »kann es sein, daß der Träumende irgendwie selber weiß, was sein Traum bedeutet?«

»Das kann sein«, sagte Eliëser, »obwohl mir bisher noch kein solcher Fall bekannt geworden ist. Das würde ja die Traumdeuter überflüssig machen.«

»Aber sein könnte es?«

»Sein könnte es.«

»Gut, halten wir das fest«, sagte Abram. »Diese Tiere, von denen ich geträumt habe, die ich im Traum in zwei Teile geschnitten habe, könnte es sein, daß jedes dieser Tiere eine Frau symbolisiert?«

»Das sehe ich nun nicht unbedingt als zwingend an«, sagte Eliëser.

»Aber kann es sein?«

»Sein kann es.«

»Also«, knüpfte Abram weiter, »wenn jetzt, angenommen, eine Frau, eine Herrin, eine Dienerin hat ...«

»... so wie Sarai die Hagar ...«, ergänzte Eliëser.

»Genau so, genau so!« rief Abram begeistert. »Also wenn das so ist, dann ist diese Dienerin doch das Eigentum ihrer Herrin, oder nicht?«

»Genau so ist es«, sagte Eliëser.

»Gut«, sagte Abram. »Aber das Eigentum ..., ist das Eigentum nicht ein Stück des Besitzers? Sind, wenn man es genau nimmt, Eigentum und Besitzer nicht ein und dasselbe?«

»Ich weiß nicht ...«

»In gewisser Weise wenigstens?«

»Also, in gewisser Weise ... in gewisser Weise schon, ja.«

»Wunderbar! Wunderbar!« rief Abram aus. »Also, wenn ich jetzt, jetzt nur einmal angenommen, wenn ich jetzt ... mit Hagar schlafe ... Ist das dann nicht so, als ob ich mit Sarai schlafen würde?«

»Was?«

»Irgendwie?«

»Ich wüßte nicht wie ...«

»In gewisser Weise?«

»In welcher Weise?«

»Grob gesehen?«

»Also, grob gesehen«, sagte Eliëser, »sehr grob gesehen ... vielleicht ...«

»Danke, Eliëser!« rief Abram. »Danke, daß du mir meinen Traum gedeutet hast! Der Traum meint, ich soll diese Frau-Einheit Sarai-Hagar, diese Einheit soll ich teilen und soll mit Hagar schlafen. Das ist eindeutig, diese Botschaft hat mir Gott im Traum gegeben.«

Und Abram trat vor Sarai hin und teilte ihr seinen Entschluß mit.

»Der ja immerhin der Wille Gottes ist!« fügte er mit bedeutungsvoller Geste hinzu.

Abram hat mit Hagar, der Dienerin der Sarai, geschlafen, und Hagar wurde schwanger. Und Hagar erhob sich über Sarai.

»Ich«, sagte sie, »ich bin schwanger, ich! Ich bekomme ein Kind von Abram, nicht du!«

Sarai war gedemütigt. Sie weinte. Und Hagar zahlte heim, was sie in den letzten Jahren unter Sarai gelitten hatte. Stolz präsentierte sie ihren Bauch. Flüsterte Abram in Gegenwart Sarais zärtliche Worte ins Ohr, anzügliche Worte. Lachte ein Lachen, das sich wie ein gemeinsames Lachen anhörte, auch wenn Abram nicht mitlachte. Und Sarai weinte.

Bei Tisch nahm Hagar als erste von den Speisen. Und wenn draußen vor dem Zelt nur für einen Kopf Schatten war, dann behauptete sich Hagar. Und es war noch nicht genug. Hagar begann, Sarai wie ihre Dienerin zu behandeln.

»Hol Wasser beim Brunnen für mein Bad!«

»Wenn du mir einen einzigen Grund nennen kannst, warum ich das tun soll«, schrie Sarai, »dann werde ich es tun. Vielleicht, aber auch nur vielleicht!«

»Einen Grund willst du?« sagte Hagar.

»Ja«, schrie Sarai.

»Gut«, sagte Hagar. »Was bedeutet dein Name?«

»Mein Name? Mein Name heißt Prinzessin«, sagte Sarai stolz.

»Du heißt Prinzessin«, sagte Hagar kühl, »und ich bin eine Prinzessin. Mein Vater ist der Pharao von Ägypten! Ist das Grund genug, für mich Wasser zu holen?«

»Ich kenne deinen Vater!« fauchte Sarai, und dann eilte sie zu Abram.

»Sie nimmt mir die Ehre!« weinte sie. »Vor dem Gesinde spottet sie über mich. Macht mich klein. Macht meine Herkunft nieder. Aber meine Herkunft ist auch deine Herkunft. Also spottet sie auch über dich!«

Abram wollte sich nicht einmischen.

Er sagte: »Sie ist deine Magd. Tu du mit ihr, wie du es für richtig hältst!«

Sarai, das Glückskind, das gedemütigte Glückskind, tyrannisierte von nun an Hagar. Und sie kannte kein Erbarmen. Und sie kannte auch keine Gnade, als Hagar um

Gnade flehte. Hagar floh. Hochschwanger floh Hagar in die Wüste.

Abram fragte Sarai: »Wo ist Hagar?«

Sarai sagte: »Weiß ich es? Abgehauen ist sie!«

»Wo ist sie!« brüllte sie Abram an.

»In der Wüste ist sie«, sagte Sarai. »In der Wüste soll sie ihren Balg zur Welt bringen!«

Da fiel Abram auf die Knie und betete zu Gott, betete, er möge Hagar und ihre Leibesfrucht beschützen, wie er vor vielen Jahren Amitlai, seine Mutter, in der Wüste beschützt hatte, als er, Abram, geboren worden war. Und Gott erhörte Abrams Gebet und schickte einen Engel.

Und der Engel erschien Hagar in der Wüste und sagte: »Geh nach Hause, Hagar! Erdulde, was die Frau dir antut! Du wirst einen Sohn bekommen, und du sollst ihn Ismael nennen. Das heißt: Gott hat mich gehört. Denn es ist wahr, Gott hat deinen Schmerzensschrei gehört. Dein Sohn wird ein starker Mann werden, ein gerechter Mann, auch ein harter Mann. Wie ein Wildesel wird er in der Wüste leben und sich mit Waffengewalt am Leben erhalten. Ein großer Krieger wird er werden, seine Feinde werden sich vor ihm fürchten.«

Das gab Hagar Kraft und Selbstbewußtsein, und sie kehrte zurück in das Zeltlager des Abram, und sie brachte den Ismael zur Welt.

Abram war vernarrt in den Buben, er machte Hagar zu seiner Hauptfrau. Sarai mußte das Zelt Abrams verlassen. Das hat Sarai verbittert. Sie weinte nicht mehr.

Sie ging zu Eliëser und sagte: »Du bist schuld! Du hast ihm diesen Traum so gedeutet, wie er es haben wollte. Jetzt hilf mir! Wie kann ich Abram wieder für mich gewinnen?«

Eliëser dachte nach, sagte, er müsse über Nacht nachdenken, und er dachte über Nacht nach und sagte am Morgen zu Sarai: »Mach ihn eifersüchtig!«

»Wie denn?« jammerte sie.

»Jammere nicht«, sagte Eliëser. »Das steht dir nicht gut. Schminke deine Augen!«

»Und dann?«

»Schminke deinen Mund!«

»Und dann?«

»Schminke deine Wangen!«

»Und dann?«

»In wenigen Tagen brechen wir auf«, sagte Eliëser. »Wir werden durch das Land von König Abimelech ziehen.«

»Und?« fragte Sarai ungeduldig.

»Erinnere dich!« sagte Eliëser.

»Rede nicht in Rätseln mit mir!« fuhr ihn Sarai an. »Woran soll ich mich erinnern?«

»Du bist noch immer schön«, sagte Eliëser, »bist schöner als alle Frauen. König Abimelech wird dich ebenso schön finden wie der Pharao. Seine Soldaten werden dich mitnehmen, und wenn Abram sagt, du seist seine Frau, dann werden sie ihn töten, und deshalb wirst du besser sagen, du seist seine Schwester ... Verstehst du jetzt, wie du Abram eifersüchtig machen kannst?«

Sarai verstand. Und es geschah alles genau so, wie Eliëser gesagt hatte. Als Abram und die Seinen durch das Land des Königs Abimelech zogen, kamen die Soldaten.

Und als sie Sarais schön geschminkte Augen unter ihrem Schleier sahen, fragten sie: »Wer ist das Weib?«

Abram wollte antworten, sie sei seine Frau.

Aber Eliëser machte große Augen zu Abram hin und sagte: »Sie ist die Schwester dieses Mannes.«

Sarai klimperte mit den Wimpern. Die Soldaten nahmen sie mit und führten sie vor König Abimelech.

Vergessen wir nicht: Sarai war neunzig Jahre alt! Aber sie sah aus wie eine Frau mit dreißig, eine schöne Frau mit dreißig, die jünger aussah, höchstens wie vierundzwanzig.

Zwischen den Schriftrollen, die 1947 beim Toten Meer entdeckt wurden, fand man ein Lied auf die Schönheit Sarais. Einen Auszug möchte ich hier zitieren:

Wie schön ist Sarai –
Ihr langes, feines, glänzendes Haar,
Ihre leuchtenden Augen, ihre zauberhafte Nase,
Das Strahlen ihres Antlitzes!
Wie voll ihre Brüste, wie weiß ihre Haut,
Ihre Arme wie anmutig, wie zart ihre Hände –
Ihre weichen Handflächen und langen, schmalen Finger –
Wie biegsam ihre Beine, wie üppig ihre Schenkel!
Von allen Jungfrauen und Bräuten,
Die unter dem Himmel wandeln,
Kommt keine Sarai gleich –
Die schönste Frau unter dem Himmel,
Vollkommen in ihrer Schönheit.
Und bei alldem ist sie weise und klug,
Und anmutsvoll bewegt sie ihre Hände.

Wie zuvor der Pharao verliebte sich auch König Abimelech in Sarai, und er führte sie in sein Schlafgemach und legte sich mit ihr ins Bett, und als er ihre Haut berührte, stand wieder der Erzengel Michael unsichtbar für beide neben dem Bett und versetzte Abimelech einen Stromstoß, daß er aus dem Bett fiel.

»Was ist das?« schrie der König. »Bist du eine Hexe?«

»Ich bin keine Hexe«, sagte Sarai. Und sie log: »Das ist bisher noch bei keinem passiert.«

»Was meinst du damit?« fragte Abimelech. »Denkst du, es liegt an mir?«

»Vielleicht ist es ein Zeichen der Leidenschaft«, sagte Sarai und blinkte mit den Augen. Sie befürchtete, Abimelech würde sie gleich wieder zu Abram zurückschicken. »Vielleicht sollten wir bis morgen warten«, sagte sie.

Aber am nächsten Tag war es nicht anderes. Abimelech berührte Sarai bei der Schulter, und wieder bekam er einen Schlag, diesmal einen noch schmerzhafteren.

»Ich weiß nicht, ob wir es noch einmal versuchen sollten«, keuchte er, als er wieder Luft bekam.

»Morgen«, sagte Sarai.

»Nein, auch morgen nicht.«

Da mußte Sarai all ihre Verführungskünste einsetzen, das heißt alle Verführungskünste, die ohne Berührung durchzuführen sind. Wenn mich Abram nach zwei Tagen wieder bei sich hat, dachte sie, dann wird seine Eifersucht nicht ausreichen, um mir meinen Platz in seinem Zelt zurückzugeben.

Am nächsten Tag betrat Abimelech vorsichtig das Schlafgemach, in dem Sarai die Nacht verbracht hatte. Er setzte sich vorsichtig auf die Bettkante.

»Meinst du«, fragte er vorsichtig, »meinst du, heute geht's?«

»Ich bin mir ganz sicher«, sagte Sarai.

»Wie wollen wir es rauskriegen?« fragte er.

»Schick mir einen deiner Diener«, sagte Sarai. »Ich werde es zuerst mit ihm ausprobieren.«

»Aber er soll nicht mit dir schlafen«, sagte Abimelech, »er soll dich nur an der Schulter berühren.«

Als Sarai mit dem Diener allein war, sagte sie zu ihm: »Gefalle ich dir?«

»Ja«, sagte der Diener.

»Gefalle ich dir so gut, daß du mir zuliebe deinen Herrn anlügst?«

»Ja«, sagte der Diener.

»Dann sag deinem Herrn, du hast mich an der Schulter berührt, und es ist nichts geschehen.«

Als Abimelech zurückkam, sagte der Diener: »Ich habe die fremde Frau an der Schulter berührt, und es ist absolut nichts geschehen.«

Da freute sich Abimelech und legte sich zu Sarai. Aber der Erzengel Michael stand immer noch neben dem Bett, und als Abimelech seine Hand auf Sarais Schulter legte, schlug er so heftig zu, daß der König das Bewußtsein verlor.

Die Ärzte mußten gerufen werden, und es sah nicht gut aus, aber dann konnte Abimelech wieder sprechen, und er fragte die Weisen seines Hofes, und die wußten Bescheid.

»Abram«, sagten sie, »der Mann, der draußen vor der Stadt mit seinem Gesinde und seinem Vieh lagert, ist der Gatte von Sarai, und er hat zu seinem Gott gebetet, daß er seine Frau vor dir beschützen soll.«

Da beschenkte Abimelech Sarai und schickte sie zurück zu Abram und sagte: »Was habt ihr mir nur angetan!«

Abram war sehr eifersüchtig.

»Er hat geweint«, flüsterte Eliëser Sarai zu, als sie das Lager betrat. »Geweint und nach dir gerufen.«

»Das genügt mir nicht«, sagte Sarai.

Und zu Abram sagte sie: »Jag die andere aus deinem Zelt! Jag sie fort! Wenn sie hierbleibt, werde ich gehen. König Abimelech wird mich aufnehmen.«

Da machte Abram Sarai wieder zu seiner Hauptfrau.

Aber Hagar und ihren Sohn Ismael schickte er nicht fort. Das brachte er nicht übers Herz. Denn Abram liebte

Hagar, und er liebte Ismael. Er bestimmte, daß die beiden im Lager bleiben dürfen, daß sie aber zusehen sollen, daß Sarai sie nicht zu Gesicht bekommt.

Eines Abends saßen Sarai und Abram vor dem Zelt, Arm in Arm, da kam Gott vom Himmel herab, begleitet von zwei Engeln. Er hatte die Gestalt eines Menschen angenommen, aber sein Haupt war in einer Wolke.

»Ich bin gekommen, um euch eine frohe Botschaft zu bringen«, sagte Gott. »Ihr werdet einen Sohn bekommen.«

»Wir beide?« fragte Sarai. »Abram und ich?«

»Ihr beide«, sagte Gott.

»Sarai und ich?« fragte Abram.

»Ja, Sarai und du.«

Da hörte Gott, wie Sarai kicherte. Sarai hatte den Kopf zur Seite geneigt, und sie kicherte.

Gott sagte: »Warum lachst du?«

Sarai erschrak und sagte: »Ich lache ja nicht wirklich.«

»Was denn?«

»Ich habe ja nur gedacht, ich bin über neunzig, meine Monatsblutung ist seit vierzig Jahren nicht mehr. Aber ich wollte nicht lachen.«

Gott sagte: »Glaubst du, daß ich das nicht kann, ohne diese dumme Monatsblutung, ohne diese dummen Naturgesetze, daß ich keinen Sohn machen kann, wann ich will?«

»Er kann es«, flüsterte Abram zu Sarai. »Bitte, glaub es ihm!«

Aber Sarai verdrückte wieder ein Lachen. »Doch, doch, das wirst du schon können«, sagte sie zu Gott.

»Warum lachst du dann?« fragte Gott.

»Ich lache nicht« sagte sie.

»Du hast gelacht!« sagte Gott. »Hat sie gelacht?«

fragte er die beiden Engel zu seiner Rechten und zu seiner Linken.

Die nickten.

»Aus diesem Sohn werde ich mein Volk aufbauen«, fuhr Gott aus seiner Wolke fort. »Als Zeichen unseres Bundes sollst du nun nicht mehr Abram heißen, sondern von nun an Abraham. Und du sollst nicht mehr Sarai heißen, sondern Sara.«

Und noch ein Zeichen ihres Bundes forderte Gott. Alle Männer sollen von nun an acht Tage nach der Geburt beschnitten werden.

Tatsächlich, Sara bekam ein Kind, einen Knaben, und sie nannte ihn Isaak. Man kann sich vorstellen, daß die Leute ihre Witze rissen.

»Sara? Die ehemalige Sarai? Einen Sohn? Mit neunzig? Wer's glaubt, bitte!«

Sara mußte beweisen, daß sie die Mutter war, und das hat sie getan, indem sie ihrem Isaak öffentlich die Brust gab. Sara war eine stolze Mutter, aber die Bitterkeit hatte schon zu lange an ihrem Herzen genagt, so daß sie nicht mehr wirklich zufrieden sein konnte.

Sie sagte zu Abraham: »So, nun habe ich dir einen Sohn geschenkt, nun brauchen wir die beiden anderen nicht mehr. Ich brauche keine Magd mehr, vor allen Dingen keine Magd, die einen Sohn von dir hat. Schick Hagar weg, endgültig und für immer, und schick auch ihren Sohn Ismael weg. Wir haben Isaak. Schick die beiden in die Wüste.«

Abraham sagte: »Das will ich nicht tun, er ist mein Sohn! Ich liebe meinen Sohn.«

Sara sagte: »Entweder ich oder die beiden! Wenn du sie nicht wegschickst, dann gehe ich!«

Mit einem großen Schmerz in seinem Herzen stimmte Abraham zu.

»Du mußt uns verlassen«, sagte er zu Hagar. »Schau, daß du in der Nähe bleibst. Denn ich möchte Ismael ab und zu sehen.«

Ismael war ein kluger, ein findiger Kopf, der sich gern mit seinem Vater unterhalten hatte, der nicht immer derselben Meinung mit ihm war. Ihn hatte Abraham wirklich sehr geliebt, diesen Ismael, und nun mußte er sich von ihm trennen. Aber Abraham dachte, es wird alles gut.

Voll Liebe schaute er auf den kleinen Isaak, der da heranwuchs, der nicht so clever war wie Ismael, der ein bißchen schwerblütig war, dicklich, aber sehr brav, sehr lieb, anhänglich, der hinter seinem alten Vater her tappte und ihm alles nachmachte. Abraham war ein stolzer Vater.

Isaak erinnerte Abraham an seinen Neffen Lot, als sie noch jung waren. Auch Lot hatte ihm alles nachgemacht. Auch er war immer hinter ihm her gegangen. Hatte bei jeder Frage, die an ihn gestellt wurde, zuerst auf Abraham geschaut und erst dann geantwortet.

Und gerade als Abraham voll Wehmut an Lot dachte, da stand Gott wieder vor ihm. Diesmal war Gott allein, und sein Haupt war nicht in einer Wolke.

Gott sagte: »Abraham, ich möchte mich mit dir beraten.«

Das verunsicherte Abraham. Gott braucht einen Rat? Von ihm?

Gott sagte: »Ich habe etwas vor. Dazu möchte ich deine Meinung wissen. Siehst du, da gibt es eine Stadt, die heißt Sodom, und es gibt die Stadt Gomorra. Es sind böse Städte, ich will sie vernichten.«

Aus der Bibel erfahren wir, daß die Menschen in diesen Städten die Sitten brachen, daß sie sich der Homosexualität hingaben. Ich gebe zu, es fällt mir schwer, das zu glauben. Es gibt keine andere Stelle in der Bibel, wo so vehement gegen Homosexualität vorgegangen wird: Feuer und Schwefel vom Himmel! Ich nehme es vorweg.

Wenn wir die Mythen um Sodom und Gomorra genauer anschauen, auch außerbiblische Mythen hinzuziehen, dann ergibt sich ein anderes Bild. Sodom war eine Oasenstadt, reich, reich an sauberem Wasser. Eine befestigte Oasenstadt. Die Nomaden, die durch die Wüste kamen, durften nicht so ohne weiteres die Stadt betreten. Das ist leicht so dahingesagt. Für Nomaden gibt es nichts Schlimmeres. Halb verdurstet, Mensch und Vieh, und dann wird ihnen der Zugang zum Wasser verwehrt! Für Nomaden muß das der Gipfel der Verworfenheit, der Niedertracht sein. Es gibt triftige Vermutungen, daß die eigentliche Sünde von Sodom und Gomorra das Sperren ihrer Quellen war.

Wie auch immer: Gott beschloß, Sodom und Gomorra zu vernichten. Da fiel dem Abraham ein: Lot ist dort! Lot und seine Familie!

»Warum gleich vernichten?« fragte er Gott. »Angenommen, es gibt dort doch noch einige Gerechte.«

Und Gott sagte: »Wie viele Gerechte meinst du, daß in Sodom leben?«

»Hundert? Fünfzig? Fünfzig sicher.«

»Also gut«, sagte Gott, »wenn fünfzig Gerechte in Sodom leben, dann will ich die Stadt nicht vernichten.«

»Sehr gut«, sagte Abraham. »Das ist sehr gut. Da bin ich mit dir einverstanden, da kann ich dir nichts anderes raten.« Nach einer Weile sagte er: »Was aber, angenommen, wenn es nicht ganz fünfzig sind, sondern zum Beispiel nur fünfundvierzig? Fünfundvierzig sind ja auch nicht wenig.«

»Auch wenn es fünfundvierzig sind«, sagte Gott, »will ich die Stadt verschonen.«

»Und bei vierzig?«

»Bei vierzig? Bei vierzig ... gut ... auch ...«

»Und wenn es dann doch nur dreißig sind?«

»Weil Abraham, mein Freund, sich für sie eingesetzt hat«, sagte Gott. »Also, wenn meine Engel dreißig Gerechte in Sodom finden, werden sie ihre Schwerter stekken lassen.«

»Was bei zwanzig?«

Da wurde Gott ungeduldig: »Ich hätte dich nicht zu meinem Berater machen sollen, Abraham. Aber weil ich weiß, daß du nicht ruhen wirst – gut, bei zwanzig, soll's so sein, bei zwanzig Gerechten gibt es keine Vernichtung. Und jetzt Schluß!«

Aber Abraham verhandelte weiter: »Zehn. Zehn Menschen sind nicht viel, und doch sind zehn Gerechte viel.«

»Zehn Gerechte«, donnerte Gott, »aber keinen einzigen mehr!«

Und dann verließ Gott Abraham.

Es gab keine zehn Gerechten in Sodom. Es gab nur vier: Lot, seine Frau Edith und seine beiden Töchter. Als sie die Stadt verlassen hatten, schleuderte Gott Feuer und Schwefel vom Himmel herab, und die Stadt brannte nieder.

Edith, die Frau des Lot, sie war eine Sodomiterin, drehte sich um und wollte einen letzten Blick auf ihre Heimatstadt werfen, da erstarrte sie zur Salzsäule.

Nur Lot und seine beiden Töchter überlebten. Sie verkrochen sich in der Nacht in eine Höhle. Die Töchter glaubten, die Welt sei untergegangen, und nur sie, sie beide und ihr Vater, seien verschont geblieben.

Da sagten sie sich: »Die Menschheit muß doch überleben! Unter allen Umständen und gegen alle Gebote und gegen alle Verbote muß die Menschheit überleben!«

Sie machten ihren Vater betrunken, und als er eingeschlafen war, legten sie sich zu ihm, erst die ältere, dann die jüngere. Beide wurden sie schwanger. Die ältere Tochter brachte einen Sohn zur Welt, den nannte sie Moab, er gründete den Stamm der Moabiter. Die zweite Tochter brachte einen Sohn zur Welt, den nannte sie Ben-Ammi, er wurde der Stammvater der Ammoniter.

Abraham und Isaak

Von Gottes grausamer Forderung – Von Abrahams Tränen – Von einem traurigen Marsch – Von der Verführung durch Samael – Von Eliësers und Ismaels bösen Gedanken – Von Samaels Besuch bei Sara – Vom goldenen Widder – Von Gottes Gnade – Von Saras Tod

Und dann war Abraham weit über hundert Jahre alt, und eines Tages saß er wieder einmal allein vor seinem Zelt, da kam Gott und setzte sich zu ihm.

Gott sagte: »Abraham, wie geht es dir?«

»Gut«, sagte Abraham.

Gott war in der Verkleidung eines Mannes gekommen, eines Reisenden, sein Kopf war frei, er verbarg ihn nicht wie bei den letzten Besuchen in einer Wolke.

»Und wie geht es deiner Familie?« fragte Gott.

»Ja, gut geht es meiner Familie«, sagte Abraham.

Abraham wußte nicht, was Gott von ihm wollte, aber es war auszuschließen, daß der Herr der Erde und des Himmels einfach nur zum Plaudern zu seinem Knecht Abraham kam. So dachte sich Abraham: Er will etwas von mir. Was aber will er von mir? Habe ich sein Mißfallen erregt? Will er vielleicht wieder meinen Rat? Soll eine andere Stadt vernichtet werden? Abraham war auf der Hut.

Gott ließ eine lange Pause, und dann sagte er: »Wie geht es deinem Sohn, Abraham?«

»Welchem?« fragte Abraham. »Ich habe zwei Söhne, Ismael und Isaak.«

»Ja«, sagte Gott, »siehst du, zuerst hast du befürchtet, du bekommst gar keinen Sohn, jetzt hast du sogar zwei Söhne.«

»Ja, durch deine Güte«, sagte Abraham.

Nach einer Weile sagte Gott: »Ich will wissen: Wie geht es dem Sohn, den du liebst?«

»Ich liebe sie beide«, sagte Abraham leise und vorsichtig.

»Hm«, sagte Gott, »einen wirst du lieber haben. Wie geht es dem?«

Abraham war verwirrt, er dachte: Gott will mich auf die Probe stellen. Er will mir einen Sohn wegnehmen, denn ich habe ja zwei. Was brauche ich zwei? Er will einen zurückhaben. Er wird mir den lassen, den ich mehr liebe, und den, den ich weniger liebe, wird er mir nehmen.

Gott fragte nochmals: »Welchen von deinen beiden Söhnen liebst du mehr?«

»Den Isaak«, antwortete Abraham, »denn er ist der Sohn von Sara, auf ihn haben wir so lange gewartet.«

Da sagte Gott zu Abraham: »Ihn sollst du mir opfern! Führe ihn auf den Berg, schneide ihm die Kehle durch, verbrenne seinen Leib auf einem Scheiterhaufen! Den Isaak möchte ich zurückhaben.«

»Nein!« schrie Abraham und seufzte. »Tu das nicht!«

»Was soll ich nicht tun?« fragte Gott.

»Mir einen solchen Befehl erteilen!«

»Willst du wieder mit mir handeln? Wie du um die Gerechten von Sodom gehandelt hast? Was hast du mir anzubieten, Abraham? Dein eigenes Leben? Das hätte ich haben können. Und nicht nur einmal. Ich weiß, dein eigenes Leben würdest du mir gern geben. Aber ich will wissen, ob mein Knecht Abraham seinem Gott gehorsam ist. Und das kann ich nur wissen, wenn ich das Äußerste von ihm verlange.«

»Das Leben meines Sohnes ist mehr als das Äußerste«, schluchzte Abraham. »Niemand darf das von einem Vater verlangen!«

»Ich habe gegeben«, sagte Gott, »und ich werde nehmen. Wann ich will.«

Dann verschwand er.

Abraham stürzte zu Boden. Niemand konnte sich erinnern, den Mann je weinen gesehen zu haben. Sein Volk versammelte sich um ihn, schweigend, die Männer starrten ihn an, die Frauen senkten die Augen. Worüber weint er, dachten sie, er, der in seinem langen Leben alles gesehen hat und über nichts je geweint hat, worüber weint er jetzt? Welche Katastrophe steht uns bevor?

Sara, die Alte, auch sie über hundert Jahre alt, kniete sich neben ihrem Mann nieder, zog an seinen Schultern, wollte ihn aufrichten.

»Was ist mit dir?« fragte sie. »Wenn Abraham weint, macht er der Welt Angst. Mach uns keine Angst!«

Aber wie hätte er ihr sagen sollen, was Gott von ihm verlangte? Der Mutter!

»Laß mich!« sagte er und richtete sich auf und wischte den Staub von den Kleidern. »Und ihr!« wandte er sich an sein Volk. »Was steht ihr hier und glotzt! Ein alter Mann denkt an die Zeit, als er jung war, darf er da nicht weinen?«

»Er darf«, sagten sie, »er darf.«

Und sie gingen weg.

Abraham konnte mit niemandem darüber sprechen. Er mußte den Schmerz in seinem Herzen einschließen. Und das widersprach seinem Charakter. Abraham war jemand, der seinen Schmerz, aber auch seine Freude teilen mußte, der reden mußte, der seinen Gefühlen nur Herr werden konnte, wenn er redete. Dann redete er oft stundenlang, wiederholte sich, redete und redete und heilte so seine Seele.

Aber nun – mit wem hätte er sprechen sollen? Würde es einen Menschen geben, der überhaupt verstanden hätte, daß Abraham in einem grauenvollen Zwiespalt war? Hätte nicht jeder, der seinen Verstand beisammen hatte, zu ihm gesagt: Nur ein Irrsinniger schneidet seinem Sohn die Kehle durch und verbrennt seinen Leib auf einem Scheiterhaufen, und nur ein irrsinniger Gott verlangt so etwas von seinem Knecht.

Abraham war bereit, den Willen Gottes zu erfüllen. Er hat mich aus der Wüste gerettet, er hat mich und mein Volk aus Ur geführt, wo der böse König Nimrod herrschte, er hat mir mehr als hundert Jahre Leben geschenkt, alles verdanke ich Gott, sagte sich Abraham. Ja, er war bereit, zu tun, was Gott von ihm verlangte.

Er ging zu Sara und sagte: »Ich werde mit Isaak eine Reise machen.«

Sara sah, daß Abraham wieder diesen Gottesblick hatte, wie sie es nannte. Sie kannte ihren Mann, und sie wußte, wie er war, wenn sein Gott zu ihm gesprochen hatte. Sie hatte Angst.

»Wohin willst du mit unserem Sohn gehen?« fragte sie.

»Ich möchte, daß er etwas lernt«, brummelte Abraham in seinen Bart, »daß er eine Ausbildung bekommt.«

»Von wem denn eine Ausbildung?«

»Von irgend jemandem ...«

»Was heißt von irgend jemandem? Du bist sein Vater. Kannst nicht du ihm beibringen, was er im Leben braucht?«

»Ich bin alt«, sagte Abraham mürrisch und schaute Sara nicht in die Augen.

»Und wann wird Isaak wieder nach Hause kommen?«

»Dann, wenn Gott es will«, sagte Abraham.

»Ich weiß nicht, was Gott will«, jammerte Sara. »Weißt du, was Gott will? Isaak ist noch zu klein für die Welt. Er braucht noch seine Mutter. Und er braucht noch seinen Vater.«

Da wurde Abraham ungeduldig: »Frag nicht weiter! Gib ihm etwas zu essen mit, etwas Kleidung. Viel brauchen wir nicht.«

Und er machte sich mit Isaak auf den Weg.

Isaak war es gewohnt, seinem Vater zu folgen, er war es gewohnt, keine Fragen zu stellen, und so ging er hinter Abraham her. Zwar hatte Abraham niemanden, mit dem er sprechen konnte, aber er brachte es auch nicht fertig, allein mit Isaak auf den Berg zu gehen. Er nahm Eliëser mit, seinen Freund, und auch seinen anderen Sohn Ismael nahm er mit. Aber er sagte ihnen nicht, wohin es ging.

Sie fragten: »Was ist los? Wobei sollen wir dir helfen?«

»Ich werde es euch rechtzeitig sagen.«

Der starke Abraham war immer einer gewesen, der den Menschen in die Augen sah, und auch seine Feinde sagten über ihn, der hat es nicht nötig, sein Herz zu verbergen, denn sein Herz ist rein und stark, und es gehört der Welt. Nun aber wandte er den Kopf ab, wenn er redete. Und er zog das Tuch ins Gesicht.

So gingen sie zu viert. Isaak trug Holz auf dem Rücken, Abraham hatte ein Messer in seinem Gürtel. Ismael und Eliëser hielten sich in einigem Abstand.

»Er wird ein Opfer darbringen wollen«, mutmaßte Eliëser.

»Aber warum tut er so heimlich?« fragte Ismael. »Warum will er, daß wir mitgehen? Ich habe viel Arbeit zu Hause. Was kann ich ihm nützen?«

»Er ist sehr alt«, sagte Eliëser. »Ich glaube, er denkt an den Tod. Vielleicht will er sich von uns verabschieden.«

Als sie auf halbem Weg waren, blieb Abraham stehen. Er griff an sein Herz, schwankte. Eliëser und Ismael meinten, er falle gleich. Sie eilten zu ihm.

»Was ist mit dir? Setz dich, ruh dich aus!« sagte Eliëser.

Ismael und Isaak standen verlegen dabei, sie, die Söhne, hatten ihren Vater immer nur als einen starken Mann erlebt. Es machte sie verlegen, seine Schwäche zu sehen.

Abraham faßte Eliësers Arm. »Siehst du, was ich sehe?« fragte er.

»Ich weiß nicht, was du siehst«, sagte Eliëser, »ich sehe nichts!«

Abraham fragte Ismael: »Siehst du, was ich sehe?«

»Ich sehe nichts«, sagte auch Ismael.

Eine Feuersäule sah Abraham. Sie stieg vor ihm in den Himmel.

»Bleibt ihr zurück!« sagte er zu Eliëser und Ismael. »Ich werde mit Isaak allein weitergehen.«

»Was ist unsere Aufgabe?« fragte Ismael. »Ich habe viel Arbeit zu Hause, warum hast du mich gebeten, dir auf den Berg zu folgen?«

Eliëser gab Ismael ein Zeichen, er solle besser schweigen.

Abraham und Isaak stiegen allein weiter auf den Berg.

Isaak schritt voran, und Abraham sagte: »Warum gehst du so schnell?«

»Ich geh nicht schnell, Vater«, sagte Isaak, und es stimmte, er ging nicht schnell, er konnte gar nicht schnell gehen, denn er trug schwer an dem Holz auf seinem Rücken.

»Du gehst zu schnell«, sagte Abraham. »Ich bin ein alter Mann.«

Abraham wollte hinauszögern, was er tun sollte.

»Betrachte doch die Blumen am Rand!« sagte er zu Isaak. »Du gehst ja so schnell.«

»Ich weiß, was wir oben vorhaben«, sagte Isaak und lächelte seinen Vater an. »Wir werden Gott ein Opfer darbringen. Wir zwei. Darum trage ich das Holz.«

»Red nicht so viel«, sagte Abraham. »Geh lieber!«

»Ich dachte, ich gehe zu schnell«, sagte Isaak und plapperte weiter. »Eines verstehe ich nicht. Ich trage das Brennholz, also wird es ein Brandopfer sein. Du hast einen Dolch am Gürtel. Also wird es ein Tier sein, das wir opfern. Aber was für ein Tier? Finden wir das Tier oben auf dem Berg?«

»Red nicht so viel«, sagte Abraham und mußte darauf achtgeben, daß seine Worte nicht ins Schluchzen gerieten.

Und plötzlich stand ein junger Mann vor ihnen. Er grüßte Abraham mit einer lässigen Geste. Isaak grüßte er nicht.

»Er kann mich nicht sehen«, sagte er zu Abraham. »Ich bin gekommen, um mit dir zu sprechen. Nur mit dir.«

Abraham erkannte den jungen Mann, ich weiß nicht, woran er ihn erkannte, aber er erkannte ihn. Es war Samael, der Teufel.

Der Teufel sagte zu Abraham: »Ich weiß, was hier los ist.«

»Verschwinde!« sagte Abraham, und Isaak hörte, wie sein Vater in die Luft hinein »Verschwinde!« sagte.

»Hör zu«, sagte Samael, »du hast einen Freund in mir. Du kannst deine Sorgen bei mir abladen. Ich höre dir zu.«

»Ich will nicht mit dir reden!« sagte Abraham, und Isaak hörte, wie sein Vater »Ich will nicht mit dir reden!« in die Luft hinein sagte.

»Du sollst deinen Sohn töten«, fuhr Samael unbeirrt fort. »Und du willst es nicht. Ich kann dich verstehen. Jeder Mensch kann dich verstehen. Tu es nicht! Das kann niemand von einem Vater verlangen. Auch Gott nicht.«

»Mein Leben liegt in Gottes Hand«, sagte Abraham. »Und auch Isaaks Leben liegt in Gottes Hand.«

»Warum sagst du das, Vater?« fragte Isaak.

»Weil es doch die Wahrheit ist«, sagte Abraham, und Isaak konnte sehen, wie verwirrt er war.

»Es rührt mich die Unschuld dieses Knaben«, sagte Samael. »Vielleicht war es gar nicht Gott, der dir erschienen ist, Abraham. Vielleicht war es irgendein Dämon, der dich haßt. Das ist doch sogar wahrscheinlich«, schmeichelte Samael weiter. »Gott ist vielleicht streng, aber er ist doch nicht grausam, und wenn er grausam ist, dann doch nur zu seinen Feinden. Warum sollte er zu seinem besten Freund grausam sein?«

Da geriet Abraham in Zweifel, und seine Seele rang mit dem Verführer. Und er flehte: »Geh! Laß mich in Frieden! Geh!«

»Wohin soll ich gehen?« fragte Isaak.

»Dich habe ich nicht gemeint«, sagte Abraham.

»Gut«, sagte Samael. »Ich gehe. Ich sehe, daß dich meine Worte quälen. Ich will dich nicht quälen. Ich bin auf deiner Seite, Abraham, vergiß das nicht.«

»Bitte«, sagte Abraham, »bitte, sag meinem Sohn nichts, bleib ihm verborgen.«

»Wer soll mir verborgen bleiben?« fragte Isaak.

Er hatte es inzwischen mit der Angst zu tun bekommen, er meinte, sein Vater sei vielleicht verrückt geworden, denn der Mensch spricht nur dann mit Unsichtbaren, wenn er verrückt ist.

»Ich bin auf deiner Seite, Abraham«, sagte Samael.

»Ich verspreche dir, ich werde Isaak nicht erscheinen, und ich werde ihm nicht sagen, was du vorhast.«

Dann verschwand der Teufel. Vater und Sohn gingen weiter. Und dann stand Samael wieder am Weg, aber er sagte nichts. Und Abraham tat, als ob er ihn nicht sähe.

Und Vater und Sohn gingen weiter. Und dann konnte Abraham den Gipfel des Berges sehen. Und er wußte, es würde nur noch wenige Minuten dauern, bis er seinem Sohn die Kehle durchschneiden und seinen Leib auf dem Scheiterhaufen verbrennen mußte.

Und da stand wieder Samael neben dem Weg. Aber auch diesmal sagte er nichts. Er stand da, lehnte an einem verdorrten Baum – denn alles Leben verdorrt, wenn es der Teufel berührt –, hatte die Arme verschränkt und blickte an Abraham vorbei.

»Du«, sagte Abraham.

»Sprichst du mit mir?« fragte Samael.

»Ja, mit dir«, sagte Abraham. »Du sagst, du seist auf meiner Seite.«

»Unbedingt.«

»Dann sag meinem Sohn, was ich vorhabe! Erscheine ihm! Warne ihn! Damit er das Holz von seiner Schulter wirft und davonläuft. Er ist jung, ich werde ihn verfolgen müssen und werde es auch tun, aber ich werde ihn nicht erwischen. Er wird mich sein Leben lang hassen, aber er wird leben.«

»Ich kann dir diesen Gefallen leider nicht tun«, sagte Samael.

»Aber warum nicht?«

»Ich habe dir versprochen, daß ich Isaak nicht erscheine.«

»Ich entbinde dich von dem Versprechen«, sagte Abraham zum Teufel.

»Oh, nein«, erwiderte Samael und wackelte mit dem Zeigefinger. »Du willst mich prüfen, willst sehen, ob ich wirklich auf deiner Seite stehe. Ich bin einer, der seine Versprechen hält!«

Und dann war der Teufel verschwunden. Und mit schwerem Herzen ging Abraham weiter voran, und Isaak folgte ihm.

Samael, der Teufel, aber erschien Eliëser und Ismael, die unten auf halbem Weg warteten.

Er sagte zu den beiden: »Wißt ihr, was Abraham vorhat? Der will seinen Sohn Isaak töten.«

Eliëser und Ismael glaubten dem Teufel, denn der Teufel kann sehr glaubwürdig wirken.

»Meine Güte«, sagten sie, »Abraham ist krank! Er ist verrückt geworden. Er ist uns ja die ganze Zeit schon irgendwie merkwürdig vorgekommen. Wir müssen Isaak retten!«

Da aber pflanzte Samael böse Gedanken in ihre Herzen, und sie dachten jeder für sich.

Eliëser dachte: Na ja, vielleicht, wenn wir ihn nicht retten, dann stirbt Isaak, dann werde ich vielleicht alles erben. Abraham ist alt, ich zwar auch, aber ich könnte ihn überleben. Ich müßte nur Ismael töten ...

Ismael dachte: Wenn mein Bruder Isaak stirbt, werde ich alles erben. Das wäre nur gerecht. Der einzige, der mir in die Quere kommen könnte, ist Eliëser. Aber nicht, wenn ich ihn töte ...

Das waren die bösen Gedanken, die Samael Eliëser und Ismael ins Herz pflanzte. Aber böse Gedanken können nur in bösen Menschen wachsen und Frucht tragen. Eliëser und Ismael aber waren keine bösen Menschen. Und sie widerstanden dem Teufel.

Da machte sich Samael auf den Weg zu Sara. Er traf sie, als sie gerade ein Mus aus Datteln bereitete.

Und er sagte: »Sara, ich brauche mich dir nicht vorzustellen, du weißt, wer ich bin.«

Da erschrak Sara so sehr, daß sie die Schüssel fallen ließ, und die Schüssel zersprang, und das Mus floß auf die Erde.

»Was ist geschehen?« fragte sie. »Ich weiß, deine Worte werden mein Herz zerspringen lassen wie die Schüssel mit dem Mus.«

Samael sagte: »Ich spreche zu dir ohne Umschweife: Abraham will deinen Sohn Isaak, auf den du fünfzig Jahre und mehr gewartet hast, töten. Gott hat es ihm befohlen.«

Da begann Sara zu schreien, der Schmerz schrie aus ihr heraus, sie konnte ihn nicht halten, sie rang nach Luft, und als sie wieder genug Luft hatte, schrie sie weiter.

»Ich bin auf deiner Seite«, sagte Samael. »Schrei deinen Schmerz heraus. Und dann fluche! Fluche auf deinen Mann. Und fluche auf Gott, der deinen Mann zu dieser Tat verführt hat.«

Sara schrie und riß sich die Haare aus und zerkratzte sich die Brust. Nur Schmerz war in ihrem Herzen. Der Schmerz vertrieb jedes andere Gefühl. Nur Schmerz war da. Aber aus Schmerz kann kein Fluch wachsen. Flüche wachsen aus dem Haß. Aber auch der Haß war vom Schmerz aus dem Herzen Saras gedrängt worden. Sie hörte nicht auf die Verführungen Samaels. Sie schrie. Und als ihre Stimme brach, wimmerte sie. Und Samael mußte abziehen, ohne einen Fluch gegen Gott in seiner Tasche.

Inzwischen ist Abraham mit Isaak auf dem Gipfel des Berges angekommen. Der alte Mann schichtet Steine aufeinander. Sein Sohn hilft ihm.

»Wir bauen den Altar, stimmt's?« sagt Isaak.

Abraham schweigt.

Als sie mit dem Altar fertig sind, fragt Isaak: »Wo ist das Opfertier, Vater?«

»Das Opfertier, Isaak, das bist du.«

Und was tut Isaak? Er legt sich freiwillig auf den Altar. Sein Vertrauen ist grenzenlos. Was denkt er, daß geschehen wird? Daß sein Vater ihn töten wird? Isaak gibt sein Leben in Abrahams Hand. Und er vertraut darauf, daß sein Vater sein Leben besser hütet, als er es könnte.

Und Gott? Schaut er zu? Gott schaut zu.

Die Engel werfen sich vor Gottes Thron und rufen aus: »Das kannst du doch nicht verlangen von ihm, das kannst du doch nicht von Abraham verlangen!« Sie flehen um Gnade für Isaak: »Halt Abrahams Arm fest!«

Und unten im Paradies hört ein Widder den Gesang der Engel, ein goldener Widder ist es, ja, ebenjener goldene Widder, der vor urdenklicher Zeit den Abel vor dem Löwen gerettet hat, und dieser Widder ist so erschüttert vom Gesang der Engel, daß er über die Mauer des Paradieses springt und so schnell, wie eben nur ein Widder aus dem Paradies laufen kann, zu dem Berg läuft, auf dem sich das Drama abspielt.

Da hat Abraham bereits das Messer aus dem Gürtel gezogen, und er holt aus, will seinem Sohn das Messer ins Herz stoßen, und die Faust fährt nieder, und knapp, bevor die Messerspitze Isaaks Haut berührt, so knapp, daß kein Blatt mehr zwischen Klinge und Haut paßt, da hält Gott den Arm des Abraham fest.

»Laß es«, sagt er. »Da du mir ein so großes Opfer nicht mißgönnt hast, weiß ich, daß dein Herz vollkommen ist.«

Gott schont das Leben des Isaak.

Der goldene Widder kommt gelaufen. »Nimm mich!« ruft er Abraham zu.

Aber die Zeiten, in denen die Menschen die Sprache

der Tiere verstehen konnten, sind längst vorbei. Der Widder verheddert sich in einem Dornengebüsch, und Abraham befreit ihn, und da springt der Widder auf den Altar, und Abraham schneidet ihm die Kehle durch. – Denn ein Opfer soll dargebracht werden.

Gott muß sehr beeindruckt gewesen sein. Denn von diesem Tag an hat er es nie wieder geduldet, daß in seinem Namen Menschenopfer dargebracht werden.

Welche Freude, als Eliëser und Ismael sahen, daß Vater und Sohn gemeinsam vom Berg herabstiegen! Die beiden Brüder fielen sich in die Arme. Ismael war nie neidisch auf Isaak gewesen. Er hatte mit Sara kein Wort gesprochen, seit sie seine Mutter Hagar vertrieben hatte. Aber was hatte Isaak damit zu tun? Nichts!

Und Sara? Als ihr Samael erschien, brach ihr das Herz. Als sie ihren Sohn Isaak lebend wiedersah, da ist sie gestorben.

Isaak sei nach diesem Erlebnis, heißt es, für einige Zeit ins Paradies geholt worden. Seltsam. Es heißt, er sei im Paradies auf den Händen gegangen. Ich denke mir, er ist schlicht und einfach verrückt geworden – wenigstens vorübergehend.

Abraham hat nach dem Tod der Sara bald wieder geheiratet. Die Frau hieß Keturah, und die Mythologen sind sich einig, daß es sich hierbei um Hagar handelte, die Mutter des Ismael, die Magd der Sara. Abraham hat sie nach Saras Tod zurückgeholt, und er hat ihr einen neuen Namen gegeben.

Isaak und Rebekka

Von Isaaks Verrücktheit – Von Eliësers Reise nach Ur – Von der Begegnung am Brunnen – Von den Verhandlungen mit Laban – Von Isaaks Gesundung – Von Zwillingen – Von einigen Spitzfindigkeiten – Von Abrahams Tod

Das Problem war Isaak, der verwirrte Isaak, der auf den Händen ging, der nicht mehr wußte, wer und wo er war. Er war ein junger Mann geworden. Aber er war verrückt.

Abraham sagte zu Eliëser: »Wir müssen ihn wieder zurückholen, zurück in die Wirklichkeit, zurück ins Leben.«

»Er braucht eine Frau«, sagte Eliëser.

»Du hast recht«, sagte Abraham. »Aber er soll eine Frau haben, die zu ihm paßt.«

»Das wird schwer sein«, sagte Eliëser. »Was für eine Frau paßt zu ihm?«

Abraham entschied, daß sich Eliëser auf den Weg nach Ur machen sollte.

»Eine Frau aus unserer Heimat«, sagte Abraham. »Und du, Eliëser, sollst der Brautführer sein.«

Abraham ließ Eliëser schwören, daß er nur das beste Mädchen bringt.

Eliëser war ja auch schon über hundert Jahre alt, und es war ein unendlich weiter Weg bis nach Ur, und Eliëser war auf den Füßen nicht mehr so gut. Da half der Himmel etwas nach, Gott schickte einen Engel, der ging hinter Eliëser her und blies Luft aus vollen Backen, und es war Eliëser, als käme ihm die Straße entgegengehüpft.

Mir nichts, dir nichts war er am Ziel. Als Eliëser auf die Stadt Ur zuging, sah er große Herden auf den Weiden.

Da hielt er ein Zwiegespräch mit Gott und sagte: »Wenn ich jetzt gleich ein paar jungen Frauen begegnen sollte, woran kann ich die Beste erkennen?«

»Denk dir eine Geschichte aus«, sagte Gott.

»Na gut«, sagte Eliëser, »ich werde zum Brunnen gehen. Angenommen, es kommt eine junge Frau, und angenommen, die junge Frau grüßt mich freundlich, und sie sagt zu mir: Schöpfe Wasser aus dem Brunnen, derweil werde ich mich um deine Tiere sorgen. Und angenommen, sie sagt weiter: Komm in das Zelt meines Vaters, und sei unser Gast. Wenn all das geschieht«, sagte Eliëser zu Gott, »darf ich dann davon ausgehen, daß diese Frau die Richtige für unseren armen Isaak ist?«

»Dann darfst du davon ausgehen«, sagte Gott.

Eliëser wartete bei dem Brunnen. Und da kam eine junge Frau.

Sie stellte sich ihm vor: »Ich bin Rebekka«, sagte sie. »Ich bin Rebekka, die Tochter des Bethuel, die Schwester des Laban.« Und sie sprach weiter zu Eliëser: »Hier, schöpfe Wasser aus dem Brunnen, derweil gebe ich deinen Tieren zu trinken.«

Und als Eliëser getrunken hatte und die Tiere versorgt waren, sagte sie: »Komm doch mit in das Zelt meines Vaters, und sei unser Gast!«

Da wußte Eliëser, Gott hatte ihm die Richtige für den armen Isaak geschickt. Eliëser verhandelte mit Laban, dem Bruder der Rebekka, er hatte wunderbare Brautgeschenke mitgebracht, Abraham war ja sehr reich. Laban war ein geldgieriger Mann. Er nahm alle Geschenke und ließ sich obendrein das Versprechen geben, daß er in einem Jahr, falls Isaak mit Rebekka zufrieden sei, noch einmal soviel bekomme. Eliëser war einverstanden.

Da sagte Laban zu seiner Schwester: »Mögest du die Mutter von ungezählten Tausenden werden, und mögen all deine Kinder die Stadttore all jener besetzen, die sie hassen.«

So zog Rebekka zusammen mit Eliëser zurück zum Lager des Abraham. Von weitem sahen sie einen Mann, der auf den Händen dahergelaufen kam.

Rebekka fragte: »Wer ist das?«

Eliëser sagte: »Das wird dein Mann sein, das ist unser armer Isaak!«

Da zog Rebekka den Schleier über ihr Gesicht. Aber Isaak wurde gesund. Ob ihn Rebekka geliebt hat, wer kann es wissen? Sie hat die Seele dieses bedauernswerten Mannes gesund gemacht. So viel steht fest.

Doch der Schock, den Isaak erlitten hatte, als sein Vater mit dem Messer in der Faust über ihm stand, dieser Schock saß sehr tief in seinem Herzen.

Für Isaak war von da an alles voller Bedeutung, das heißt: Er kannte sich nicht mehr aus. Wenn er ein Stück Brot in der Hand hielt, dann nickte er lange vor sich hin und sagte bedeutungsvoll: »Ja, ja, das Brot!« Und wenn er mit der Hand in den Sand der Wüste griff, sagte er im selben Tonfall: »Ja, ja, der Sand!« Die Menschen hielten ihn deshalb für einen besonders weisen Mann. Aber er war nicht weise, der Isaak, er war einfach nur verwirrt.

Rebekka hatte ein ähnliches Schicksal wie Sara. Zwanzig Jahre lang war sie unfruchtbar, sie bekam keine Kinder, und sie wußte nicht, woran das lag. Sie betete zu Gott, und sie flehte, aber sie bekam keine Kinder. Da sehnte sie den Tod herbei und wünschte, lieber tot zu sein, als eine alte, kinderlose Frau zu werden.

Eines Tages sprach Gott zu Rebekka: »Sei ruhig, Rebekka«, sagte er, »zwei Kinder sind in deinem Leib, und zwei Stämme aus deinem Schoß werden sich scheiden.

Ein Stamm wird mächtiger als der andere, und der ältere wird dienen dem jüngeren.«

Da wußte Rebekka, daß sie schwanger war, und wußte, daß sie Zwillinge trug. Sie brachte Zwillinge zur Welt. Der Erstgeborene kam drei Atemzüge vor dem Zweitgeborenen. Er hatte am ganzen Körper Haare, rote Haare. Rebekka nannte ihn Esau.

Der Zweitgeborene hielt die Ferse seines Bruders fest, ihn nannte Rebekka Jakob. Er hatte eine helle Haut und keine Haare. Ihm küßte sie die Augen auf. Rebekka liebte vom ersten Augenblick an nur den Jakob, den Zweitgeborenen.

Sie fragte spitzfindig: »Was ist ein Zweitgeborener?«

Man gab ihr zur Antwort: »Der Zweitgeborene ist der, der als zweiter zur Welt kommt, das ist doch klar!«

Aber sie fragte weiter: »Kommt das Kind aus dem Samen des Mannes oder aus dem Schoß der Frau?«

Weil die Befragten alle Männer waren, bekam sie die Antwort: »Dumme Frage! Natürlich aus dem Samen des Mannes!«

Und Rebekka fragte weiter: »Der Muttermund, kann man den mit einem dünnen Gefäß vergleichen?«

»Kann man, ja, kann man.«

»Er ist also ein dünnes Gefäß?«

»Ja, was fragst du denn noch!«

Da sagte sie: »Ist es nicht so, wenn man zwei Perlen in ein dünnes Gefäß gibt, daß diejenige, die man zuerst hineingibt, als zweite wieder herauskommt, und diejenige, die man als erste hineingibt, als zweite herauskommt?«

»Ja, ja, so ist es. Das weiß doch jedes Kind!«

»Also«, sagte Rebekka, »ist der Erstgeborene eigentlich der zweite und der Zweitgeborene eigentlich der erste. Ihr habt es selber gesagt!«

Da schauten die Männer komisch und bliesen die Bakken auf und sagten, sie müßten jetzt heim, da warte Arbeit auf sie ... Den Jakob, den liebte Rebekka über alles. Für den Esau interessierte sie sich nicht.

Dann starb Abraham. Niemand konnte mehr sagen, wie alt er war. Auch er selber wußte es nicht. Bevor er starb, ließ er seine Enkel zu sich bringen, und er nahm den Finger Jakobs und legte sich den Finger des Knaben auf seine Augen, bevor er starb.

Auch das war für Rebekka ein Zeichen.

Jakob und Esau

Von der Wiederholung – Vom häufigen Gebrauch des Konjunktivs – Von der Vielfältigkeit des Nickens – Von einem Linsengericht und einem bösen Vertrag – Von Esaus Hochzeitsfest – Vom Segen des Vaters und einem zweiten Betrug – Von Esaus Tränen – Von Jakobs Flucht – Von der goldenen Himmelsleiter

Wieder haben wir es mit zwei Brüdern zu tun, wie so oft in der Mythologie. Zwei Brüder, die einander bekämpfen, zwei Brüder, die einander lieben: Esau und Jakob, die Söhne von Isaak und Rebekka. Tatsächlich sind Esau und Jakob eine ferne Spiegelung des ersten Brüderpaares: Kain und Abel.

Erst in der Wiederholung, so lehrt uns die Mythologie, erhalten menschliche Eigenschaften und Beziehungsformen Bedeutung, so daß vom Individuellen auf das Allgemeine, vom Sonderfall auf eine Prägung geschlossen werden kann und sich ein Mensch als Teil der Menschheit begreifen darf – das und nichts anderes ist das Wesen des Rituals. Im Ritual löst sich der Mythos ein. Die Geschichten werden erzählt, damit sie sich wiederholen. Jeder mythische Held trägt in sich die Aufforderung, es ihm gleichzutun. Erst in der Wiederholung gewinnt der Mythos Sinn.

Diese beiden Brüder, Esau und Jakob, waren so unterschiedlich, unterschiedlicher konnten sie gar nicht sein. Esau war groß, mächtig, stark, ein Mann des offenen Feldes, wie es heißt. Er war über und über mit Haaren bedeckt, dichte rote Haare wuchsen ihm im Gesicht und am Hals, von wo sie in das Brusthaar hinabwucherten. Dichte rote Haare bedeckten auch seine Arme, so dicht, daß man die Haut darunter nicht sehen konnte. Esau galt als unberechenbar, weil er mit seiner Meinung hinter dem Berg hielt. Andere sagten – und es war als Verteidigung gemeint –, er habe gar keine Meinung.

Tatsächlich sagte Esau: »Soll ich diese Meinung haben oder eine andere, was macht es aus. Ich tu, was ich tun muß, und ich tu es, weil es getan werden muß, und wenn einer eine andere Meinung hat, muß ich es dennoch tun.«

Er war nicht dumm, ganz und gar nicht. Esau war still, tat seine Arbeit, war in sich gekehrt, wirkte mürrisch. Meistens senkte er den Blick, vermied es, den Menschen in die Augen zu sehen. Manchmal aber starrte er sie an, und das machte manchen schaudern.

Andere behaupteten, er sei böse, und sie führten als Beleg an, daß er nie lachte. Aber Esau war nicht böse. Und wer ihn für böse hielt, war selber böse. Wenn es je einen Realisten auf Gottes weiter Erde gegeben hat, dann war es Esau, und daß die weite Erde, auf der er wandelte, Gottes Erde war, kümmerte ihn übrigens wenig.

Seine Fragen waren: »Was gibt es heute zu essen?« Oder: »Wo kann ich meinen Kopf niederlegen zum Schlafen?« Oder: »Was kostet das Saatgut in diesem Jahr?«

Das Vernarrtsein in Meinungen, das philosophische Spekulieren, das theologische Sichversteigen, das war die Sache seines Bruders Jakob.

Wenn Jakob fragte: »Was ist gut? Was ist böse?« Dann zuckte Esau nur mit den Schultern und sagte: »Dem Bösen gehe ich aus dem Weg.«

»Und wenn du dem Bösen nicht mehr aus dem Weg gehen kannst?«

»Ich kann«, sagte Esau.

Da waren die Brüder noch junge Männer, als sie so miteinander redeten, gerade, daß ihnen der Bart sprießte,

Jakob weniger, Esau mehr. Später redeten sie nicht mehr so miteinander.

»Wenn du zum Beispiel in Not gerätst«, versuchte Jakob seinen Bruder zu einer Stellungnahme zu bewegen. »Dann bist du dem Bösen ausgeliefert.«

»Wie sollte ich in Not geraten«, sagte Esau und riß einen Brotfladen auseinander.

»Durst zum Beispiel«, sagte Jakob.

»Es ist alles da.«

»Oder Hunger!«

»Es ist alles da!«

»Und was ist mit dem Guten?«

»Was soll damit sein? Das Gute ist das Gute, darüber braucht man doch nicht zu reden. Wenn der Weizen gut steht, brauche ich mir keine Sorgen zu machen. Wenn er schlecht steht, schon. Aber böse ist der Weizen nicht. Zeig mir draußen auf den Feldern das, was gut, und das, was böse ist!«

»Das meine ich nicht«, sagte Jakob.

»Was meinst du dann?«

»Was ich meine, findest du nicht auf deinen Feldern und deinen Weiden.«

»Sondern?«

»Nur im Kopf.«

»Ich habe eine große Herde Schafe und eine große Herde Rinder und etliche Hektar Land«, sagte Esau. »Das genügt mir.«

»Ja, sicher ...«, stieß Jakob ungeduldig zwischen den Zähnen hervor.

Er blickte an seinem Bruder vorbei und wartete, bis der alte, der uralte Eliëser auf seinen Krücken daherkam und sich neben ihn auf den Teppich vor dem Zelt setzte. Mit Eliëser besprach Jakob gern solche Dinge, die nur im Kopf ihren Platz hatten.

Jakob war die meiste Zeit zu Hause bei den Zelten. Er half seiner Mutter Rebekka im Haushalt, und er tat nichts lieber als spekulieren und philosophieren. Fragen zu stellen war seine Leidenschaft. Und eine Meinung konnte ihn glücklich machen.

»Aber er weiß nicht, was er gegessen hat, wenn er vom Tisch aufsteht«, sagte Esau.

»Hauptsache, es schmeckt ihm«, sagte Rebekka.

»Mir schmeckt es auch«, sagte Esau kleinlaut, »aber ich sage das auch, und ich danke dir, daß du so gut kochst. Er dankt nie.«

»Er dankt mir im stillen«, verteidigte Rebekka ihren Jakob.

Esau bemühte sich um die Liebe seiner Mutter, er brachte ihr Blumen vom Feld mit. Aber sie vergaß, die Blumen in eine Vase zu geben, und am nächste Tag waren sie welk.

»Kann ich dir bei der Hausarbeit helfen?« fragte Esau, wenn er am Abend von der Weide kam.

»Nein, nein«, sagte Rebekka, »Jakob hilft mir doch.«

Aber Jakob hatte sich mit Eliëser verplaudert, und Rebekka machte alle Arbeit allein.

Dann kam er, legte seine Arme um den Hals seiner Mutter, küßte sie auf die Wangen und sagte: »Du bist die schönste Frau der Welt.«

Und das war für Rebekka mehr als Blumen vom Feld. Obwohl sie wußte, daß es nur so dahergeredet war. Und obwohl sie sich auch ein wenig ärgerte, daß er sich nichts Originelleres einfallen ließ, er, der vor Originalität nur so blitzte, wenn es darum ging, Theorien über alles mögliche aufzustellen. Ja, in der Möglichkeit war Jakob mehr zu Hause als in der Wirklichkeit. Am liebsten waren ihm Sätze, die im Konjunktiv verfaßt waren.

»Was wäre, wenn?« Das war ihm der liebste Beginn

einer Frage. »Was wäre, wenn der Mensch die Zukunft wüßte?«

»Er würde nicht leben wollen«, sagte Eliëser.

»Hättest du als junger Mann nicht leben wollen, wenn du gewußt hättest, was aus dir werden würde?« fragte Jakob den Eliëser.

Da seufzte der alte Mann. Eine Antwort wußte er nicht.

Für Rebekka war es ein Schmerz, daß ihr Liebling nicht der Erstgeborene war, daß Esau als erster aus ihrem Schoß gekommen war. Ihre Spitzfindigkeit über das dünne Gefäß und die zwei Perlen hatte keine Wirkung gezeigt. Rebekka war der Überzeugung, Esau verdiene das Erstgeburtsrecht nicht, Begründung gab sie dazu keine ab. Sie mochte ihren Ältesten nicht, fertig.

Und Isaak, der Vater? Was sagte er? Nichts! Längst schon nickte er nur noch. Man stellte ihm eine Frage, und er nickte, und der Frager durfte das Nicken interpretieren. Nicken kann viel mehr als nur Bestätigung bedeuten. Es kann heißen: Das ist eine gute Frage. Oder: Es ist eine schlechte Frage, und es ist typisch, daß gerade du sie stellst. Oder: Mit dieser Frage hast du den Kern der Sache getroffen. Oder: Ja, ich bin der Richtige, den du da fragst. Oder: Ja, ich weiß die Antwort, aber ich darf sie nicht sagen. Und Isaak verstand es vortrefflich, so zu nicken, als ob ihm das Gewicht der Welt im Nacken säße. Außerdem war Isaak blind geworden.

Eines Abends saß Jakob wieder vor seinem Zelt und wartete, daß die Sonne unterging. Das war ihm der liebste Augenblick des Tages, dieser Übergang von Tag zu Nacht, von Wirklichkeit zu Traum. Aber an diesem Abend hatte sich Bitterkeit in seine Gedanken geschlichen.

Er dachte über Eliëser nach. Was ist er für ein kluger Kopf, dachte Jakob. Und was hat es ihm gebracht? Was besitzt er am Ende seines Lebens? Nichts. War er nicht viel klüger als Abraham? Und wie reich war Abraham! Und Jakob war drauf und dran, die Bilanz seines eigenen Lebens zu ziehen: Ich bin vernarrt in das Philosophieren und Spekulieren, in das Meinungenbilden und das Was-wäre-Wenn. Aber was hat es mir gebracht? Was wird es mir je bringen?

Immer war er der Überzeugung gewesen, es sei besser, erst den Weg im Kopf zu gehen, als gedankenlos einen Schritt vor den anderen zu setzen. Jetzt war er sich nicht mehr so sicher. Nein, sagte er sich, ich möchte nicht so werden wie Eliëser.

Er saß da und aß aus seiner Schüssel sein Abendbrot, rote Linsen. Aber hätte ihn jemand gefragt: Was ißt du da? Er hätte es nicht gewußt.

Da sah Jakob seinen Bruder Esau über das trockene Feld auf die Zelte zuwanken. Esau war seit Wochen nicht zu Hause gewesen, er war auf der Jagd gewesen. Aber er hatte diesmal kein Jagdglück gehabt, alles war ihm schiefgegangen. Er war am Verdursten, und er sank neben Jakob auf die Knie und steckte den Kopf in den großen Krug Wasser, der immer vor dem Zelt stand. Und er trank. Niemand konnte trinken wie Esau.

Jakob sah ihm zu. Esau hatte nichts gegessen seit Wochen, und als er getrunken hatte, wollte er essen.

»Gib mir von den Linsen«, sagte er mit letzter Kraft zu Jakob. »Ich bin am Verhungern. Gib mir von dem Roten, das du da in der Schüssel hast.«

Jakob hielt die Schüssel fest an sich, fuhr mit dem Löffel hinein und schob ihn sich in den Mund.

»Das sind Linsen«, sagte er.

»Gib mir davon!« sagte Esau.

»Hast du keine Kraft mehr?« fragte Jakob.

»Keine Kraft mehr«, sagte Esau.

Jakob war ein böser Gedanke gekommen, er preßte die Schüssel noch fester an sich.

»Ja, ich werde dir etwas von den Linsen geben«, sagte er. »Ich werde dir sogar die ganze Schüssel dieser hervorragenden Linsen geben ... «

»Gib her!« sagte Esau. »Bitte!«

»... aber du mußt dafür bezahlen«, beendete Jakob seinen Satz.

Esau sagte: »Ich bin dein Bruder! Willst du von deinem hungernden Bruder Geld dafür nehmen?«

»Nein, Geld will ich von meinem hungernden Bruder nicht haben«, sagte Jakob. »Etwas anderes möchte ich von ihm haben. Gib mir das Erstgeburtsrecht für diese Schüssel Linsen!«

»Was willst du?«

»Ja, du hast mich richtig verstanden!«

Was ist das Erstgeburtsrecht? Das Erstgeburtsrecht ist in Wahrheit ein recht theoretisches Recht. Es besagt, der erstgeborene Sohn wird eines Tages das Recht haben, von seinem Vater den Segen zu bekommen. Dieser Segen erst ermöglicht es dem Sohn, das väterliche Erbe anzutreten. Das Vermögen der Sippe zu besitzen ist wiederum Voraussetzung, wenn der Sohn eines Tages Anspruch auf die Führung der Sippe erheben will. Das Erstgeburtsrecht ist insofern ein theoretische Recht, weil es erst irgendwann in der Zukunft eingelöst wird – wenn der Vater freiwillig seine Macht abgibt oder wenn er im Sterben liegt.

»Was soll's!« sagte Esau. »Du bekommst das Erstgeburtsrecht! Gib mir von den Linsen!«

Jakob setzte einen Vertrag auf, wenige Zeilen.

»Unterschreib!« sagte er zu seinem Bruder.

»Setz noch einen Paragraphen hinzu«, sagte Esau. »Nämlich daß Esau nur unterschreibt, weil er Hunger hat, und daß er schwört, daß er seinen Bruder Jakob ewig dafür hassen wird.«

Das war einfach Betrug. Und dann bereute Jakob. Und er bat Esau um eine Unterredung. Esau lehnte ab. Wortlos. Jakob ging zu seiner Mutter.

»Ich habe etwas Furchtbares getan«, sagte er. »Du mußt mir helfen. Mein Gewissen quält mich.«

Und er erzählte Rebekka, was er getan hatte, und er beschönigte seine Tat nicht.

Rebekka aber sagte: »Das war gut, was du gemacht hast, Jakob. Mein Jakob! Du hast dir nur geholt, was dir immer schon zugestanden hat. Esau hat dich in meinem Schoß betrogen. Er hat dich zurückgedrängt. Glaubst du denn, ich weiß nicht, wovon ich rede?«

Rebekka versprach, Jakob zu helfen. Aber ihre Hilfe sollte nicht sein Gewissen erleichtern, sondern nur sein erkauftes Recht festigen.

»Gott sieht alles«, sagte Jakob. »Er wird mich strafen!«

»Erstens«, sagte Rebekka, »ist es nicht erwiesen, daß Gott wirklich alles sieht. Kann es nicht sein, daß er gerade in diesem Augenblick irgendwo anders hingeschaut hat?«

»Nein«, sagte Jakob, »wenn mein bisheriges Leben, das ich mit Spekulationen verbracht habe, irgendeinen Wert hat, dann doch nur den, daß ich genau solche Fragen zu beantworten weiß: Gott sieht alles. Glaub mir!«

»Gut«, sagte Rebekka, »ich will nicht deine Spekulationen in Frage stellen. Ich werde alles auf mich nehmen. Es ist meine Schuld gewesen, daß Esau vor dir auf die Welt kam. Ich hätte bei eurer Geburt mehr achtgeben sollen.«

Von nun an setzte Rebekka alles daran, Esau vor seinem Vater Isaak schlechtzumachen.

Esau heiratete, er heiratete zwei Frauen, Judith und Basemat. Basemat war die Tochter seines Onkels Ismael. Mit Ismael verstand sich Esau sehr gut. Die beiden waren sich im Charakter ähnlich. Esau erzählte Ismael von seinen Problemen.

»Jakob ist ein Narr«, sagte Ismael.

»Aber ich habe eine Verzichtserklärung unterschrieben«, sagte Esau.

»Ich kenne Typen wie Jakob«, sagte Ismael. »Sie haben keine Kraft. Sie haben nicht einmal die Kraft zum Betrug. Er geht durch den Tag und heult und hat Mitleid mit sich selber, weil er etwas Böses getan hat.«

Esaus Frauen waren wie Esau, realistisch, praktisch, vernünftig.

Ein großes Hochzeitsfest sollte stattfinden. Isaak, der Vater, wollte das. Isaak liebte seinen Sohn Esau. Esau führte seinen blinden Vater oft hinaus auf die Felder, legte dessen Hand auf den Rücken eines Kalbes, das eben geboren worden war, oder führte seine Hand in einen Sack mit Korn. Esau wußte, daß sich die Seele seines Vater dabei erholte.

Isaak war alles unheimlich, was nicht mit Händen zu greifen war. Jakobs Spekulationen waren ihm unheimlich. Er wollte nichts davon wissen. Er nickte, wenn die Rede auf Jakobs Ideen kam. Und dieses Nicken war eindeutig. Es hieß: Ich wußte ja, daß von ihm nichts Vernünftiges zu erwarten war.

Rebekka wollte das Hochzeitsfest für Esau nicht organisieren. Aber Isaak sprach ein Machtwort. Also bat Rebekka die Bräute Judith und Basemat zu sich.

»Ich muß ein Fest für euch organisieren«, sagte sie mürrisch. »Aber nur, damit ihr es wißt: Ich tu's nicht gern!«

»Dann tu's nicht«, sagten Judith und Basemat.

Rebekka ging zu Isaak und sagte: »Sie wollen gar kein Fest, die beiden Frauen deines Sohnes.«

Isaak sagte: »Aber ich wünsche es mir! Ich bin ein alter, blinder Mann, der viel Leid in seinem Leben erfahren hat. Und ich wünsche mir, daß für meinen Sohn Esau, der mir der liebste ist, ein schönes Hochzeitsfest gegeben wird!«

Rebekka befahl abermals Judith und Basemat zu sich.

»Isaak hat mich gebeten, euch noch einmal zu fragen. Ich tu es hiermit, damit die Form gewahrt bleibt: Wollt ihr ein Hochzeitsfest?«

»Wenn Isaak es wünscht, warum nicht«, sagten die beiden.

Rebekka gab Auftrag, das Fest vorzubereiten. Aber es sollte sein wie ein Fest für Bettler. Kein Schmuck sollte die Tafel zieren. Das war ihr ausdrücklicher Befehl.

Da sagten sich Judith und Basemat: »Esau, unser Mann, wird gekränkt sein, wenn er sieht, wie grausam lieblos seine Mutter zu ihm ist. Deshalb wollen wir selber die Tafel für unsere Hochzeit schmücken. Ihm zuliebe.«

Sie besorgten bunte Tücher, die sie über die Tische und Stühle legten, und sie stellten niedliche Figuren zwischen die Speisen.

Als Rebekka das sah, ging sie zu Isaak und sagte: »Esaus Frauen haben ihre Götzen mitgebracht.«

Eines Tages rief Isaak seinen Sohn Esau zu sich und sagte: »Esau, ich bin alt und will nicht mehr, ich gebe dir meinen Segen. Du bist mein Erstgeborener.«

Esau hatte seinem Vater nicht erzählt, daß er sein Erstgeburtsrecht an seinen Bruder Jakob verkauft hatte.

Ismael hatte ihm abgeraten: »Du bringst den Alten nur in Verlegenheit«, hatte Ismael gesagt. »Behellige ihn damit nicht. Jakob wird es nicht wagen, diese ominöse Urkunde vorzuweisen. Ignoriere die Sache einfach!«

»Ja, Vater«, sagte er nun, »gib mir deinen Segen. Ich bin bereit.«

»Geh und schieß mir ein Wild«, sagte Isaak. »Ich will mit dir gemeinsam essen. Bereite mir das Wildbret zu, wie ich es mag. Du verstehst das. Dein Essen habe ich am liebsten. Nach dem Essen werde ich dich segnen.«

Esau holte seine Jagdwaffen, und dann zog er los, um eine Antilope oder ein Reh zu schießen. Rebekka hatte gelauscht und alles gehört.

Sie ging zu Jakob und sagte: »Jetzt ist es soweit. Isaak ist in der Laune, seinen Segen zu geben. Geh, mein Jakob, hole zwei Böcklein aus der Herde, ich mache eine Speise daraus, und ich mache sie so, wie sie dein Vater mag. Er wird denken, es sei ein Wildbret. Und dann wird er dich segnen.«

Jakob sagte: »Das ist Betrug, das will ich nicht.«

Ismael hatte recht gehabt, Jakob hatte nicht die Kraft zum Betrug.

Rebekka aber sagte: »Wenn es Betrug ist, gut, dann soll der Fluch auf mich kommen, das ist mir egal. Aber ich will, daß du gesegnet wirst.«

»Aber er wird es merken«, sagte Jakob. »Er wird mich berühren, wenn er mich segnet. Was ist, wenn er zum Beispiel meinen Arm berührt? Ich habe eine glatte Haut, Esau hat ein Fell. Der Vater wird es merken.«

»Nein«, sagte Rebekka, »Isaak wird gar nichts merken. Ich werde dir die Felle der Böcklein geben. Eines werde ich dir auf den Arm legen, das andere um den Hals. Isaak wird dich streicheln, und er wird nichts merken.«

»Aber«, sagte Jakob, »er wird riechen, daß ich anders rieche.«

»Ich habe hier das Kleid deines Bruders«, sagte Rebekka. »Ich habe an alles gedacht. Du wirst den Rock überziehen, Isaak wird es nicht merken.«

»Aber Gott ...«, sagte Jakob.

»Gott soll mir in die Augen schauen!« sagte Rebekka.

Rebekka bereitete ein Mahl, wie es Isaak mochte, sie gab dem Jakob die Schüssel, der hatte sich die Felle der Böcklein über den Arm und den Nacken gelegt. So betrat er das Zelt des Isaak.

Der blinde Isaak fragte: »Wer bist du?«

»Ich bin Esau, dein Sohn«, log Jakob. O doch, er hatte die Kraft zum Betrug! »Ich bringe das Mahl, das du von mir gefordert hast.«

»So schnell schon?« fragte Isaak. »Warum so schnell? Du mußtest es doch erst schießen.«

Jakob log weiter. »Gott hat mir dabei geholfen.«

Isaak aber war mißtrauisch und sagte: »Du sprichst mit der Stimme meines Sohnes Jakob, nicht mit der Stimme meines Sohnes Esau. Komm her, laß dich betasten!«

Jakob ging vorsichtig zu seinem Vater, hielt ihm den Arm hin, auf dem das Fell des Böckleins lag. Isaak strich mit seiner Hand über das dichte Fell.

»Ja, das ist der Arm meines Sohnes Esau«, sagte er.

Dann berührte er Jakob am Hals. Seine Finger strichen über das andere Fell.

»Ja«, sagte er, »das ist der Hals meines lieben Sohnes Esau.«

Und dann roch er an den Kleidern und sagte: »Ja, das ist der Duft des Feldes. Ich liebe diesen Duft. Du bist es wirklich, du bist mein Esau. Du sprichst zwar mit der Stimme deines Bruders, aber du bist Esau.«

Er küßte ihn, und er segnete ihn.

Er sagte: »Gott gebe dir vom Tau des Himmels, vom Fett der Erde, viel Korn, viel Most, dienen sollen dir die Völker, Stämme sich vor dir niederwerfen, Herr sollst du über deine Brüder sein, die Söhne deiner Mutter sollen dir huldigen, verflucht sei, wer dir flucht, gesegnet, wer dich segnet.«

Und damit war Jakob, der Zweitgeborene, der Besitzer aller Güter des Isaak. Die Herden gehörten ihm, das Gesinde, alles.

Und dann kam Esau von der Jagd zurück. Er bereitete das Wildbret zu, wie es sein Vater liebte, und betrat das Zelt seines Vaters.

»Hier, Vater«, sagte er, »ich habe dir ein Wildbret gemacht, wie du es magst.«

»Wer bist du?« fragte Isaak.

»Du erkennst mich doch«, sagte Esau, »ich bin dein Sohn, ich bin Esau.«

Isaak streckte die Arme nach ihm aus, betastete ihn und sagte: »Ja, du bist Esau, aber wer war dann vor dir da?«

Und es war klar, daß sie betrogen worden waren. Von Jakob, dem Betrüger! Esau weinte. Zum ersten Mal in seinem Leben weinte dieser Mann.

»Hast du denn gar keinen Segen für mich, Vater?« flehte er. »Gehe ich leer aus, Vater?«

Isaak starrte ihn mit seinen leeren Augen an und sagte: »Nein, Esau, mein Esau. Ich habe keinen Segen mehr für dich. Ich habe Jakob gesegnet. Ich kann ihm den Segen nicht nehmen. Fern vom Fett der Erde mußt du wohnen, fern vom Tau des Himmels, und deinem Bruder mußt du dienen.«

Und er schickte Esau hinaus. Esau soll geflucht haben.

Er soll sich geschworen haben: »Wenn Isaak tot ist, dann werde ich Jakob töten!«

Das sei seine Rede gewesen. Das hat jedenfalls Rebekka behauptet.

Sie hat den Jakob gewarnt: »Jakob, du mußt unser

Land verlassen«, sagte sie. »Er wird dich töten! Er ist böse. Ich habe es vom ersten Augenblick an gewußt. Er hat dich in meinem Bauch zurückgedrängt. Ich habe es doch gespürt! Denkst du, ich weiß nicht, wovon ich rede? Du mußt fliehen!«

»Wohin soll ich denn fliehen?« jammerte Jakob.

»Geh zu meinem Bruder Laban«, sagte Rebekka. »Er wird dich aufnehmen. Er hat Töchter. Schöne Töchter. Er wird dir eine geben.«

Jakob sagte: »Ich habe von deinem Bruder Laban gehört. Eliëser hat mir von ihm erzählt. Er ist gierig. Er wird mir keine seiner Töchter geben, wenn ich ihm ohne Brautgeschenke komme.«

Da sprach Rebekka mit Isaak, aber Isaak sagte: »Solange ich lebe, wird Jakob nichts mehr bekommen. Nichts. Ich will ihn nicht sehen. Er hat Esau betrogen. Ich werde ihn dafür nicht auch noch belohnen.«

Und so machte sich Jakob ohne alles auf den Weg. Nur die Kleider hatte er am Leib. Und so wanderte er in die Wüste hinaus, um bei Laban, dem Bruder seiner Mutter, um eine seiner Töchter zu werben. Unterwegs, heißt es, sei ihm einer der Söhne Esaus entgegengetreten, nämlich Elifas.

Er habe gesagt: »Du hast meinen Vater betrogen. Ich werde dir dafür alles wegnehmen, was du bei dir hast. Ich könnte dich töten, aber das werde ich nicht tun. Du sollst sehen, was es bedeutet, nichts mehr zu besitzen.«

Und Jakob sagte zu ihm: »Ich habe nichts, du kannst mir nichts nehmen.«

»Du hast Kleider an dir«, sagte Elifas. »Ich werde dir die Kleider nehmen. Du sollst nackt und ohne alles, wie Gott dich erschaffen hat, so sollst du durch die Wüste gehen!«

Nackt mußte nun Jakob durch die Wüste gehen.

Am Abend des ersten Tages rief er den Namen seines Bruders: »Esau!« rief er. »Esau, vergib mir!«

Und er legte sich nicht nieder, und er schlief nicht, er ging durch die Nacht und weinte und betete zu Gott, betete um Vergebung seiner Sünden. Und er betete zu Gott, daß ihn die Sonne am Tag nicht verbrenne und daß die wilden Tiere ihn nicht zerreißen. Und am Morgen, als die Sonne über den Horizont stieg, rief er wieder den Namen seines Bruders.

»Esau!« rief er. »Esau, vergib mir!«

So wanderte Jakob sieben Tage durch die Wüste und aß nichts und trank nichts und betete und schlief nicht. Und dann war er zu schwach, um weiterzugehen. Seine Haut schälte sich in Fetzen, die Lippen waren verkrustet, und er hatte keine Stimme mehr, um laut zu beten. Er sank auf die Knie und wollte schlafen. Da begannen die Steine vor ihm zu reden.

Sie redeten durcheinander und sagten: »Leg dein Haupt auf mich! Leg dein Haupt auf mich!«

Und ein dritter Stein sagte: »Nein, leg dein Haupt auf mich, du bist der Erwählte!«

Die Steine bewegten sich von allein und formierten sich zu einem Altar, und auf diesen Altar legte sich Jakob, und er schlief ein. Und Jakob träumte, daß vom Himmel herab eine Leiter gebaut wurde, Engel waren die Baumeister, eine goldene Leiter, und Gott stieg über die Leiter auf die Erde herab und segnete ihn, den armen, verhungerten, verdursteten, erschöpften, nackten, sündigen Jakob.

Und Gott sagte: »Ich mache dich mächtig, mein Jakob, du wirst viele Kinder haben!«

Und Gott verfluchte ihn nicht wegen des doppelten Betrugs an seinem Bruder Esau.

Jakob und Rahel

Vom Wassertrinken – Von einem Handel um eine Braut – Von sieben langen Jahren – Von Lea – Von der Gründung einer eigenen Herde – Von der Hochzeitsnacht – Von weiteren sieben Jahren – Von Leas Söhnen – Von Silpa und Bilha – Von Rahels Schwangerschaft – Von schwarzen, weißen und gesprenkelten Schafen – Von der Flucht

Schließlich erreichte Jakob das Land, in dem Laban, der Bruder Rebekkas, lebte. Er kam aus der Wüste und sah vor sich einen Brunnen, dort lagerten die Knechte des Laban. Jakob war nackt, und er schämte sich. Er warf Sand und Staub über sich, damit er aussah wie ein Wüstenmann, wie ein verwilderter Mensch, und er näherte sich breitbeinig hüpfend wie ein Idiot.

Die Hirten lachten ihn aus und sagten: »Wo kommst du denn her?«

»Ich komme aus der Wüste«, sagte Jakob. »Ich will trinken.«

»Leider kannst du nicht aus dem Brunnen trinken«, sagten die Hirten. Es lag nämlich ein mächtiger Stein auf dem Brunnen.

»Und was tut ihr hier beim Brunnen?« fragte Jakob.

»Wir warten auf Labans Tochter und ihre Knechte, damit sie uns helfen, den Stein vom Brunnen zu heben. Wir haben nämlich auch Durst.«

Da sagte Jakob: »Das könnt ihr nicht allein? Dazu seid ihr zu schwach? Und ich, der ich nicht geschlafen und nicht gegessen und nicht getrunken habe, ich soll es können?«

Und er dachte bei sich: Ich werde es können, mit Gottes Hilfe werde ich es können, Gott steigt nicht in der

Nacht über eine goldene Leiter in meinen Traum, und dann hilft er mir nicht, einen Stein von einem Brunnen zu wälzen. Und er wälzte den Stein vom Brunnen.

Er zog den Eimer aus dem Brunnen und trank und trank und trank – und bemerkte nicht, daß inzwischen Labans Tochter Rahel an den Brunnen getreten war. Wie alt war Rahel? Vierzehn? Vielleicht fünfzehn ...

Rahel beobachtete den Fremdling, gab den Hirten Zeichen zu schweigen, hörte lächelnd zu, wie Jakob schluckte und prustete und vor Freude kreischte, weil er endlich, endlich trinken konnte.

Als Jakob sah, daß er von dem Mädchen beobachtet wurde, schämte er sich noch mehr seiner Blöße, er hielt seine Hände vor die Scham, und er sah, daß Rahel wunderschön war, und er war plötzlich ausgefüllt von Liebe, als wäre er bisher nur eine leere Hülle gewesen. Rahel war gekommen, um die Wäsche am Brunnen zu waschen, sie warf Jakob kichernd ein Gewand zu. Er zog es über.

Diese Szene erinnert uns an Odysseus und Nausikaa, die Prinzessin der Phäaken. Im sechsten Gesang der Odyssee findet Nausikaa am Ufer des Meeres den angeschwemmten Odysseus, auch er ist nackt, auch er ist am tiefsten Punkt seiner Existenz angekommen. Und Nausikaa gibt ihm ein Gewand.

Wie Odysseus steht nun auch Jakob in einem Mädchenkleid da. Und von nun an wird für lange Zeit nichts mehr gelten, was in seinem bisherigen Leben gegolten hat.

Rahel führt Jakob zu ihrem Vater Laban.

Und er sagt zu Laban: »Ich bin durch die Wüste gegangen, um mit dir zu sprechen.«

»Was möchtest du?« fragt Laban.

»Ich bin der Sohn deiner Schwester Rebekka. Sie

schickt mich mit Grüßen, du sollst mir eine deiner Töchter zur Frau geben.«

Laban bleibt ungerührt. »Ihr seid mir noch die Hälfte des Brautgeldes schuldig, das ihr mir versprochen habt.«

»Ich habe damit nichts zu tun«, sagt Jakob. »Ich möchte deine Tochter Rahel zur Frau haben. Sie hat mir Wasser gegeben, als ich am Verdursten war, und sie hat mir ein Gewand gegeben, als ich nackt war.« Und um seinem Wunsch metaphysischen Nachdruck zu verleihen, fügte er hinzu: »Gott, der Herr, hat mich durch die Wüste geführt, er ist mir im Traum erschienen und hat mir von deiner Tochter erzählt.«

Letzteres war freilich erfunden. Aber Laban ließ sich nicht beeindrucken, entweder er glaubte Jakob nicht, oder Gott selber bedeutete ihm nichts, oder er zeigte seine Gefühle nicht.

Er sagte: »Meine Tochter Rahel willst du also haben. Du weißt vielleicht nicht, daß Rahel das begehrteste Mädchen im Land und weit darüber hinaus ist.«

Jakob sagte: »Ich weiß das nicht, ich habe sie nur gesehen.«

Laban sagte: »Wenn du sie gesehen hast, dann weißt du, daß ich nicht übertreibe. Du hast sicher viele Geschenke mitgebracht, du kannst dir ja vorstellen, wieviel Brautgeld ein Mädchen wie Rahel wert ist.«

Und Jakob mußte sagen: »Ich stehe vor dir. Das ist alles.«

Da umarmte ihn Laban. Er umarmte ihn nicht aus Liebe, wie ein Onkel seinen Neffen umarmt. Er umarmte ihn, um ihn abzutasten, ob er nicht irgendwo am Körper Gold versteckt hätte. Und er küßte ihn, um zu sehen, ob er nicht vielleicht Perlen in seinem Mund versteckt hatte.

»Laß das«, sagte Jakob. »Ich habe gar nichts.« Und er log schon wieder: »Elifas, der Sohn meines Bruders Esau, hat mich unterwegs überfallen und hat mir all die wertvollen Geschenke weggenommen, die ich dabei hatte, die ich dir geben wollte für deine Tochter Rahel.«

Laban war enttäuscht. »Du hast nichts für mich? Und ich soll etwas für dich haben? Ich kann dir meine Tochter nicht geben. Du kannst ein paar Tage bei uns bleiben und essen und trinken, das verdankst du meiner Großzügigkeit, aber dann mußt du in die Wüste zurück.«

»Ich werde für deine Tochter arbeiten«, sagte Jakob.

Laban sah sich Jakob an. An ihm war nicht viel. Keine Muskeln. Wie hätten Muskeln an Jakob auch wachsen sollen? Durch Spekulieren und Philosophieren und Meinungenbilden?

»Ich werde sieben Jahre für Rahel arbeiten«, sagte Jakob. »Ich bin stärker, als ich aussehe. Frag deine Hirten! Ich habe allein, ohne Hilfe, den Stein vom Brunnen gewälzt.«

Die Hirten bestätigten es.

Da befragte Laban seine Ratgeber, und die sagten: »Dieser Jakob scheint ein Glücksmensch zu sein. Es wird dir, Laban, guttun, wenn du ihn aufnimmst. Es wird dich reich machen, wenn er sieben Jahre für dich arbeitet.«

Laban hatte keinen guten Charakter. Die Nachbarn gingen ihm aus dem Weg. Händler mieden ihn. Er bekam weder Vorschüsse, noch wurde ihm Kredit gegeben. Er behandelte sein Vieh schlecht, und er behandelte seine Knechte schlecht. Die Knechte verließen ihn, und nur die schlechten Knechte blieben zurück.

»Das schlimmste ist, Laban hält seine Versprechen nicht«, sagten die einen.

Als Jakob bei Laban zu arbeiten anfing, da lag die Wirtschaft dieses Mannes darnieder.

»Jeder hat mich betrogen«, jammerte Laban. »Man hat

meine Fähigkeiten und meine Gutmütigkeit ausgenützt. Jetzt schau dir das an!«

»Das schlimmste an Laban ist sein Selbstmitleid«, sagten andere.

Dritte sagten: »Er ist ein Betrüger.«

Und die ihn gar nicht leiden konnten, sagten: »Laban ist ein Teufel.«

Alle haben sie recht, sagte sich Jakob, die einen wie die anderen.

»Wer weiß«, sagte Laban, »wenn du meine Wirtschaft wieder auf Touren kriegst, vielleicht mußt du dann gar nicht sieben Jahre warten und dienen ...«

Und er zwinkerte Jakob zu. Jakob ließ sich alles zeigen, die Viehherden, die Ställe, die Weiden, die Äcker, das Gesinde, den Haushalt. Er sah, daß alles noch viel schlimmer war, als es den Anschein gehabt hatte. Hier etwas zu verändern, zum Besseren zu verändern, würde großer Anstrengungen bedürfen. Aber Jakob wußte ja, für wen er das alles tat – für Rahel.

Laban achtete darauf, daß Rahel und Jakob sich nicht unbeobachtet trafen. Aber natürlich fanden die beiden Wege, ein bißchen ungestörte Zeit für sich zu gewinnen. Und sie machten Zeichen aus.

»Wenn ich heute das Essen lobe«, sagte Jakob, »dann heißt das, daß ich dich liebe.«

Rahel verfügte durchaus über einen spitzen Humor. So riskierte sie einen Krach mit ihrem Vater und den anderen Mitgliedern der Familie, indem sie etwas Ungenießbares kochte. Und sie genoß es, wenn Jakob unter mühsamem Lächeln sagte: »Ich finde das Essen hervorragend.«

Aber als dann die Zeit lang wurde, als ein Jahr vergangen war, als zwei Jahre vergangen waren, drei Jahre, da verlor Rahel allmählich ihren Humor, und in ihren geheimen halben Stunden saßen die beiden nur noch beieinander, umarmten sich, küßten sich, machten einander Mut.

»Wenn es nur erst soweit ist«, seufzte Rahel.

»Wenn es nur erst soweit ist«, seufzte Jakob.

Alle anderen Sätze waren längst gesagt.

Jakob war inzwischen zum Verwalter der Wirtschaft aufgestiegen. Und er war erfolgreich. Sehr erfolgreich. Die Nachbarn hatten Vertrauen gewonnen. Die Händler mieden den Hof nicht mehr. Schon wurden wieder Vorschüsse und Kredite gegeben. Und als vier Jahre vergangen waren, hatte sich Labans Wirtschaft nicht nur konsolidiert, sie war gewachsen. Jakob hatte Land dazugekauft, die Herden hatten sich vergrößert, und die Erträge waren kräftig gestiegen.

Da trat Jakob vor Laban: »Du hast mir eine Verkürzung der Frist in Aussicht gestellt. Ich habe mehr geleistet in diesen fünf Jahren, als die Experten für möglich gehalten haben. Nun halte du dein Versprechen, und gib mir Rahel.«

»Das will ich«, sagte Laban. »Versprechen gegen Versprechen.«

»Das ist gut«, sagte Jakob. »Ich habe versprochen, deine Geschäfte erfolgreich zu führen, du hast mir dafür deine Tochter versprochen.«

»Und dein Großvater hat mir für deine Mutter mehr versprochen, als er gehalten hat. Es wird dir ein leichtes sein, Jakob, die Schuld deines Großvaters Abraham in drei Jahren abzutragen. Dann liegst du immer noch innerhalb der Frist, die wir beide ausgemacht haben.«

»Nein«, sagte Jakob, »ich habe dir längst mehr erarbeitet, als dir Abraham schuldet. Ruf deine Söhne herbei, frag sie!«

Und so geschah es. Laban rief seine Söhne. Hat sich Laban in diesen Jahren denn nicht um seine Wirtschaft gekümmert? Nein, hat er nicht. Er hat alle Verantwortung auf Jakob übertragen und hat es sich selber gutgehen lassen.

»Es hat uns ja anfangs geärgert, daß du einem Fremden dein Vertrauen geschenkt hast und nicht uns«, sagten die Söhne. »Aber inzwischen müssen wir zugeben, wir hätten es nicht so gut gekonnt, lange nicht so gut.«

Sie führten ihren Vater durch die Ställe, durch die Scheunen, durch die Keller, führten ihn hinaus auf die Weiden, zeigten ihm alles, die vielen kräftigen Kälber, die mächtigen Bullen, die trächtigen Muttertiere, die Schafe und Lämmer, die Ziegen mit den prallen Eutern, die hochmütigen Kamele, das Geflügel. Laban war beeindruckt. Nicht im Traum hätte er sich vorstellen können, daß er so reich sein könnte, wie er tatsächlich war. Und das alles hatte er seinem Verwalter zu verdanken.

»Ich habe dich zum reichsten Mann des Landes gemacht«, sagte Jakob und holte mächtig aus: »Mach du mich zum glücklichsten Mann!«

»Jakob«, sagte Laban und faßte ihn am Ärmel, »komm mit mir beiseite!«

Und als sie in einiger Entfernung von seinen Söhnen standen, sagte Laban: »Sie sind nichts wert, sie machen nur Arbeit und taugen nicht zur Arbeit. Ich werde alles dir vermachen, dir allein.«

»Ich will nur Rahel«, sagte Jakob. »Und dann will ich mit ihr weggehen.«

»Ja, ja, die kriegst du doch, was bist du für ein geiler Bock! Denkst du nur an dich? Denkst du nicht auch an Rahel und an eure Kinder? Und vielleicht auch ein wenig an mich? Ich werde alt, ich bin schon alt, älter, als ich aussehe, ich bin ein gutmütiger Mann, jeder weiß das. Wenn du gehst und mir meine Lieblingstochter nimmst, dann werde ich mindestens ein Jahr nur weinen. Und dann?

Was ist dann? Dann werde ich bankrott sein. Du weißt am besten, was in einem Jahr alles geschehen kann, wenn niemand nach der Wirtschaft schaut. Und ich kann nicht nach der Wirtschaft schauen, denn ich muß ja weinen…«

Und so redete und redete Laban, bis Jakob der Kopf schmerzte.

»Gut«, sagte Jakob schließlich, »hör auf zu jammern, Laban! Ich werde also bleiben, bis die sieben Jahre um sind. Aber unter einer Bedingung! Ich will Rahel sehen dürfen. Ich will mich nicht mit ihr verstecken müssen, wenn wir miteinander sprechen wollen.«

»Wie oft?«

»Wann immer ich will.«

»Nein«, rief Laban, »dann wirst du dich nicht mehr um meine Wirtschaft kümmern. Einmal in der Woche!«

»Einmal am Tag.«

»Alle drei Tage.«

»Einmal am Tag.«

»Alle zwei Tage, Jakob!«

»Einmal am Tag!«

»Also gut«, fing Laban wieder an zu jammern. »Du willst einen alten Mann demütigen! Nur zu! Nur zu!«

Rahel war traurig, und sie war auch wütend. »Trau ihm nicht«, sagte sie zu Jakob. »Er wird dich wie ein Bettler ziehen lassen. Du wirst ihm Reichtum gebracht haben, und er wird dir alles nehmen.«

»Wenn du meine Frau wirst, soll es so sein«, sagte Jakob.

»Nein«, sagte Rahel, »es ist nicht gerecht.«

Rahel hatte eine Schwester. Die war nur um ein kleines weniger hübsch als Rahel. Ihr Name war Lea.

Lea hatte etwas an den Augen. Wahrscheinlich eine von Insekten übertragene Infektionskrankheit. Das mutmaßten die einen. Andere sagten, nein, die Krankheit rühre vom vielen Weinen her. Leas Augen waren immer entzündet, rot, und sie tränten, und alle paar Minuten rieb sie ihre Augen, weil sie so juckten. Eben genau das komme vom vielen Weinen, sagten die anderen, und zwar weil Lea, obwohl sie nicht viel weniger hübsch war als Rahel, immer die zweite gewesen sei – die Zweithübscheste, die Zweitklügste, immer die zweite.

Rahel war das Glückskind, und Lea glaubte, sie stehe im Schatten ihrer Schwester. Und sie stand ja auch im Schatten ihrer Schwester. Und wenn alle recht hatten, die da behaupteten, Laban sei ein Fuchs, ein Betrüger, ein Schuft, ja, der Teufel, so war er doch ein gerechter Vater, der genau wußte, daß die Benachteiligte Protektion brauchte. Es schmerzte ihn zu sehen, wie seine ältere Tochter Lea vor Kummer zu verblühen drohte. Laban liebte seine Töchter, er liebte Rahel, das Glückskind, und er liebte Lea.

»Vergeßt mir Lea nicht!« war sein Wort.

Und Laban war ein genauer Beobachter, und was Lea anging, war er ein besonders genauer, besonders empfindlicher Beobachter, und es war ihm nicht verborgen geblieben, daß sich Lea in den jungen, klugen Verwalter, in Jakob, verliebt hatte.

Alle mochten den Jakob. Er war ja auch charmant. Und keiner verstand es wie er, am Abend Geschichten zu erzählen. Lea litt darunter, daß sie wieder die zweite war, daß sie hinter Rahel stehen mußte, daß sie zu kurz kam.

Ein Jahr verging. Das Vermögen des Laban wuchs noch weiter, noch schneller.

Rahel warnte Jakob wieder, sie sagte: »Paß auf, mein Vater wird versuchen, dich zu betrügen.«

»Wie soll er mich betrügen?« fragte Jakob und lachte,

denn er fühlte sich Laban überlegen – in allen Bereichen. »Bevor er einen Gedanken faßt, habe ich ihn bereits durchschaut.«

»Nein«, sagte Rahel. »Du bist ein guter Mensch, Jakob, Betrug liegt dir fern. Du kannst dich gar nicht in einen Betrüger hineindenken.«

Da senkte Jakob die Augen und sagte: »Vielleicht hast du recht.« Und log: »Ich kann mich wirklich nicht in einen Betrüger hineindenken.«

»Sorg dafür, daß du selbst einiges auf die Seite bringst«, sagte Rahel. »Es ist für uns, für uns und unsere Kinder. Ich möchte nach unserer Hochzeit nicht weiter hier bleiben müssen.«

Jakob wollte ehrlich sein. Sein schlechtes Gewissen drückte ihn – die Erinnerung an seinen Bruder Esau, den er betrogen hatte.

Also ging er zu Laban und sagte: »Schau, Laban, was nützt es dir, wenn du einen Schwiegersohn hast, der überhaupt nichts besitzt? Erlaube mir, daß ich mir selbst eine Herde gründe!«

Laban sagte: »Wie willst du das machen? Soll ich dir etwas schenken? Das tu ich nicht!«

»Du brauchst mir nichts zu schenken«, sagte Jakob. »Machen wir es so: Wenn ich einen Widder erwische, der sich zum Beispiel ein Bein gebrochen hat, vielleicht kann ich mich um ihn kümmern, es soll von meiner freien Zeit abgehen. Vielleicht bekomme ich ihn wieder hoch. Der soll mir gehören. Oder aber, wenn du ein Festessen gibst, dann werde ich nicht mitessen, ich werde nichts zu mir nehmen, ich werde eine Woche lang hungern. Aber dafür schenk mir ein Lamm, oder schenk mir ein weibliches Schaf, damit ich es mit dem Widder zusammenführen kann!«

Da lachte Laban und sagte: »Ach, du bist ein Narr!

Du willst eine Zweitierherde gründen! Ein lahmer Widder und ein Lamm aus der Küche! Bitte, gern!«

Jakob tat es. Er ging dabei ein wenig unlauter vor, das muß zugegeben werden. Er nahm einen Widder und brach ihm ein Bein, und er nahm den stärksten Widder, und er knickte das Bein nur. Und er half ihm wieder hoch. Das Schaf, das bei einem Fest geschlachtet werden sollte, das suchte er selbst aus. Und er nahm das schönste weibliche Schaf. Mit diesen beiden, dem Widder und dem Schaf, begründete er seine Herde. Dann war da ein Dieb, der gesteinigt hätte werden sollen, den nahm er zu sich und rettete ihm das Leben, und der war ihm sehr dankbar und arbeitete für ihn. So gewann Jakob immer mehr für sich.

Jakob konnte sich sehr wohl in einen Betrüger hineinversetzen. Darum wurde er immer unruhiger, je näher das ausgemachte Ende seiner Dienstzeit rückte. Laban wird versuchen, mir eine andere Frau unterzuschieben, dachte er. Es war Brauch, daß Braut und Bräutigam ihre erste Nacht ohne Licht verbrachten. Deshalb machte Jakob mit Rahel ein Zeichen aus.

Er sagte zu ihr: »Paß auf, wenn du in unserer Hochzeitsnacht zu mir ins Zelt kommst, dann halte mich zuerst an meiner rechten großen Zehe fest, dann an meinem rechten Daumen, und am Schluß zwickst du mich in mein linkes Ohrläppchen. Das soll unser geheimes Zeichen sein.«

Und dann waren die sieben Jahre um. Jakob hatte die Wirtschaft des Laban in die Höhe gebracht, und er hatte auch für sich selber gesorgt. Er hatte eine kleine, aber zukunftsfrohe Herde aufgebaut.

Laban stand vor Jakob, und Jakob stand vor Laban, und Jakob sagte: »Nun gib mir deine Tochter Rahel. Du bist durch mich reich geworden. Nun halte du dein Versprechen!«

Und Laban sagte: »Ich sehe keinen Grund, warum ich mein Versprechen nicht einhalten sollte.«

Dann war Hochzeitsnacht, und Jakob wartete im Zelt. Das Zelt war gemäß dem Brauch vollkommen abgedunkelt. In der Hochzeitsnacht sollten sich Mann und Frau nicht sehen. Und dann öffnete sich das Zelt kurz, und eine weibliche Gestalt schlüpfte herein, das Gesicht verschleiert.

Jakob sagte: »Bist es du, Rahel?«

Die Frau flüsterte: »Ja, ich bin es. Ich bin es, Rahel.«

Jakob sagte: »Warum flüsterst du?«

Sie sagte: »Weil das schöner ist, wenn ich flüstere.«

Sie berührte seine rechte große Zehe, dann seinen rechten Daumen, dann zwickte sie ihn in sein linkes Ohrläppchen. Das konnte nur Rahel sein! Jakob streichelte sie. Er hielt ihre Hände. Er legte seine Hände an ihr Gesicht, und er fühlte mit den Fingern, daß sie weinte.

»Warum weinst du?« fragte er.

Sie gab zur Antwort: »Vor Glück weine ich.«

Es war eine große Liebe in dieser Nacht. Die beiden umarmten sich, ließen einander nicht los, aber immer weinte sie.

Und immer wieder fragte Jakob: »Warum weinst du?«

Und immer wieder flüsterte sie: »Vor Glück weine ich.«

Am nächsten Morgen wollte er, daß sie gemeinsam vor das Zelt treten, um den Sonnenaufgang zu sehen. Aber sie wollte nicht. Da öffnete Jakob das Zelt, und er sah, es war nicht Rahel, die bei ihm gelegen hatte in seiner Hochzeitsnacht. Es war Lea. Da wurde Jakob ungeheuer wütend, er wollte Lea verfluchen.

Er sagte: »Du hast mich betrogen! Um meine Liebe

hast du mich betrogen! Was gibt es Schlimmeres auf Erden!«

Und Lea weinte. Aber sie weinte gar nicht, ihre Augen tränten wegen der ewigen Entzündung.

Sie sagte: »Mein Vater, Laban, mein Vater, hat mich dazu gezwungen. Er sagte, wenn du fluchst, dann soll der Fluch über ihn kommen.«

Da eilte Jakob zu Laban und faßte ihn am Kragen: »Warum hast du mich betrogen? Hab ich nicht für dich gearbeitet? Sieben Jahre! Du warst nichts, du warst am Boden! Niemand hat dir ein Wort geglaubt, niemand hat dir Vorschuß gegeben, niemand Kredit. Ich habe dir wieder Reputation verschafft, und du betrügst mich.«

Laban blieb gelassen und sagte: »Was redest du von Betrug? Wer hat betrogen? Tust so, als lerntest du den Betrug erst kennen! Du! Hast du nicht deinen Bruder Esau auf schäbige Art und Weise betrogen? Viel schlimmer doch. Denkst du, ich weiß das nicht? Ich gebe dir Rahel zur Frau, keine Angst, du sollst sie haben. Ich bin ein Mann der Tradition! Und bei uns ist es nicht üblich, daß man die jüngere Tochter vor der älteren Tochter verheiratet. Lea ist die Ältere. Ich gebe dir mehr, als du verlangt hast. Du sollst beide Frauen bekommen, Jakob. Weil ich dich doppelt liebe, verstehst du. Aber für Rahel mußt du noch einmal sieben Jahre für mich arbeiten.«

»Sieben Jahre?« rief Jakob. »Noch einmal sieben Jahre?«

Da standen einander zwei Betrüger gegenüber, aber Laban hatte Macht über Jakob. Ohne den Segen des Vaters wäre es undenkbar gewesen, daß die Tochter heiratet. Jakob stimmte zu. Er werde noch einmal sieben Jahre für Laban arbeiten.

»Ich weiß, es geht dir nicht um deine Tochter«, sagte

Jakob. »Es geht dir einzig darum, daß ich deinen Besitz weiter vermehre.«

»Auch«, sagte Laban, »auch.« Es war Laban auch um das Glück seiner Tochter Lea gegangen. »Du wirst noch einmal sieben Jahre bei mir bleiben«, sagte Laban. »Aber damit du siehst, daß ich kein Unmensch bin, sollst du Rahel schon heute in dein Zelt holen dürfen. Vorausgesetzt ...«

»Was vorausgesetzt?«

»... vorausgesetzt, du vernachlässigst Lea nicht ganz.«

»Gut«, sagte Jakob. »Aber ich möchte, daß meine beiden Frauen Mägde bekommen. Daß sie behandelt werden, als wären sie die Frauen eines Herrn und nicht Frauen eines Knechtes. Auch wenn ich dein Knecht bin.«

Laban war einverstanden. Lea bekam eine Magd mit Namen Silpa, Rahel bekam eine Magd mit Namen Bilha.

So hatte Jakob, als die zweiten sieben Jahre seines Exils bei Laban begannen, schon eine kleine Familie um sich geschart, hatte bereits eine Wirtschaft gegründet. Er besaß eine kleine Herde, er befahl Knechten, zuverlässigen Knechten, und er hatte zwei Frauen, Lea und Rahel, und die hatten Mägde, Silpa und Bilha.

Bleibt die Frage: Woher wußte Lea von dem geheimen Zeichen, das Jakob und Rahel vereinbart hatten? Die Wahrheit ist: Rahel hatte es ihrer Schwester gesagt. Rahel war eine gütige, barmherzige Frau, eine liebende Schwester. Sie wußte, Laban wird Lea zwingen, zu Jakob ins Zelt zu gehen, sie wußte, sie wird es nicht verhindern können. Aber sie wußte auch, es wird eine gräßliche Schande sein für Lea, wenn Jakob sie erkennt und hinausschmeißt, noch bevor der Tag beginnt. Deshalb hat sie ihrer Schwester das Zeichen verraten.

»Um Lea die Schande zu ersparen«, sagte Rahel zu Jakob, nachdem sie ihm alles erzählt hatte.

Jakob ärgerte sich über Laban, über Lea ärgerte er sich nicht mehr, sie rührte ihn. Aber auf Rahel war er stolz.

»Nie hat eine Frau auf dieser Erde gelebt, die ein besseres Herz hatte als du«, sagte er.

Und er hatte recht.

Lea wurde schwanger, sie bekam einen Knaben, und sie nannte ihn Ruben. Lea gefiel dem Jakob immer mehr, er liebte sie sogar auf eine gewisse Weise. Aber Jakobs Sehnsucht war, daß Rahel ein Kind bekomme.

Dann wurde Lea zum zweiten Mal schwanger. Wieder bekam sie einen Sohn, sie nannte ihn Schimeon. Und dann bekam sie einen dritten Sohn, den nannte sie Levi, und dann einen vierten, den nannte sie Jehuda. Aber Rahel bekam kein Kind, es war wie bei Sara, es war wie bei Rebekka. Rahel flehte zum Himmel, und sie betete, aber sie bekam kein Kind.

»Ich bin nicht mißgünstig«, sagte sie zu Jakob. »Ich will nicht, daß meine Schwester genauso wenig hat wie ich. Ich möchte, daß ich genauso viel habe wie Lea.«

Sie bat Jakob, er möge doch wenigstens eine Zeitlang nur bei ihr liegen, er möge, wenigstens eine Zeitlang, nicht mit ihrer Schwester schlafen.

Jakob versprach es und mied Lea, aber Rahel bekam dennoch kein Kind.

Da sagte Rahel zu Jakob: »Bilha, meine Magd, sie gehört doch mir, sie ist doch ein Teil von mir. Wenn du mit ihr schläfst und wenn sie ein Kind bekommt, dann ist es doch fast so, als wenn ich ein Kind bekäme.«

Jakob ging zu Bilha, der Magd von Rahel, und Bilha wurde schwanger, und sie bekam einen Sohn, und sie nannte ihn Naftali.

Nun kam Lea zu Jakob und sagte: »Wenn du schon

mit mir nicht mehr schlafen willst, dann schlaf wenigstens mit meiner Magd Silpa. Warum soll Rahels Magd vor meiner Magd bevorzugt werden?«

Jakob ging zu Silpa, und Silpa wurde schwanger, und sie brachte einen Sohn zur Welt und nannte ihn Gad.

Alle Frauen waren glücklich. Nur Rahel war unglücklich. Sie hatte als einzige kein Kind. Obwohl sie die Hauptfrau des Jakob war. Sie war sich seiner Liebe sicher, aber sie bekam kein Kind, und sie wollte ein Kind haben von Jakob. Sie war unglücklich und betete zu Gott und war versucht, auch zu den Götzen zu beten – sicherheitshalber sozusagen. Sie war versucht, abergläubische Heilmittel anzuwenden.

Eines Tages kam ihr auf dem Feld der älteste Sohn ihrer Schwester entgegengelaufen, nämlich Ruben. Ruben lachte, zeigte seiner Tante voll Stolz eine Wurzel, die er ausgegraben hatte. Die Wurzel sah aus wie ein Männchen.

Er sagte: »Das ist mein Erdmännchen!«

Rahel erkannte, daß es eine Alraunenwurzel war, und sie wußte, Alraunenwurzeln fördern bei Frauen die Fruchtbarkeit. Sie nahm dem Ruben sein Erdmännchen weg.

»Du brauchst das nicht«, sagte sie, »ich aber kann es brauchen.«

Ruben weinte und lief zu seiner Mutter.

Und Lea ging zu Rahel und sagte: »Ja, was ist das denn? Du bestiehlst ein Kind?«

»Du hast mir meinen Mann weggenommen!« klagte Rahel.

»Immer war ich die zweite«, hielt Lea dagegen, »und auch jetzt bin ich die zweite, du bist Jakobs Hauptfrau, nur dich liebt er, und jetzt nimmst du meinem Kind sein harmloses Spielzeug weg!«

»Ich brauche diese Wurzel«, sagte Rahel, »dann bekomme ich vielleicht auch ein Kind. Ich werde dafür sorgen, daß Jakob wieder mit dir schläft, wenn du mir die Alraunenwurzel überläßt.«

Da gab Lea die Wurzel ihrer Schwester. Und Jakob kam in dieser Nacht wieder zu Lea, und Lea wurde wieder schwanger. Wieder bekam sie einen Sohn, ihn nannte sie Isachar.

Und auch Rahel wurde schwanger! Endlich! Auch sie brachte einen Sohn zur Welt. Sie nannte ihn Josef. Das heißt: Gott hat meine Schmach von mir genommen.

»Ich bin Gott dankbar«, sagte sie zu Jakob. »Und sollte ich nie wieder ein Kind bekommen, bin ich dennoch glücklich!«

Lea bekam noch zwei weitere Söhne von Jakob – Juda, Sebulon. Und auch Silpa, ihre Magd, bekam noch einen Sohn von Jakob, nämlich Ascher. Und Bilha, die Magd der Rahel, brachte noch den Dan zur Welt.

Elf Söhne hatte Jakob gezeugt während der zweiten sieben Jahre, in denen er Laban diente. Seine eigenen Herden waren gewachsen. Sein Einfluß reichte weit ins Land hinaus. Und dann waren auch diese sieben Jahre um.

Jakob trat wieder vor Laban hin und sagte: »Jetzt werde ich gehen.«

Und Laban fing wieder zu lamentieren an: »Jetzt will er gehen! Alles, was er besitzt, kommt von mir. Meine Töchter hast du mir genommen, die Mägde hast du von mir, das Vieh hast du von mir! Alles! Und jetzt will er gehen!«

»Umgekehrt ist das richtig!« sagte Jakob. »Alles, was du besitzt, kommt von mir. Ich habe deine kaputte Wirtschaft wieder hochgebracht!«

»Ja«, sagte Laban, »du bist der klügste Mann, den Gott je gesegnet hat. Bleib noch einmal sieben Jahre bei mir! Was willst du als Lohn? Alles werde ich dir geben!«

Jakob besprach sich mit Rahel.

Rahel sagte: »Ob noch sieben Jahre oder nicht, was spielt es für eine Rolle. Ich habe einen Sohn von dir. Ich lebe mit dir. Wenn du willst, bleiben wir noch sieben Jahre hier.«

Da ging Jakob abermals zu Laban und sagte: »Gut, ich werde bleiben. Ich will als Lohn von jedem Wurf deiner Schafe die gesprenkelten und die gestreiften Lämmer. Die schwarzen und die weißen kannst du behalten.«

Laban kicherte und sagte: »Na gut, das kannst du haben.«

War es doch so, daß nur ganz selten gesprenkelte oder gestreifte Lämmer zur Welt kamen – wenngleich diese die stärksten und fruchtbarsten waren.

Aber Jakob war viel klüger, als Laban dachte, und er war ein sehr genauer Beobachter. Er hatte im Lauf der Jahre festgestellt, daß trächtige Schafe, die in ein Gatter eingesperrt waren, dessen Stäbe abwechselnd hell und dunkel waren, weit überdurchschnittlich viel gesprenkelte und gestreifte Tiere zur Welt brachten. Auf einmal waren die meisten Lämmer gesprenkelt oder gestreift.

Laban jammerte wieder: »Alles nimmt er mir! Woher sollte ich wissen, daß die Zeit der gesprenkelten und der gestreiften Schafe angebrochen ist!« Und er sagte: »Wir machen es von nun an umgekehrt! Du bekommst nur die weißen Schafe, und ich bekomme alle gesprenkelten und gestreiften.«

Da ersetzte Jakob die gestreiften Stäbe bei den Gattern gegen weiße. Da waren fast alle Schafe weiß.

Da sagte Laban: »Wir drehen es wieder um. Du bekommst nur die Schwarzen.«

Na gut, dann setzte Jakob die schwarzen Stäbe ein, und die meisten Lämmer waren schwarz.

Am Ende dieser dritten sieben Jahre waren die Herden

des Jakob um ein Vielfaches größer als die Herden des Laban.

Da sagten Lea und Rahel zu Jakob: »Wir müssen aufpassen, Laban wird sich rächen. Wenn wir gehen, dann gehen wir unverhofft, ohne Abschied, mitten in der Nacht. Labans Söhne wollen dich töten, Jakob. Sie sind der Meinung, du hast ihnen ihr ganzes Erbe weggenommen.«

So machten sich Jakob und seine vier Frauen und seine elf Söhne mit den Herden und all ihrem Vermögen mitten in der Nacht auf den Weg, um nach über zwanzig Jahren Frondienst endlich den Laban zu verlassen.

Und ehe die Sonne über den Horizont stieg, sagte Rahel zu Jakob: »Jakob, mein Liebster, ich muß dir sagen: Ich bin wieder schwanger!«

Versöhnung mit Esau und Rahels Tod

Von Jakobs Sorge – Von einer Feigheit – Von einem nächtlichen Kampf – Von Jakobs Rede an sein Volk – Von Esaus Charakter – Von der brüderlichen Umarmung – Von einer frohen Botschaft – Von der Eifersucht – Von der schweren Geburt – Von Benjamin – Von Rahels Tod

Als Jakob seinen Schwiegervater Laban verließ, hatte er eine große Sorge: Was wird sein, wenn ich nach Hause zurückkehre? Wird mich Esau zur Rechenschaft ziehen?

Jakob hatte längst eingesehen, daß er Esau auf unglaublich schnöde Art betrogen hatte, zweimal betrogen hatte – um das Erstgeburtsrecht und um den Segen des Vaters Isaak. Es tat Jakob leid. Er war durchaus bereit, dafür geradezustehen. Aber wie weit würde Esaus Rache gehen? Würde er Jakob töten?

Jakob wünschte, er wäre in seiner Jugend ein anderer gewesen. Er nahm das Gesicht seiner Frau Rahel zwischen die Hände.

»Was bin ich in deinen Augen für ein Mensch?« fragte er.

»Ein guter Mensch«, sagte Rahel und nahm sein Gesicht zwischen ihre Hände.

»Und was war ich für ein Mensch, als wir uns kennenlernten?«

»Du warst derselbe.«

»Nein«, sagte Jakob, »ich war ein Betrüger, ein hochmütiger Mensch, der sich einbildete, er sei besser und mehr wert als ein anderer.«

»Als wer?«

»Als mein Bruder«, sagte Jakob und rang seine Hände.

Er fürchtete sich. Er hatte Esaus Verhalten schon früher nicht berechnen können, inzwischen waren über zwanzig Jahre vergangen, und Jakob konnte ja nicht wissen, was in all den Jahren in seinem Bruder vorgegangen war, ob die Zeit die Wunden geheilt oder ob Esaus Haß sich nur noch mehr gesteigert hatte.

So zog Jakob, Unruhe und das alte schlechte Gewissen im Herzen, mit seinem Troß nach Hause, dem Esau entgegen.

Und dann wurde dem Jakob gemeldet: Esau komme ihm entgegen.

»Allein?«

»Nein, nicht allein.«

»Wie viele?«

»Viele.«

»Männer und Frauen?«

»Nur Männer.«

»Und habt ihr mit meinem Bruder gesprochen?« fragte er die Kundschafter.

»Wir haben uns nicht in seine Nähe gewagt«, erhielt er als Antwort.

»Habt ihr sein Gesicht gesehen?«

»Nein.«

Da zitterte Jakob vor Angst. Er war feige. Er gab Befehl, den Troß aufzuteilen. Vorne sollten Silpa und ihre Söhne sein – Gad und Ascher mit ihren Familien und ihrem Gesinde. Dann in einigem Abstand sollten Bilha und ihre Söhne folgen – Dan und Naftali mit Gefolge. Dann wieder Abstand. Dann Lea und ihr großer Anhang – Ruben, Schimeon, Levi, Jehuda, Isachar und Sebulon. Und am Schluß, in der sichersten Position, er, Jakob, mit Rahel und Josef. Das war sehr feige.

In der Nacht, bevor es zur Begegnung der beiden Brüder kam, erschien Jakob ein Geist. Es hieß, es sei Gott selbst gewesen, der dem Jakob erschienen sei in jener Nacht. Aber Jakob hat ihn nicht gesehen, er hat ihn nur gespürt. Der Geist riß ihn vom Lager hoch. Er kämpfte mit ihm, er rang mit ihm, und Jakob wehrte sich, und der Kampf dauerte die ganze Nacht. Und der Kampf war nicht von vornherein entschieden. Noch in der Morgendämmerung hatte sich Jakob in den nächtlichen Streiter verkrallt und ließ ihn nicht los. Aber der Geist, wer immer er auch war, wollte den Tag nicht sehen, er versetzte dem Jakob einen fürchterlichen Schlag und verletzte ihn, er hat ihm am Bein die Sehne verkürzt, von nun an wird Jakob hinken.

Der Geist sagte zu Jakob: »Laß mich nun gehen, die Morgenröte kommt, laß mich los!«

Und Jakob sagte: »Ich laß dich erst los, wenn du mich segnest.«

Der Geist sagte: »Wer bist du denn, daß du glaubst, von mir etwas fordern zu können?«

»Jakob bin ich, ich bin Jakob. Ich bin nicht mehr, und ich bin nicht weniger. Aber in dieser Nacht bin ich mehr geworden, als ich vorher war.«

Da sagte der Geist: »Dann werde ich dir einen zweiten Namen geben: Israel sollst du genannt werden von nun an!«

Das heißt soviel wie: Ich habe mit Gott gekämpft. Oder: Gott hat mit mir gerungen. Da hat Jakob Mut gewonnen. Er versammelte seine Frauen und seine Söhne und Töchter um sich.

Und er sagte zu Silpa und Bilha und Lea und all ihren Söhnen: »Ich bin feige gewesen, als ich euch vorschickte. Meine Strafe für diese Feigheit ist, daß ich sie vor euch bekenne.«

Da senkten Lea, Silpa und Bilha, Ruben, Schimeon, Levi, Jehuda, Isachar und Sebulon, Ascher und Gad, Dan und Naftali ihren Kopf, und es war ein Zeichen von großem Respekt.

Und Jakob sprach weiter: »Ich habe eine große Schuld auf mich geladen in meiner Jugend. Ich war in Versuchung, dieser Schuld eine neue Schuld hinzuzufügen. Ein Geist ist mir in der Nacht erschienen, und ich glaube, es war der Geist Gottes, und ich habe mit ihm gerungen, und wenn es einer nicht glaubt, dann soll er sich mein Bein anschauen, und dieser Geist hat mir den Kopf zurechtgerückt und mich ein Bein kürzer gemacht. Ich will meine alte Schuld begleichen. Und ich will mich nicht fürchten vor meinem Bruder Esau. Aus allen Herden, die wir besitzen, werden wir die schönsten, kräftigsten Tiere aussuchen. Die will ich Esau zum Geschenk machen. Und die schönsten Tücher und die schönsten Schmuckstücke sollt ihr aussuchen und mir geben, damit ich sie als Geschenk vor Esau hinlege.«

Und er löste die Ordnung seines Volkes auf. Er befahl, man solle am Ufer des Flusses das Lager aufschlagen. Und Jakob machte sich allein auf den Weg, seinem Bruder entgegen.

Aber Esau hegte keine Rachegedanken gegen Jakob. Er hatte ihm längst vergeben. Ja, dieser Esau war ein vornehmer, ein großzügiger, ein gütiger Charakter. Er kam Jakob entgegengelaufen, breitete die Arme aus und umarmte seinen Bruder.

»Willkommen«, sagte er.

»Gott ist mir erschienen«, sagte Jakob schnell. »Das war ein Zeichen, daß alles gut wird.«

»Alles ist gut«, sagte Esau. »Es wäre auch alles gut gewesen, wenn dir Gott nicht erschienen wäre.«

Esau nahm keines der Geschenke an.

Jakob und sein Volk zogen weiter.

Und eines Abends wartete Rahel auf Jakob im Zelt. Sie lächelte.

»Du bist so schön«, sagte sie zu ihm.

»Ich bin ein alter Mann«, sagte Jakob.

»Kein alter Mann«, sagte Rahel, »ein stolzer Vater bist du.«

»Das ist wahr«, sagte Jakob. »Elf Söhne habe ich und noch einmal so viele Töchter. Aber mein liebster Sohn ist Josef. Weil er dein Sohn ist.«

Rahel antwortete nicht. Sie lächelte nur.

»Du bist schön«, sagte Jakob.

Rahel nickte.

»Ich weiß es«, sagte sie.

»Das darf eine Frau nicht von sich selbst sagen«, sagte Jakob. »Aber du darfst es.«

Rahel lächelte.

»Warum lächelst du?« fragte Jakob.

Rahel war wieder schwanger. Zum zweiten Mal. Sie war glücklich. Und Jakob war auch glücklich.

»Alles ist gut geworden«, sagte er. »Gott hat mir all seinen Glanz geschickt!«

Jakob zog mit seinem Volk über das Land. Er ließ sich bei den anderen nicht mehr oft sehen. Er besuchte seine anderen Frauen nicht mehr in ihren Zelten, und mit seinen anderen Söhnen sprach er wie mit Männern, die sein Vertrauen hatten und in seinem Dienst standen, aber nicht wie ein Vater mit seinen Söhnen spricht.

Jakobs Familie waren Josef und Rahel. Das führte natürlich zu Spannungen. Lea und Silpa und Bilha waren eifersüchtig. Auch ihre Söhne waren eifersüchtig.

»Wer ist dieser Josef«, sagten sie, »daß er für jede Arbeit zu gut ist!«

»Er ist noch zu jung für die Arbeit«, sagte Jakob.

»Wir waren auch einmal jung«, sagten die Söhne von Lea und Silpa und Bilha. »Da hatten wir keinen Vater, der sagte, wir seien zu jung für die Arbeit.«

Und Lea und Bilha und Silpa sahen, wie Rahels Bauch anschwoll.

»Noch einmal? In deinem Alter? Ob das gutgeht?« sagten sie.

Aber es war keine Sorge, es war Neid.

»Ach, freut euch doch mit mir«, sagte Rahel. »Habt ihr nicht viel mehr Glück gehabt in all den Jahren als ich? Immer habe ich zu Gott gebetet, daß er mir so viel Glück geben möge, wie er euch gegeben hat. Nicht mehr wollte ich. Nun bin ich zum zweiten Mal schwanger. Mißgönnt es mir nicht!«

Die Frauen nickten. Aber keine kam und legte ihre Hand auf Rahels Stirn.

Es war eine schwere Geburt. Zu früh kam das Kind. Unverhofft. Mitten am Tag.

»Laß mich allein, ich kann das«, sagte Rahel zu Jakob. »Zieht ihr weiter, sucht euch einen Lagerplatz, schickt mir am Abend die Mägde, ich werde allein damit fertig. Es wird eine leichte Geburt werden, glaub mir.«

Aber Jakob wollte das nicht. Er gab seine Anweisungen. Die Karawane zog weiter, Jakob blieb bei Rahel. Es wurde keine leichte Geburt. Nein. Es wurde eine sehr, sehr schwere Geburt.

»Jakob, mein Lieber«, sagte Rahel, »ich glaube, ich werde sterben!«

Sie brachte einen Knaben zur Welt und kam nicht mehr zu Bewußtsein. Jakob fiel wie aus dem Element, die Welt zerbrach für ihn.

»Warum«, rief er zum Himmel hinauf, »warum spielt mir Gott so viel Glück vor? Warum begegnet er mir in der Nacht, ringt mit mir in der Nacht, gibt mir einen neuen Namen? Warum das alles, dieser Glanz, wenn im nächsten Augenblick diese Finsternis über mich hereinbricht?«

Jakob saß am Wegesrand und weinte. Das Neugeborene lag neben ihm, wimmernd neben dem Körper der toten Mutter.

Josef hatte in seinem Herzen gespürt, was geschehen war, er verließ die Karawane und kehrte um und lief zurück. Da sah er den Vater am Wegrand sitzen, die Stirn in die Hände gestützt, weinend. Er sah seine Mutter, und er sah auch, daß neben seiner Mutter das Kind lag. Josef wickelte das Kind in ein Tuch, tauchte seinen kleinen Finger in den Wasserschlauch und ließ das Kind daran saugen.

»Er ist mein Bruder«, sagte er zu Jakob. »Er ist dein Sohn!«

Wie alt war Josef? Zehn Jahre wohl, nicht älter. Er trug seinen Bruder, und er gab ihm den Namen Benjamin. Er trug seinen Bruder und führte seinen Vater zur Karawane zurück.

Es war ein großes Leid. Rahel wurde begraben, und auf ihrem Grab wurde ein Altar errichtet. Jakob zog sich ganz in sein Zelt zurück. Erst nach Wochen ließ er Josef zu sich. Es hat lange gedauert, bis Josef seinen Vater dazu gebracht hat, Benjamin auf dem Schoß zu wiegen.

Dina, Schechem und Jehuda

Von König Hamor – Von einer großen Liebe – Von Leas langer Schwangerschaft – Von den Bedingungen der Brüder – Von einem großen Verbrechen – Vom Fluch Jakobs – Von Jehuda – Von Tamar – Von einer schönen Hure – Von Jehudas Heimkehr

Eines Tages war die Karawane vor die Stadt Schechem gezogen. Dort schlugen Jakob und sein Volk das Lager auf. In Schechem regierte König Hamor. Mit ihm stand Jakob seit vielen Jahren in enger Handelsbeziehung. Sie waren keine Freunde, das nicht, zwischen Seßhaften und Nomaden wäre Freundschaft auch eine schwierige Angelegenheit gewesen, Partner waren sie, gute Partner, das ist nicht wenig.

Am Tag wurde gehandelt, mit allen möglichen Waren wurde gehandelt, Jakobs Leute hatten immer Dinge anzubieten, die auf Erstaunen und Neugierde trafen, Waren aus fremden Ländern. Hamor dagegen bot bürgerlich Solides. Am Abend veranstaltete Hamor für die Karawane des Jakob ein großes Fest vor der Stadt, er wußte, Jakobs Leute wollten nicht in die Stadt, sie wollten vor der Stadt bleiben. Tanz und Musik sollten sein.

Hamor hatte einen Sohn, und er liebte diesen Sohn über alles. Er hatte ihm den Namen der Stadt gegeben, nämlich Schechem. Als am Abend das Fest stattfand und die jungen Leute musizierten und tanzten und ihre Freude hatten, da kam es zu einer Begegnung zwischen Schechem und Dina, der Tochter des Jakob.

Wer war Dina ? Als Dina zur Welt gekommen war, war sie von ihrer Mutter Lea über Wochen versteckt worden.

Lea meinte, Jakob werde zornig auf sie sein, wenn sie ihm statt noch eines Sohnes nun eine Tochter geboren hatte.

Sie stopfte Kissen unter ihr Gewand und sagte: »Es ist noch nicht soweit, er will noch nicht kommen.«

»Aber ich kann doch zählen«, sagte Jakob. »Ich weiß doch, wie lange eine Schwangerschaft dauert!«

»Diese dauert eben länger«, sagte Lea, und in ihrer Angst log sie: »Gott ist mir im Traum erschienen und hat mir verkündet, ich werde einen starken, einen mächtigen Sohn bekommen, der in der Welt stehen wird wie ein Berg, und deshalb braucht er um so länger die Geborgenheit des Mutterschoßes, weil er in seinem Leben einem ganzen Volk Geborgenheit geben muß.«

Eine Zeitlang wartete Jakob noch, dann sagte er: »Lea, was ist?«

»Was soll sein«, sagte sie und senkte die Augen.

»Ich habe Zweifel, Lea!« sagte Jakob. »Ich habe sogar dreifachen Zweifel. Ich habe Zweifel, ob die Natur so etwas zulassen würde wie eine Schwangerschaft, die doppelt so lang dauert wie eine normale Schwangerschaft. Dann habe ich Zweifel, weil Gott, wenn er jemandem aus unserem Volk erscheint, dann doch wohl mir erscheinen würde, mir ist er aber nicht erschienen. Und am meisten Zweifel, Lea, habe ich an dir.«

Da begann Lea zu weinen, so daß ihre Augen noch mehr tränten als sonst, sie warf sich vor Jakob zu Boden und flehte, er solle ihr und ihrer Tochter nichts antun.

Jakob war entsetzt. Nicht weil Lea eine Tochter geboren hatte, war er entsetzt. Er war entsetzt, weil Lea offensichtlich solche Angst vor ihm hatte.

»Was habe ich dir denn bisher angetan, daß du solche Angst vor mir hast?« sagte er und half ihr auf die Beine. »Bin ich ein solcher Tyrann?«

Nein, Jakob war kein Tyrann, und Lea wußte das, so aber war er besonders zärtlich zu ihr gewesen, eben weil er kein Tyrann sein wollte.

Dina war die erste Tochter des Jakob, aber sie war nicht die einzige. Über Dina wissen wir nicht viel. Kann sein, daß sie ein unscheinbares Mädchen war und daß wir deshalb so wenig von ihr wissen. Muß aber nicht sein. Über Mädchen wurde nicht viel berichtet. Wenn ein Mann einem anderen Mann ein Versprechen gab und wenn dieses Versprechen ein großes Versprechen war, dann wurde es nicht mit Handschlag besiegelt, sondern dadurch, daß sie sich gegenseitig die Hand an das Geschlechtsteil legten. Die Männlichkeit, die kam gleich hinter der Göttlichkeit, und dann kam lang, lang nichts und dann erst das andere Geschlecht ...

Aber Dina muß ein besonders anziehendes Wesen gehabt haben. Denn als Schechem, der Königssohn, sie sah, war er so verzaubert, daß er beschloß, sich über alle Gepflogenheit hinwegzusetzen.

Er ging zu seinem Vater und sagte: »Ich liebe die Tochter Jakobs. Ich will, daß sie meine Frau wird.«

»Nie haben sich unsere Völker gemischt«, sagte Hamor. »Ob deine Liebe Grund genug ist dafür?«

Ohne Dina könne er nicht mehr leben, sagte Schechem.

»Und sie?« fragte Hamor. »Will sie, daß du ihr Mann wirst?«

»Ja«, sagte Schechem. »Sie will es.«

Hamor kannte Jakob sehr gut, er wußte, daß Jakob einer Heirat nicht zustimmen wird.

»Warte ein paar Tage«, sagte er zu seinem Sohn, »dann wirst du dir das Mädchen aus dem Kopf geschlagen haben.«

Aber Schechem schlug sich Dina nicht aus dem Kopf.

Er wurde krank, krank vor Sehnsucht. Da faßte sich Hamor ein Herz und ging zu Jakob.

»Laß uns alte Männer einen Spaziergang machen«, sagte Hamor.

So gingen Jakob und Hamor in die Wüste hinein, bis sie das Lager hinter sich nicht mehr sehen konnten. Hamor erzählte, er erzählte alte Geschichten aus seiner Familie. Jakob hörte zu. Er wußte, am Ende würden sich die Geschichten immer mehr der Gegenwart nähern, und dann würde König Hamor eine Bitte an ihn richten. Das war durchaus üblich. Man fiel nicht mit der Tür ins Haus. Es wäre als Brüskierung verstanden worden, wenn der Bittende sein Anliegen ohne Umschweife vorgetragen hätte. Das umständliche Geschichtenerzählen war ein Akt der Höflichkeit, und den ließ sich Jakob gern gefallen.

Schließlich aber, nach Stunden, kam Hamor doch zur Sache. Er muß ein guter Erzähler gewesen sein, dieser Hamor, denn es war ihm gelungen, Jakobs Herz zu öffnen.

»Wenn das Glück der Kinder davon abhängt«, sagte Jakob, »dann will ich nicht im Wege stehen. Ich werde mit meinen Söhnen sprechen.«

Einen ganzen Tag lang schleppten die Knechte des Hamor Geschenke zum Zelt Jakobs. Jakob sprach mit seinen Söhnen. Außer um Josef und Benjamin hatte sich Jakob lange nicht mehr um seine Söhne gekümmert. Seit dem Tod Rahels hatte er die Söhne seiner anderen Frauen wie Fremde behandelt. Das hatte Verbitterung in ihnen ausgelöst und Traurigkeit und Zorn, bei einigen sogar Haß. Besonders ärgerten sie sich darüber, daß Josef und Benjamin bei dieser Aussprache nicht anwesend waren. Das war ein Affront, der ihnen nur noch deutlicher machen sollte, wie fern sie und wie nahe die beiden dem Vater standen, so nahe, daß er sich offensichtlich längst schon mit ihnen beraten hatte.

»Nein«, sagten die Söhne der Lea, der Silpa, der Bilha. »Nein, wir wollen das nicht! Unsere Schwester soll einen Mann aus unserem Volk heiraten.«

»Aber das Glück der beiden!« rief Jakob aus.

»Was ist schon Glück!« schnaubten die Söhne der Lea, der Silpa, der Bilha zurück. »Entscheide zwischen Glück und Gottesfurcht! Willst du Dina einem Ungläubigen geben? Schechem glaubt nicht an unseren Gott und sein Vater auch nicht, die ganze Stadt glaubt nicht an unseren Gott!«

Schließlich stellten die Söhne Jakobs eine Bedingung: »Wenn Hamor und sein Sohn Schechem und die ganze Stadt sich zu unserem Gott bekennt, wenn sie ihre Religion aufgeben, dann werden wir der Heirat zustimmen.«

Sie waren natürlich davon überzeugt, daß Hamor diese Bedingung ablehnen würde. Aber Hamor stimmte zu. Er gab Befehl, die Götzenbilder aus den Tempeln der Stadt zu entfernen. Alle Menschen der Stadt mußten sich zum Gott Jakobs bekennen.

Da sagten die Brüder: »Nein, das ist nicht genug! Alle Männer über acht Jahre müssen sich beschneiden lassen! Das ist zwischen Gott und Abraham ausgemacht worden.«

Wieder dachten sie: Das wird nicht geschehen, das werden die Männer nicht zulassen. Aber Hamor setzte sich in seinem Volk durch, und alle Männer über acht Jahre wurden beschnitten. Viele Männer wurden krank und bekamen Fieber, Beschneidungen waren nicht ungefährlich, man wußte nicht über Infektionen Bescheid.

Das nützten die Brüder aus: Unter der Führung von Schimeon und Levi überfielen sie in der Nacht die Stadt. Und sie töteten alle Männer der Stadt. Denn sie wollten nicht, daß ihre Schwester Dina sich verheirate mit Schechem, dem Sohn des Hamor.

Jakob war außer sich. Er flehte zu Gott, er möge seinem Volk dieses Verbrechen verzeihen. Außer Josef und Benjamin hatte sich nur Jehuda nicht an diesem Massaker beteiligt. Auch er war gegen eine Heirat seiner Schwester mit Schechem gewesen. Aber er hatte gegen die Gewalt argumentiert. Und er war nun ebenso entsetzt wie sein Vater. Jakob verfluchte seine Söhne, und er nahm Jehuda nicht aus.

Er sagte: »Ich werde meinen Segen dem Josef geben und keinem von euch. Meine Frau sollte immer Rahel sein, ich wollte Lea nicht, ich wollte Silpa nicht, ich wollte Bilha nicht. Und ihr, die ihr von Lea, von Bilha und von Silpa seid, euch will ich nicht anerkennen als meine wirklichen Söhne. Euch, die ihr solche Schande über mein Volk gebracht habt, euch will ich verfluchen!«

Da sagte Jehuda: »Und ich? Was ist mit mir? Verfluchst du mich auch? Mich, der ich dagegen war, daß Schechem überfallen wird? Verdiene ich nicht etwas Besseres als deinen Fluch?«

Aber Jakob drehte sich nur um und ging in sein Zelt. Und er redete mit seinen Söhnen nicht mehr. Lange nicht mehr.

Jehuda war zutiefst verletzt.

»Hier ist kein Platz für mich«, sagte er und ging.

Jehuda verließ den Troß des Jakob, er ging allein, und er zog in eine große Stadt. Jehuda war ein Mann mit ausgeprägtem Gerechtigkeitssinn, er war ruhig, er war tolerant, weltoffen. Er nahm sich eine Frau in dieser Stadt, und er hatte drei Söhne mit dieser Frau, und er nannte diese Söhne Er, Onan und Schela.

Jehuda war ein Händler, und er betrieb auch Handel mit den Bordellen in der Stadt. Das wollten viele Händler nicht, es galt ihnen als unrein, als nicht schicklich. Jehuda hatte keine Vorurteile.

Eines Tages brachte sein Sohn Er eine junge Frau mit nach Hause. Sie nannte sich Tamar. Sie hatte einen roten Faden um ihr Handgelenk gewickelt. Das war ein Zeichen. Diese Frau war eine Prostituierte.

Er, Jehudas Sohn, sagte: »Ich will diese Frau heiraten.«

Jehuda sagte: »Gut, da habe ich nichts dagegen.« Zu Tamar sagte er: »Aber du mußt versprechen, daß du dein Gewerbe aufgibst.«

Sie versprach es. Aber Er und Tamar bekamen keine Kinder. Eines Tages wurde Er in der Wüste gefunden, tot, auf dem Rücken liegend, den Blick zum Himmel gerichtet. Niemand wußte, was geschehen war.

Wie es üblich war, gab Jehuda seinem zweiten Sohn Onan die Witwe zur Frau. Aber Onan wollte keine Kinder haben, jedenfalls nicht von Tamar. Die Sünde des Onan bestand darin, daß er seinen Samen auf die Erde fallen ließ.

Dann wurde Onan wie sein Bruder Er in der Wüste gefunden, tot, auf dem Rücken liegend, den Blick zum Himmel gerichtet. Niemand wußte, was geschehen war. Da bekam es Jehuda mit der Angst zu tun, und er wollte Tamar nicht seinem jüngsten Sohn Schela geben, wie es üblich gewesen wäre.

Er sagte zu Tamar: »Warte, er ist noch zu jung.«

Tamar sagte: »Wie lange muß ich warten?«

Jehuda sagte: »Fünf Jahre, vielleicht sechs oder sieben.«

Tamar sagte: »Darf ich bei dir bleiben in dieser Zeit? Sorgst du für mich?«

Jehuda sagte: »Wenn du dich mit keinem anderen Mann einläßt, dann sorge ich für dich.«

Tamar versprach es.

Eines Abends, Jehuda kam vom Feld, ging er im Hurenviertel vorbei, da saß eine sehr schöne, aufreizend geschminkte Prostituierte auf der Mauer.

Sie sprach den Jehuda an: »Willst du mit mir gehen?«

Sie gefiel dem Jehuda, und er sagte: »Ja!«

Sie sagte: »Hast du Geld?«

Jehuda sagte: »Nein, ich komme gerade vom Feld, aber ich kann dir ein Ziegenböcklein geben.«

Sie sagte: »Hast du es denn bei dir?«

Er sagte: »Nein, aber ich werde es dir bringen.«

»Wann?«

»Morgen.«

Sie sagte: »Gib mir ein Pfand.«

Jehuda gab ihr seine Bänder und sein Siegel, seine Gebetsriemen und seinen Stab. Dann ging er zu ihr in die Kammer und schlief mit ihr. Jehuda hatte die Prostituierte nicht erkannt, weil sie so kräftig geschminkt war. Es war Tamar, seine Schwiegertochter.

Tamar wurde schwanger von Jehuda, das war ihre Absicht gewesen, sie wollte ein Kind von ihm haben.

Jehuda, der von nichts wußte, sagte zu ihr: »Du hast dein Versprechen gebrochen, du mußt dafür bestraft werden.«

Er wollte sie töten. Da wies ihm Tamar die Pfänder vor, seinen Stab, seine Gebetsriemen, seine Bänder, sein Siegel. Da wußte Jehuda, daß er es gewesen war, der Tamar geschwängert hatte, und er ließ sie frei. Tamar brachte Zwillinge zur Welt.

Nach Jahren kehrte Jehuda der Stadt den Rücken und schloß sich wieder seinem Volk an. Viel hatte sich verändert. Eine bedrückte Stimmung herrschte. Josef war nicht mehr da.

»Was ist geschehen?« fragte Jehuda.

Man wollte nicht darüber sprechen. Es hieß, Josef sei gestorben, er sei von wilden Tieren zerrissen worden ...

Josef und seine Brüder

Von einem, der meint, er sei etwas Besonderes – Von einem, der träumt und seine Träume deutet – Von einem, der so schön ist wie sonst keiner – Von einem, der in den Brunnen geworfen wird – Von einem zerrissenen, blutigen Kleid – Von einem Vater und einem Wolf

Was war geschehen? Was ist mit Josef geschehen? War er wirklich tot? Erst viel später, viel, viel später erfuhr Jehuda die Wahrheit …

Josef, der Sohn der Rahel, war in seiner Jugend nicht einfach gewesen. Oder besser: Es war nicht einfach gewesen, mit ihm auszukommen. Jedenfalls nicht für seine Brüder. Josef war immer überzeugt gewesen, daß er etwas Besonderes sei. Und er hat keine Gelegenheit ausgelassen, diese Überzeugung vor seinen Brüdern zu äußern: daß Gott ihn ausersehen habe, daß Gott etwas Großes mit ihm vorhabe. Josef war eitel, aber er war nicht eigentlich arrogant. Er gefiel sich. Aber er hielt es nicht für notwendig, sich aufzuspielen. Es spielt sich einer ja nur auf, wenn er mehr scheinen will, als er nach seiner eigenen Einschätzung ist. Josefs Selbsteinschätzung war überwältigend. Mit einem nur arroganten Menschen ist leichter auszukommen …

Außerdem: Josef war der Liebling seines Vaters. Jakob hatte so lange auf einen Sohn von Rahel gewartet! Josef wurde von Jakob bevorzugt – auf drastisch und offensichtlich ungerechte Art und Weise.

»Es sind genug Hände da für die Arbeit«, sagte Jakob. »Auch Josef muß arbeiten.«

»Wenn ich euch helfen kann, gern«, sagte Josef zu seinen Brüdern. »Aber wenn es nicht unbedingt sein muß, ist es mir auch recht.«

»Nein, nein, es muß nicht unbedingt sein!« hieß es da von seiten der Brüder.

Die Brüder waren schwere Arbeit gewohnt, und Josef, das hatte sich längst herausgestellt, war keine Hilfe, jedenfalls keine, die man sich wünschte. Die Brüder bestanden weiß Gott nicht darauf, daß Josef mit ihnen aufs Feld ging und dort seine gescheiten Theorien ausbreitete, seine Analysen ihrer Arbeit, was sie alles nicht ganz richtig machten und wie es besser gemacht werden könnte. Am meisten ärgerten sich die Brüder, weil Josefs Analysen meistens richtig, seine Ratschläge meistens fruchtbringend waren. Eigentlich immer ... Das war ärgerlich für die Brüder! Ruben, der Älteste, war der einzige, der ihn bisweilen verteidigte.

Er sagte: »Josef ist ein Träumer, und ein Träumer sieht Dinge, die andere nicht sehen, das ist schon wahr.«

Ruben war ein Wohlmeinender. Die es nicht wohl meinten, sagten, es würde dem Josef nicht schaden, wenn ihm einmal einer eine aufs Maul haut, das kann nur seine Weltsicht glätten, und das kann nur gut sein – für die Welt und für ihn. Aber sie hatten zu großen Respekt vor ihrem Vater, und sie wußten – oder vermuteten –, daß Josef alles und das sofort seinem Vater weitererzählte.

Und darum trauten sie sich zu Josef nicht mehr zu sagen als: »Du bist ein ... Besserwisser.«

Und sie bissen sich dabei auf die Zähne und krallten die Hände in den Gürtel, damit die sich nicht selbständig machten.

»Was ist dabei, wenn einer etwas besser weiß?« erwiderte Josef gelassen.

Was nämlich erschwerend dazukam, war, daß Josef gar nicht merkte, wie sehr sich seine Brüder über ihn und seine

Ratschläge ärgerten. Er konnte sich nicht vorstellen, daß ihn seine Brüder weniger liebten, als sein Vater ihn liebte. Er konnte sich überhaupt nicht vorstellen, daß es auf der Welt jemanden gab, der ihn nicht liebte. Hätte man ihn gefragt, er hätte ohne Aufschneiderei, aber auch ohne Bescheidenheit gesagt: Ja, ich bin wahrscheinlich der liebenswürdigste Mensch. Es war für ihn eine ausgemachte Selbstverständlichkeit, daß er der Mittelpunkt der Welt war. Und darum setzte er selbstverständlich voraus, daß sich die meisten, die allermeisten Gedanken seiner Brüder um ihn drehten. Und damit hatte er gar nicht so unrecht.

Schimeon und Levi konnten ihn besonders wenig leiden, und Gad und Dan haßten ihn. Benjamin dagegen, der Kleine, verehrte Josef. Zu der Zeit, als unsere Geschichte spielt, war Josef sechzehn, Benjamin sechs. Und immer noch wollte Benjamin, daß Josef ihm die Hand hielt, wie er es getan hatte, als er noch nicht richtig sprechen konnte und sie im Lager herumspaziert waren. Benjamin ließ sich von Josef die Sterne erklären, und Josef wußte über die Sterne viel zu sagen. Und Benjamin ließ sich von Josef seine Träume deuten. Das mochte der kleine Benjamin am allerliebsten, mit seinem Bruder Josef draußen auf dem Feld im Schatten eines Baumes zu sitzen und seinem Bruder einen Traum zu erzählen und sich diesen Traum von ihm deuten zu lassen.

»Ich denke im Traum über Sachen nach, über die ich im Wachen nicht nachdenke«, sagte Benjamin. »Warum ist das so?«

»Du bist nicht der einzige, dem es so geht«, sagte Josef.

»Und ich mache Sachen, die ich im Wachen nie machen würde«, sagte Benjamin, »auch böse Sachen.«

»Dafür brauchst du dich nicht zu schämen«, sagte Josef.

»Bin ich im Traum ein anderer? Oder kriecht ein anderer in meinen Traum, und ich sehe dann, was er tut, und höre, was er sagt, und denke, was er denkt?«

»Das weiß ich nicht«, sagte Josef.

»Aber wenn *du* es nicht weißt, wer weiß es dann?«

»Niemand«, sagte Josef.

Er wollte damit sagen: Kein Mensch kann es wissen. Für Benjamin aber war klar: Wenn Josef es nicht einmal weiß, dann weiß es auch sonst niemand, denn Josef ist der klügste Mensch auf der Welt.

Sebulon, ein Sohn Jakobs mit Lea, ein Besonnener, einer, der nicht gern redete, der es auch nicht gut konnte, der nur einmal in Leidenschaft geraten war, nämlich als er das Meer gesehen hatte, weswegen er von da an von seinen Brüdern »der Seefahrer« genannt wurde – Sebulon war der erste, der sah, daß das Verhältnis der Brüder zu Josef sich zuspitzen und schließlich zu einer gefährlichen Krise ausarten könnte.

Er ging zu Jakob, sagte: »Vater, du mußt mit Josef reden!«

»Was macht Josef falsch?« fragte Jakob.

»Er macht nichts falsch«, sagte Sebulon, »es ist seine Art, die den Umgang mit ihm schwierig macht.«

»Was soll das sein«, sagte Jakob unwirsch, er vermied es, seinem Sohn ins Gesicht zu sehen. Seit der entsetzlichen Geschichte in Schechem schauderte es Jakob vor den Blicken seiner Söhne. »Was kommst du in mein Zelt und klagst deinen Bruder wegen seiner Art an?«

»Ich klage ihn ja nicht an«, wand sich Sebulon. »Das ist es ja gerade, daß man Josef nichts vorwerfen kann. Er macht nichts falsch. Er ist nicht unfreundlich zu uns. Er gibt uns nur so ein Gefühl ...«

»Was für ein Gefühl gibt euch Josef?«

»Er gibt uns das Gefühl, daß wir alles falsch machen.

Er ist nicht böse zu uns, aber er gibt uns das Gefühl, als wären wir böse ...«

»So?« sagte Jakob.

»Vater!« sagte Sebulon. »Gibt es denn gar nichts, worin wir neben Josef bestehen können?«

Darauf antwortete Jakob nicht, sondern sagte nur: »Macht eure Arbeit, und kümmert euch nicht um Josef!«

Jakob liebte Josef, und auch Benjamin liebte er. Aber die anderen – er wollte nicht einmal mit ihnen reden.

Eines Tages, ohne daß ein Anlaß bestand, schenkte Jakob dem Josef ein wunderschönes Kleid, ein Kleid, das seiner Frau Rahel gehört hatte. Es war nicht Rahels Hochzeitskleid, das nicht, nein, Jakob hatte es ihr ebenso ohne Anlaß geschenkt, wie er es nun ohne Anlaß an seinen Liebling weitergab. Mit wenigen Stichen war das Kleid umgeändert worden. Alle Farben mischten sich in Harmonie auf dem feinen, kühlen Stoff. Das Kleid war nicht überladen mit Schmuck, Jakob hatte damals Auftrag gegeben, es solle Rahels Schönheit unterstreichen und ihr nicht Konkurrenz machen.

»Warum werde ich so reich beschenkt?« fragte Josef.

»Weil ich es will«, sagte Jakob.

»Und meine Brüder willst du nicht beschenken?«

»Sei still!« sagte Jakob. »Ich habe das geträumt. Du bist derjenige, der die Träume deutet. Du bist derjenige, der immer behauptet, Träume seien Botschaften Gottes. Und ich habe eben geträumt, ich soll dir dieses Kleid schenken.«

»Dann will ist es gern tragen«, sagte Josef.

Habe ich erwähnt, daß Josef obendrein der schönste junge Mann war, der in Jakobs Volk je herangewachsen war? Ist Schönheit bei so viel Glück nicht eine selbstverständliche Zugabe? Aber Josefs Schönheit war so außerordentlich, daß viele behaupteten, es verhalte sich gerade umgekehrt: nämlich daß Glück bei so viel Schönheit die zwingende Folge sei. Wie auch immer – Josef war schön.

Und er wollte seine Schönheit zeigen. Kann man das einem Heranwachsenden verübeln? Er wusch sich, ölte sein Haar, daß es glänzte, rieb sich mit Duftölen ein und zog sein neues Gewand über. Und dann? Ja, dann ging er hinaus aufs Feld zu seinen Brüdern. Die dort arbeiteten. Schwitzten. Schmutzig waren. Derbe Kleider trugen.

»Seid ihr nicht stolz, daß ihr einen so schönen Bruder habt?« fragte Josef.

Eine unverschämte Frage, die gar nicht unverschämt gemeint war. Aber irgend etwas fehlte diesem Josef. Er hatte einen psychischen Defekt, das steht für mich außer Frage. Man könnte sagen: Josef war ein unfaßbarer Egomane, einer, der sich nicht einmal vorstellen konnte, daß jemand nicht in derselben Art und Weise von ihm begeistert war, wie er selber von sich begeistert war. Aber diese Einschätzung ist nicht richtig. Denn Josef war gar nicht von sich begeistert. Ich wiederhole mich: Er legte es weder auf Lob noch auf Bewunderung an.

Ich denke mir, Josef war sich selbst immer ein wenig fremd. Er staunte über sich selbst. War Josef ein Psychopath? Wahrscheinlich. Aber was heißt das schon? Er staunte über sich, er hielt sich für ein Instrument Gottes. Ohne Eifer, ohne Gier, ohne jeden Ehrgeiz spürte er, daß Gott mit ihm seine Pläne hatte. Sollte er sich und damit Gott verleugnen, nur damit er nicht Neid und Ärger und Haß provozierte? Gott hat mich auserwählt, dachte er – wußte er! –, er hat einen aus unserem Volk, einen der Söhne Jakobs auserwählt. Mich. Ist das nicht Grund genug, daß Jakobs Volk stolz auf mich ist?

»Seid ihr nicht stolz, daß ihr einen so schönen Bruder habt?«

So stand er vor seinen schwitzenden, keuchenden, schmutzigen Brüdern und drehte sich.

»Halt dein Maul!« zischte Gad.

»Verschwinde!« brummte Dan in seinen Bart.

Sebulon nickte sarkastisch vor sich hin. Warum hat unser Vater nicht auf mich gehört, dachte er, warum um Himmels willen hat er nicht mit Josef gesprochen. Ruben, der Älteste, sah, daß Schimeon und Levi sich Blicke zuwarfen, daß sie ihre Arbeitsgeräte weglegten und in die Hände spuckten.

»Josef«, sagte Ruben, nahm ihn beim Arm, zog ihn mit sich beiseite, »Josef, du kleiner Narr! Was tust du da? Natürlich sind wir stolz darauf, daß du so schön bist. Natürlich freuen wir uns, daß du so ein schönes Kleid hast. Aber kannst du dir denn nicht vorstellen, daß es vielleicht besser gewesen wäre, du hättest uns dein neues Kleid erst am Abend gezeigt, wenn auch wir etwas schöner aussehen, gewaschen, gekämmt, sauber angezogen?«

»Aber ich hätte am Abend nicht anders ausgesehen als jetzt«, sagte Josef.

»Du nicht, nein«, seufzte Ruben, »aber wir! Trotzdem, Josef, geh jetzt nach Hause, schau dich noch eine Weile im Spiegel an, und dann leg das Kleid wieder ab!«

Josef tat, was Ruben sagte.

Am nächsten Tag besuchte er wieder seine Brüder auf dem Feld. Diesmal trug er das schöne Kleid nicht mehr. Er setzte sich in den Schatten und sah ihnen bei der Arbeit zu. Dann war Mittagszeit, und die Brüder setzten sich nun ebenfalls in den Schatten, sie aßen gemeinsam, und nach dem Essen legte sich Josef hin und schlief ein.

Es war ein sehr kurzer Schlaf, er erwachte und war verwirrt, wußte erst nicht, wo er war. Seine Brüder lachten ihn aus.

Aber er sagte zu ihnen: »Bitte, ich möchte euch meinen Traum erzählen.«

»Wir müssen wieder an die Arbeit«, sagten sie.

»Bitte«, sagte Josef, »es ist ein kurzer Traum. Aber er ist wichtig. Wichtig für mich, aber auch wichtig für euch.«

»Du träumst, und das soll wichtig für uns sein?« sagte Gad.

Josef überhörte den gehässigen Unterton und begann zu erzählen: »Wir alle waren in meinem Traum versammelt, alle Söhne Jakobs, auch Benjamin. Wir haben alle gemeinsam auf dem Feld gearbeitet ...«

»Daran kannst du sehen, daß Träume nicht die Wahrheit sagen!« ätzte Dan.

Josef überhörte es. »Wir haben den Weizen zu Garben gebunden. Ich war der erste, der seine Weizengarbe aufgestellt hat. Meine Weizengarbe blieb aufrecht stehen. Dann habt ihr eure Weizengarben in einem Kreis um meine herum aufgestellt. Und plötzlich ... plötzlich neigten sich eure Weizengarben vor der meinen. Das habe ich geträumt. Meine Garbe stand aufrecht, eure verneigten sich vor der meinen.«

Da erhob sich Schimeon und sagte: »Interessant! Das hast du also geträumt. Interessant! Und das wolltest du uns unbedingt erzählen?«

Josef sagte: »Ja, ich dachte, das muß ich euch unbedingt erzählen.«

»Und du dachtest, das interessiert uns, das wollen wir unbedingt wissen, was mit unseren und mit deiner Garbe in deinem Traum passiert ist?«

»Ja«, sagte Josef.

»Und jetzt wirst du uns sicher auch gleich die Deutung dazu liefern«, sagte Gad. Auch er war aufgestanden. »Oder sollen wir den Traum uns selber deuten?«

Josef schlug die Augen nieder und sagte nichts.

Gad sagte: »Du bist also der Meinung, der Traum spricht für sich?«

Josef sagte: »Ja, wenn ich es genau bedenke, spricht der Traum für sich.«

»Wenn du es genau bedenkst, so. Darf ich dennoch einen Deutungsversuch machen? Soll der Traum vielleicht bedeuten, daß wir uns vor dir verbeugen werden?«

Josef sagte: »Ja.«

Da wollte Gad auf Josef losgehen, aber Ruben hielt ihn zurück.

»Tu ihm nichts!« rief er. »Auch wenn dieser Traum so eitel klingt und so widerlich ist und uns demütigt, es ist ein Traum. Josef hat ihn sich nicht ausgedacht. Der Mensch kann nichts für seine Träume.«

In dieser Nacht träumte Josef wieder, und wieder wollte er, daß seine Brüder und diesmal auch sein Vater von seinem Traum erführen.

Als sie alle beim Frühstück saßen, sagte Josef: »Ich habe wieder geträumt.«

Da schlugen einige der Brüder das Brot auf den Tisch und wollten aufstehen.

Aber Jakob sagte: »Keiner verläßt den Tisch, bevor ich ihn verlasse. Also, Josef, erzähl uns deinen Traum!«

»Er wird meinen Brüdern wieder nicht gefallen«, sagte Josef, »aber ich muß ihn erzählen, denn Gott hat mir diesen Traum geschickt. Ich wurde in meinem Traum in den Himmel gehoben, und ich war glänzend angetan mit einem wunderschönen Gewand. Ich habe gestrahlt heller als die Sonne, und ich war in der Mitte des Himmels, und die Sonne, der Mond und elf Sterne umgaben mich und huldigten mir.«

»Und was bedeutet dieser Traum?« fragte Jakob.

Da schlug Josef wieder die Augen nieder.

»Deutet sich auch dieser Traum von selbst?« fragte Gad.

Josef nickte.

»Hast du etwas dagegen, wenn ich ihn deute?«

Josef schüttelte den Kopf.

»Du bist die Mitte, wir sind die Gestirne, die sich vor dir verbeugen und dir huldigen. Habe ich recht?«

»Hat Gad deinen Traum richtig gedeutet?« fragte Jakob.

»Ja«, sagte Josef.

Da schlug nun Jakob das Brot auf den Tisch. Und er erhob sich, stapfte in sein Zelt und befahl Josef zu sich.

Jakob saß da, schüttelte den Kopf, seufzte, schüttelte wieder den Kopf, kicherte schließlich in sich hinein, schüttelte wieder den Kopf und sagte: »Und wenn du so einen Traum gehabt hast, dann darfst du das nicht sagen, Josef! Verstehst du das denn nicht? Man darf nicht alles sagen, was einem in den Kopf kommt, mein Liebling.«

Mehr sagte Jakob nicht.

Dann waren die Brüder lange fort von zu Hause. Sie waren mit ihren Schafherden unterwegs. Jakob wartete, und sie kamen nicht, sie blieben viele Tage aus, und sie blieben viele Wochen aus.

Jakob sagte zu Josef: »Josef, mach du dich auf den Weg zu deinen Brüdern. Such sie! Ich bin zu alt. Benjamin ist zu jung. Sieh nach, was mit ihnen ist! Sag ihnen, sie sollen zurückkommen, ihr Vater sorgt sich. Aber erzähl ihnen keine Träume! Sei höflich zu ihnen!«

Josef versprach es. Aber als er dann seinen Esel packte, sah Jakob, daß er das schöne Kleid der Rahel ins Gepäck geschnürt hatte.

»Wozu brauchst du dieses Kleid, Josef?« fragte er. »Willst du auf ein Fest gehen? Du sollst aufs Feld gehen, deine Brüder suchen!«

Aber Josef packte das Kleid nicht aus. Als Josef die Zelte seines Vaters hinter sich gelassen hatte, hielt er an und zog das Kleid an. Warum hat er das getan? Um vor den Brüdern zu prahlen? Nein, um sich selbst in seiner Schönheit zu empfinden. So jedenfalls deutet es Thomas Mann in seinem großen Roman über unseren Helden.

Josef war allein, und er hatte das Gefühl, ein Auserkorener zu sein, und dieser Empfindung wollte er Ausdruck verleihen, indem er sich schmückte. Er wollte ja das Kleid ausziehen, wenn er auf seine Brüder traf. Dann war er so in Gedanken versunken, daß er seinen Vorsatz vergaß. So kam er zu dem Platz, wo die Brüder lagerten. Sie sahen ihn, ehe er sie sah.

»Da kommt unser Träumer«, sagte Ascher.

»Ich habe unseren Vater gewarnt«, sagte Sebulon.

»Du meinst, unser Traumdeuter kommt«, sagte Schimeon.

»Will uns wohl einen neuen Traum erzählen«, sagte Isachar.

»Neugierig, als was wir uns diesmal vor ihm niederwerfen«, sagte Naftali.

»Wie eine Hure aus der Stadt sieht er aus«, sagte Levi.

»Huren soll man wie Huren behandeln«, sagte Gad.

»Die dreckigste Hure ist mir lieber als der«, sagte Dan.

Ruben schwieg.

Noch bevor Josef ein Wort gesagt hatte, zerrten ihm die Brüder das Kleid vom Leib und zerrissen es in Fetzen.

Josef weinte und rief: »Warum tut ihr das? Ich bin gekommen, weil mein Vater ...«, und schnell korrigierte er sich, »... weil unser Vater Sorge um euch hat.«

Dieser Versprecher brachte die Brüder noch mehr in Rage. Ein Wort gab das andere, sie schubsten ihn hin und her. Einer schlug zu, der nächste schlug fester. Am Ende sprach es einer aus, sie wußten hinterher nicht mehr, wer es gewesen war.

»Töten wir ihn!«

Und sie kamen überein. »Wenn wir es alle tun, dann ist es, als ob es keiner getan hätte, dann gibt es keinen Zeugen.«

Nur Ruben, der schlug nicht ein: »Nein, nein«, sagte er, »das tun wir nicht! Wir wollen uns doch nicht zu Verbrechern machen. Wir werden ihn bestrafen für seine Eitelkeit, das tun wir. Werfen wir ihn in den Brunnen! Dort soll mit ihm geschehen, was will. Wenn Gott tatsächlich seine Hand über ihn hält, wie Josef immer behauptet, dann wird er ihn herausholen, wenn nicht, dann soll er draufgehen.«

So geschah es. Sie warfen Josef in den Brunnen.

Dort lag er nun still, er schrie nicht. Sogar in dieser elenden Situation war er der Überzeugung, er sei ein Werkzeug Gottes. Er ließ alles mit sich geschehen. Er war voller Vertrauen. Es wurde Nacht, er sah die Sterne am Himmel vorüberziehen, er sah einen kleinen Ausschnitt des Himmels.

Seine Brüder lagerten in der Nähe des Brunnens, nicht allzu nah beim Brunnen, das nicht, falls Josef in der Nacht vor Angst schreien sollte – das wollten sie nicht hören.

Weit nach Mitternacht schlich sich Ruben zum Brunnen. Er wollte Josef retten, wollte ihn herausziehen und nach Hause schicken. Er hatte ein entsetzlich schlechtes Gewissen. Er rief Josefs Namen.

Aber Josef antwortete nicht. Er hörte Ruben rufen, aber er gab keine Antwort. Was mit mir geschieht, das geschieht, weil es Gottes Plan ist, so dachte er, und ich, Josef, darf Gottes Plan nicht durchkreuzen.

Am nächsten Tag kam eine Karawane des Weges, die

Männer wollten Wasser aus dem Brunnen schöpfen, die Eimer faßten kein Wasser, sie blickten in den Schacht und sahen Josef. Sie holten ihn heraus, fragten ihn aus. Aber er erzählte ihnen nichts von seinen Brüdern.

»Was sollen wir mit dir machen?« fragten die Männer.

Josef zuckte mit den Schultern. Sie schauten ihn genau an und sahen, daß er über alle Maßen hübsch war.

Sie sagten: »Wir werden ihn verkaufen. Vielleicht kann man irgendwo in einer großen Stadt in einem Männerbordell Geld für ihn bekommen.«

Sie nahmen ihn mit, kamen bei den Brüdern vorbei, und die Brüder sahen Josef. Sie blickten zur Seite.

Der Karawanenführer sagte zu den Brüdern: »Wir haben hier jemanden. Könnt ihr den brauchen? Seht ihn euch an, wir verkaufen ihn euch. Er ist hübsch.«

Die Brüder sagten nichts. Josef sagte nichts. Die Karawane zog weiter.

Ruben begann zu weinen: »Was haben wir nur getan?« rief er. »Was haben wir nur getan? Sie werden ihn verkaufen, irgendwo in Ägypten werden sie ihn verkaufen, und sie werden ihn in ein Bordell stecken!«

»Na und?« sagten die anderen. »Er hat uns das Leben zur Hölle gemacht in den letzten Jahren. Dann soll er sehen, wie er weiterkommt. Er glaubt ja, er sei etwas Besonderes und Gott führt ihn, dann wird er es jetzt sehen!«

»Was sollen wir unserem Vater sagen?« jammerte Ruben. »Unserem Vater wird das Herz brechen!«

Sie nahmen Josefs Kleid, dieses schöne, geschmückte Kleid, töteten ein Schaf, tunkten das Kleid in das Blut.

»Wir werden unserem Vater diese Fetzen zeigen und sagen, das haben wir gefunden. Ein Löwe hat Josef zerrissen.«

Das machten sie aus.

Josef zog mit der Karawane, und dann kreuzte eine andere Karawane ihren Weg, und Josef wurde verkauft. Sein neuer Herr war ein alter, gutmütiger, warmherziger Mann, er hatte nicht vor, Josef an ein Bordell zu verkaufen. Er sah, daß Josef geschickt war, daß man ihn brauchen konnte, weil er gut rechnen konnte. Jeder Kaufmann kann einen guten Rechner brauchen.

Josef organisierte die geschäftlichen Angelegenheiten, er hatte eine korrekte Handschrift. Er wehrte sich nicht gegen sein Schicksal, er war zufrieden mit allem, was mit ihm geschah.

»Was wünschst du dir?« fragte ihn sein Herr. »Du hast mir eine schöne Abrechnung gemacht und mir damit viel Geld verschafft. Ich will dich daran teilhaben lassen.«

Einen Wunsch hatte Josef: Er wollte, daß man ihm einen Schleier gibt, wie einer Frau.

»Ich weiß, daß mein Gesicht schön ist«, sagte er, »und dieses schöne Gesicht hat mir viel Unglück gebracht. Mir und auch anderen. Ich möchte nicht, daß jemand mein Gesicht sieht.«

Der Führer der Karawane war damit einverstanden, und er hat Josef einen Schleier gegeben. So zogen sie weiter.

Als die Brüder nach Hause kamen, traten sie vor Jakob hin und sagten: »Dieses Kleid hier, von dem nur noch Fetzen übrig sind, kennst du das?«

Jakob sagte: »Wo habt ihr das her?«

»Wir haben es gefunden.«

Jakob brach zusammen. Weinte. Heulte: »Nun hat mir das Schicksal das Liebste genommen! Ein wildes Tier hat meinen Sohn zerrissen.«

Er befahl seinen Söhnen, das erste wilde Tier, das ihnen

in die Finger kam, zu fangen und ihm zu bringen, denn er wollte es töten. Die Brüder dachten, er ist verrückt geworden, der Alte. Aber sie wagten es nicht, ihm zu widersprechen. Sie fingen einen Wolf. Schon wollte sich Jakob auf das Tier stürzen, da begann der Wolf zu sprechen.

»Was willst du von mir?« sagte er. »Ich habe mein Junges verloren, so wie du dein Junges verloren hast. Ich bin hinaus in die Wüste gelaufen, um es zu suchen, und ich habe es nicht wiedergefunden, so wie du dein Junges nicht wiedergefunden hast. Laß uns weinen, aber töte mich nicht.«

Da umarmte Jakob den Wolf.

Josef in Ägypten

Von den langen Wegen des Handels – Von trefflichen Papieren – Von Potifar – Vom Hofgeometer – Von Suleika und ihrer Leidenschaft – Von Jahren im Gefängnis – Von einem Bäcker und einem Mundschenk – Von den Träumen des Pharaos – Von sieben fetten und sieben mageren Jahren

Es dauerte Jahre, bis die Karawane nach Ägypten kam. Man ließ sich Zeit. Wo es gut war, blieb man. Manchmal ein halbes Jahr. Man trieb Handel. In einer Stadt im Osten erwarb man günstig fünfzehn Sack Hirse. Die wurden im Westen gebraucht. Also wieder zurück. Und dann nach Süden. Und dann nach Norden. Käufer und Verkäufer gaben die Richtung an.

Josef war kein Sklave mehr, das heißt, er war zwar immer noch das Eigentum des Anführers, aber der behandelte ihn nicht wie einen Sklaven, ganz im Gegenteil, er behandelte ihn wie seinen Ratgeber, seinen Freund, mit allem Respekt.

Und alle Männer und alle Frauen in der Karawane hatten Respekt vor Josef zu haben, sie näherten sich ihm nicht, ohne sich vor ihm zu verbeugen. Das hatte der alte Mann, der der Karawane vorstand, so befohlen. Und er wußte warum.

Einmal in der Woche hielt Josef so etwas wie eine Sprechstunde für die Mitglieder der Karawane ab. Da kamen die Leute, fragten um Rat.

»Sieh dir diesen Kelch an, Josef«, sagte einer. »Ich habe ihn teuer in der Stadt erstanden. Der Verkäufer sagte, ich könne ihn für das Doppelte weiterverkaufen.«

»Du bist betrogen worden«, gab Josef zur Antwort.

»Er ist nicht die Hälfte wert. Du hättest mich gleich fragen sollen.«

»Und was mache ich jetzt?«

»Gib ihn deiner Frau. Ich weiß, sie ist sehr geschickt. Sie soll bunte Steine einarbeiten. Dann wird er zu einem Kunstwerk und wird mehr als das Doppelte bringen.«

Da wollte der Mann Josefs Hand küssen. Aber Josef wehrte ab.

»Es ist nur ein Ratschlag«, sagte er, »mehr nicht. Küsse deiner Frau die Hände, wenn sie ihre Arbeit getan hat!«

Das führte dazu, daß auch die Frau von nun an nur das Beste über Josef sagte.

So gewann Josef die Herzen der Menschen, die zu dieser Karawane gehörten. Und er gewann auch die Herzen der Menschen, mit denen sie Handel trieben. Denn er war der Meinung, daß Betrug zwar einen kurzfristigen Profit bringt, langfristig aber jedes Geschäft ruiniert. Diese Lehre hatte er von seinem Vater Jakob erhalten. Der hatte ihm von Laban erzählt, Josefs Großvater, der seine Wirtschaft durch Betrug und kurzsichtigen Profit ruiniert hatte.

Nein, der Führer der Karawane behandelte Josef längst nicht mehr wie einen Sklaven. Nie hatte er einen besseren Ratgeber gehabt. Josef, der Träumer, hatte sich zu einem brillanten Geschäftsmann entwickelt, zu einem Mann von Welt.

Vor Ägypten hatten die Nomaden Angst. Nicht daß sie fürchteten, man werde ihnen dort etwas antun. Man fürchtete, man werde sich dort blamieren, man werde ausgelacht – Kuhtreiber, Schafbauer, Provinzler, Stinker ... Die ägyptischen Behörden waren arrogant, ließen die Karawanenhändler stundenlang, tagelang, manchmal wochenlang an der Grenze warten, verlangten Papiere, wo die meisten dieser Leute doch gar nicht lesen und schreiben konnten. Ließen am einen Tag durchblicken, man sei durchaus bereit, »Geschenke« entgegenzunehmen, machten am anderen Tag Lärm, weil man angeblich versucht habe, sie zu bestechen.

Ägypten war die große Welt, und auch wenn ein stolzer Anführer einer stolzen Karawane draußen in der Wüste ein König war, hier auf ägyptischem Boden war er ein Nichts, ein Garnichts.

»Hier mußt du zeigen, was du wirklich kannst«, sagte der alte Führer zu Josef.

»Es sind Menschen«, sagte Josef.

»Ja, das weiß ich auch! Aber das ist es ja gerade! Wenn es Bäume wären, hätte ich keine Angst vor ihnen. Du hast keine Ahnung, was Menschen anderen Menschen antun können!«

Da schwieg Josef.

Josef führte die Verhandlungen mit den Grenzwachen so geschickt, daß die Karawane nach wenigen Stunden die Grenze passiere durfte. Außerdem hatte Josef einen Offizier zu einem Empfehlungsschreiben zu überreden vermocht, das den, der es vorwies, berechtigte, seine Waren nicht nur auf dem Markt der Hauptstadt, sondern auch in den Wohnbezirken der hohen Staatsbeamten anzubieten.

»Wie hast du das fertiggebracht?« fragte der Alte.

»Ich habe dem Offizier von unseren schönsten Waren erzählt«, sagte Josef, »und ich habe so begeistert erzählt, daß er sie kaufen wollte, alle, und dann habe ich ihm den Preis für die Waren genannt, der sehr hoch war, viel zu hoch, jedenfalls für sein Einkommen, obwohl ich ja weiß, daß so ein Offizier viel verdient, und das hat einen solchen Eindruck auf ihn gemacht, daß er zur Auffassung kam, diese Waren seien zu schade, um auf dem Markt angeboten zu werden, und er mir, ohne daß ich ihn darum gebeten hätte, dieses Empfehlungsschreiben ausstellte.«

Noch ein zweites Empfehlungsschreiben hatte der Offizier ausgestellt: eines für Josef.

»Dieses Schreiben«, sagte Josef, »ist an einen gewissen Potifar adressiert. Er sei der Oberste der Leibwache des Pharaos. Oder etwas Ähnliches.«

»Und was steht in diesem Schreiben?« fragte der Alte. Er konnte nämlich nicht lesen und nicht schreiben.

»Es betrifft mich«, sagte Josef, »mich als Ware.«

»Was heißt das? Du bist doch keine Ware!«

»O doch«, sagte Josef und senkte seinen Blick. »Das bin ich doch. Ich bin dein Sklave. Auch wenn du mich nicht wie einen Sklaven behandelst. Was ich einzig deiner Güte verdanke.«

»Und was steht in dem Schreiben?«

»Wenn du mich an diesen Potifar verkaufst, wirst du sehr viel Geld bekommen.«

»Ich dich verkaufen! Niemals!« rief da der Alte.

Josef sagte nichts weiter dazu.

Aber dann, als sie in der Hauptstadt ankamen, setzte sich der Alte doch mit diesem Potifar in Verbindung, und das Angebot, das dieser mächtige Mann dem alten Händler unterbreitete, nachdem er das Empfehlungsschreiben gelesen hatte, war so überwältigend, daß der Alte in Tränen ausbrach und Josef zugleich umarmte und auf ihn fluchte.

»Das werde ich dir nie verzeihen!« rief er. »Daß du dich auf so geschickte Weise zu empfehlen verstehst, so daß man mir ein Angebot unterbreitet, das zu groß ist, um es ablehnen zu dürfen! Ich würde alle Prinzipien meines Händlerlebens verraten!«

Im Haus des Potifar wurde Josef von Anfang an die Regelung der Familienfinanzen übertragen. Potifar hatte nur einmal mit ihm gesprochen, er hatte ihn auf Herz und Nieren geprüft und hatte zu seiner Befriedigung festgestellt, daß das Empfehlungsschreiben trefflich und das Geld, das er für diesen Hebräer ausgegeben hatte, gut angelegt war. Josef war in seinem Bereich autonom, wenn er jemanden zu seiner Hilfe benötigte, hatte er sich an den Kämmerer des Potifar zu wenden. Den Herrn selbst bekam er nicht weiter zu Gesicht.

Potifar war ein Eunuch. Das heißt, er beaufsichtigte den Harem des Pharaos. Er bekleidete damit eine der höchsten Stellen im Reich. Potifar war verheiratet. Das mutet seltsam an. Die gesellschaftlichen Regeln verlangten, daß ein Beamter des Pharaos verheiratet war – auch der Eunuch. Die Frau des Potifar war Suleika.

Und dann war eines Tages ein großer Empfang im Haus des Potifar.

Potifar sagte zu seinem Kämmerer: »Wir benötigen alle unsere Leute zur Bedienung der Gäste!«

Also auch Josef. Über hundert angesehene Leute waren eingeladen, unter ihnen auch der Hofgeometer des Pharaos. Der war ein faszinierender Mann, hochgewachsen, mit hellen Augen in einem beinahe schwarzen Gesicht. Die Gäste drängten sich um ihn, hörten ihm zu, er erzählte von der Konstellation der Sterne und zeigte, wie man mit Dreieck, Lineal und Zirkel umging. Geometrie war damals eine Modewissenschaft.

Josef hatte dafür zu sorgen, daß die Gäste immer mit frischen Getränken versorgt wurden. So ergab es sich, daß er einem Gespräch zuhörte, das eben der Hofgeometer des Pharaos mit einem der Gäste führte. Da konnte sich Josef nicht zurückhalten, seine alte Eitelkeit drängte sich in ihm nach vorn, sein ihm angeborener Mangel an Demut. Er tat etwas, was man unter keinen Umständen als Bediensteter tun durfte: Er stellte Fragen. Aber seine Fragen waren so klug, so geschickt, auch so geschliffen und zugleich witzig formuliert, daß sich niemand daran störte. Im Gegenteil, der Hofgeometer war im höchsten Maß erstaunt über die Klugheit dieses Angestellten.

Er fragte den Potifar: »Wer ist denn das hier?«

Potifar antwortete: »Das ist mein Sklave.«

Der Hofgeometer rief aus: »Sogar der Pharao wäre stolz, einen solchen Sklaven zu haben!«

Als das Fest vorüber war, trat Suleika, die Frau des Potifar, zu ihrem Mann und sagte: »Warum hast du deinen Sklaven vor mir versteckt? Ist er nicht zu gut, um irgendwelche Rechenaufgaben zu lösen?«

»Aber er löst diese Rechenaufgaben so vorzüglich, daß unser Haushalt schon in den wenigen Wochen, seit er hier ist, davon profitiert hat«, sagte Potifar.

»Ich möchte, daß er auch für mich einige Aufgaben erledigt«, sagte Suleika.

Die Wahrheit ist: Suleika hat sich rasend in Josef verliebt! Hat sich vernarrt in das schöne Gesicht und den schönen Körper des Josef! Es ist anzunehmen, daß sich Potifar darüber im klaren war.

Suleika ist zu bemitleiden! Sie ist als junges Mädchen mit Potifar verheiratet worden, ohne daß sie gefragt worden wäre. Nun war sie die Frau eines Eunuchen, zwar des ersten Eunuchen des Pharaos, aber von der körperlichen Liebe war sie in ihrer Ehe ausgenommen. Sie wollte sich Josef zum Liebhaber nehmen, und sie dachte, das wird leicht sein, einem Sklaven kann man befehlen.

Sie befahl dem Josef, zu ihr ins Schlafgemach zu kommen.

Aber Josef sagte: »Das kann ich nicht tun. Ich bin der Diener. Ich kann nicht in das Bett der Frau meines Herrn steigen. Das kann ich nicht tun!«

»Und wenn ich dir sage, daß es meinem Mann recht ist?«

»Ich kann es trotzdem nicht tun.«

»Willst du es nicht tun?«

»Ich kann es nicht.«

Suleika gab aber nicht so schnell auf. Sie bedrängte Josef, sie versuchte, ihn zu verführen, bei jeder Gelegenheit versuchte sie es, sie entblößte ihre Beine, wenn er an ihr vorüberging, entblößte ihre Brust, wenn er vor ihr stand.

Es fiel Josef nicht leicht zu widerstehen. Suleika war eine sehr schöne, sehr reizvolle Frau.

»Ich möchte, daß dein Mann mich wieder verkauft«, sagte er. »Ich kann nicht weiter in seinem Haus wohnen. Ich werde mit ihm sprechen. Ich will ihm die Wahrheit sagen.«

Da weinte Suleika. Sie fiel vor Josef auf die Knie, bat ihn, sie nicht zu verlassen. Wenigstens sehen wolle sie ihn, wenn er schon nicht in ihr Schlafgemach komme.

»Es ist nicht gut, wenn du mich siehst«, sagte Josef. »Ich weiß, es ist mein Gesicht, das dich betört.«

»Du bist eingebildet«, sagte Suleika. »Das ziemt sich für einen Sklaven nicht.«

»Ich bin auf mein Gesicht nicht eingebildet«, sagte Josef. »Ich weiß, daß mein Gesicht schön ist, und ich schäme mich dafür.«

Josef sagte, er werde nur unter einer Bedingung nicht mit Potifar sprechen, nämlich wenn er in Suleikas Gegenwart einen Schleier tragen dürfe. Aber Suleika ließ das nicht zu. Sie wollte Josefs Gesicht sehen. So tat er alles, um ihr in dem großen Haus nicht zu begegnen. Suleika wurde krank, liebeskrank.

Die Hofdamen, die sie besuchten, fragten: »Was ist mit dir los? Hast du eine geheime Krankheit, von der wir nichts wissen? Von der du uns nichts sagen willst? Wir sehen doch, wie sehr du leidest.«

Suleika sagte: »Wollt ihr wissen, woran ich leide?«

»Ja, sag es uns!«

»Ich werde euch zeigen, woran ich leide«, sagte Suleika.

Die Damen saßen im Salon. Suleika gab Befehl, man solle den Josef holen.

Josef kam, er brachte Obst auf einem Teller, und weil er ahnte, was passieren würde, hatte er den Schleier vor seinem Gesicht.

Als er den Damen die Obstschale reichte und die Messerchen dazu, sagte Suleika zu ihm: »Warum hast du einen Schleier übergezogen? Wir wollen dich sehen.«

Die Damen waren gerade dabei, die Früchte mit den Messerchen zu schälen, da nahm Josef den Schleier ab. Als sie sein Gesicht sahen, wie schön es war, da schnitten sie sich in den Finger.

»Jetzt kannst du gehen«, sagte Suleika zu Josef.

Und zu ihren Freundinnen sagte sie: »Seht ihr! Ihr habt nur wenige Sekunden in sein Gesicht geschaut und habt euch vor Entzücken und Schmerz in den Finger geschnitten. Ich sehe ihn den ganzen Tag, und das schneidet mir in die Seele.«

Suleika versuchte immer wieder, Josef zu verführen. Sie braute ihm Liebestränke. Aber er durchschaute sie und spuckte aus. Er blieb standhaft.

Sie sagte zu ihm: »Du tötest mich. Ist das erlaubt?«

»Einen Menschen zu töten ist nicht erlaubt«, sagte Josef.

»Dann bist du ein Verbrecher!« schrie sie ihn an.

Doch er sagte nur ruhig: »Ich bin kein Verbrecher.«

Sie flehte. Sie redete mit den zärtlichsten Worten zu ihm.

Josef blieb standhaft.

Dann fing Suleika an, Josef zu drohen. Sie sagte: »Wenn du mir nicht folgst, werde ich mich rächen. Ich werde dich grausam unterdrücken!«

Josef sagte: »Gott hilft den Unterdrückten.«

»Ich werde dich verhungern lassen«, sagte sie.

»Gott speist die Hungernden«, sagte Josef.

»Ich werde dich in den Kerker werfen lassen!«

»Gott befreit die Gefangenen.«

»Ich werde dich in den Staub treten!«

»Gott erhebt die Gedemütigten.«

Eines Tages hielt es Suleika nicht mehr aus, sie riß den Josef an sich, und sie riß ihm die Kleider vom Leib. Sie umklammerte ihn, mit ihren Fingernägeln zerkratzte sie seine Haut. Josef stieß sie von sich und lief hinaus.

Suleika stand da, gedemütigt. Da schlug ihre Liebe in Haß um. Sie riß sich selber die Kleider vom Leib, sie zerkratzte sich mit den Fingernägeln die Brust. Dann schrie sie.

Als die Wache kam, schrie sie weiter, schrie: »Josef, der Knecht, er wollte mich vergewaltigen. Seht her: Er hat meine Kleider zerrissen, er hat meine Haut zerkratzt. Ich habe mich gewehrt! Nehmt ihn fest!«

Josef wurde gefunden, wie er nackt in einer Nische kauerte. Seine Haut war zerkratzt. Das galt als Beweis seiner Schuld.

Potifar ließ den Josef ins Gefängnis werfen. Potifar wußte genau, was in Wahrheit vorgefallen war, er konnte es sich jedenfalls denken. Potifar mochte den Josef, er dachte sich sogar, wie großartig loyal es von ihm doch war, daß er seiner Frau widerstanden hatte. Aber er wollte Suleika in der Öffentlichkeit nicht bloßstellen. Deshalb ließ er Josef ins Gefängnis sperren.

Aber Potifar gab dem Kerkermeister den Auftrag, er

solle Josef gut behandeln. Josef wehrte sich nicht, er fügte sich. Er nahm es hin als einen Teil des Planes Gottes. Er nahm es hin als Strafe für die Eitelkeit seiner Jugend. Nun saß er also im Gefängnis, er war freundlich zu allen, und alle waren freundlich zu ihm.

Nach etlichen Monaten kamen zwei neue Gefangene ins Gefängnis, nämlich der Bäcker des Pharaos und der Mundschenk des Pharaos. Dem Bäcker wurde vorgeworfen, er habe bitteres Mehl verwendet, nämlich für das Brot, das der Pharao aß. Dem Mundschenk wurde vorgeworfen, er habe den Wein gepanscht, den er dem Pharao verkauft hatte. Beide behaupteten, sie seien unschuldig.

In der Nacht träumten beide, und ihre Träume beeindruckten sie so sehr, daß sie am nächsten Tag den Kerkermeister baten, er solle einen Traumdeuter holen.

Der lachte sie aus: »Ihr wollt einen Traumdeuter? Im Gefängnis einen Traumdeuter? Was wollt ihr denn noch? Einen Frisör vielleicht? Nein, Traumdeuter gibt es im Gefängnis nicht!«

Da sagte Josef: »Was habt ihr denn geträumt? Ich kann Träume deuten. Erzählt mir eure Träume!«

Der Mundschenk begann: »Ich habe von Traubenknospen geträumt. Dann blühten sie, dann waren Beeren daran und dann Trauben, und die habe ich mit einer Hand genommen. In der anderen Hand habe ich den Becher des Pharaos gehalten. Ich habe die Trauben zerdrückt und habe den Traubensaft in den Becher fließen lassen.«

Josef fragte: »Wie viele Traubenranken waren es?«

»Drei!«

Josef dachte nach. Dann sagte er: »Also, ich werde dir den Traum deuten. Jede dieser Ranken ist ein Tag. Nach drei Tagen wird der Pharao einsehen, daß er dich zu Unrecht beschuldigt hat, und er wird dich zurückholen.«

»Und was bekommst du dafür, daß du mir meinen Traum gedeutet hast?« fragte der Mundschenk.

»Bitte versprich mir, wenn du beim Pharao bist, daß du ihn auf meinen Fall aufmerksam machst. Erzähl ihm von mir. Vielleicht wird er auch mich hier herausholen.«

Der Mundschenk sagte: »Ich verspreche es dir. Wenn eintritt, was du mir gedeutet hast, dann werde ich an dich denken.«

Dann trug der Bäcker seinen Traum vor: »Ich habe im Traum einen Brotkorb auf meinem Kopf getragen, und zuoberst lagen Süßigkeiten. Dann habe ich geträumt, daß Vögel daherkommen und sich auf den Korb niederstürzen und alle Süßigkeiten, die für den Pharao bestimmt waren, wegpicken und wegfressen.«

»Wie viele Süßigkeiten waren es?« fragte Josef.

Der Bäcker sagte: »Drei!«

»Und alle haben die Vögel gefressen?«

»Ja«, sagte der Bäcker.

Da sagte Josef: »Nach drei Tagen wird der Pharao den Beweis in der Hand haben, daß du wirklich bitteres Mehl verwendet hast. Er wird dich köpfen.«

Es geschah so, wie Josef vorausgesagt hatte: Nach drei Tagen war der Geburtstag des Pharaos, der Mundschenk wurde aus dem Gefängnis geholt, in allen Ehren wieder in sein Amt gesetzt, und der Bäcker wurde geköpft.

Aber der Mundschenk vergaß, dem Pharao von Josef zu erzählen.

Zwei Jahre vergingen. Josef lag immer noch im Gefängnis. Da hatte der Pharao eines Nachts einen Traum. Er erzählte diesen Traum seinen Traumdeutern.

»Ich habe geträumt«, sagte er, »ich sitze am Ufer des Nil, und aus dem Nil steigen sieben fette Kühe. Sie grasen auf den Weiden, und es ist eine Wonne, ihnen zuzusehen. Dann auf einmal steigen sieben magere Kühe aus dem Nil. Sie gehen auf die fetten Kühe zu und fressen sie auf. Ich bin aufgewacht, weil ich Angst hatte. Ich wollte schreien, aber ich konnte nicht, und ich schlief wieder ein. Ich träumte noch einmal. Ich sah, wie sieben fette Getreideähren aus einem einzigen Halm sprossen. Daneben wuchs aus dem Boden eine dürre Ähre – grau, dürr und hart. Aber diese Ähre wickelte sich um die fetten Ähren und würgte sie zu Tode.«

Die Traumdeuter berieten sich und sagten nach einigen Tagen: »Also, wir sind übereingekommen, wir wissen, was der Traum ungefähr bedeutet. Du wirst sieben Töchter bekommen, diese sieben Töchter werden wunderschön sein, und dann, bevor sie heiraten, werden alle sieben Töchter Krankheiten bekommen und werden sterben.«

Der Pharao sagte: »Das klingt einleuchtend, aber ich merke, das ist nicht die Empfindung meines Traumes. Ihr sprecht von etwas anderem.«

Zufällig war bei diesem Gespräch der Mundschenk anwesend, dem fiel ein, was er Josef im Gefängnis versprochen hatte.

Er sagte zum Pharao: »Pharao, ich war im Gefängnis, da war ein Mann, der hat mir meinen Traum gedeutet, und er hat dem Bäcker seinen Traum gedeutet. Und beide Deutungen waren richtig. Ich kam frei, und der Bäcker verlor seinen Kopf. Vielleicht weiß dieser Mann, wie dein Traum zu deuten ist.«

Der Pharao war ein vorurteilsloser Mann, ein weltoffener Mann. Er ließ tatsächlich Josef aus dem Gefängnis holen. – Man muß sich das einmal vorstellen: Der mächtigste Mann des großen Ägypten läßt einen Knastbruder kommen, damit er ihm einen Traum deutet!

Der Pharao erzählte seinen Traum, und Josef sagte: »Gott will dir eine Nachricht schicken. Er schickt dir zwei Träume, die beide dasselbe bedeuten: Die fetten Kühe und die fetten Getreideähren bedeuten sieben Jahre. Es werden sieben sehr fruchtbare Jahre sein für Ägypten. Aber nach diesen sieben Jahren werden Jahre der Dürre, der Hungersnot kommen, auch wieder sieben Jahre. Mein Gott, der mir sagt, wie ich diesen Traum deuten soll, er sagt mir auch, ich soll dich darauf aufmerksam machen, daß du Vorsorge treffen sollst. In den sieben fetten Jahren mußt du die Ernährung der Bevölkerung für die nächsten sieben Jahre organisieren. Du mußt alles überschüssige Getreide aufkaufen, du mußt Speicher bauen lassen, du mußt überall im Land diese Speicher aufstellen. Du mußt einen Vizekönig einsetzen, der das alles organisiert. Denn es wird das wichtigste, es wird das allerwichtigste, das überlebenswichtige Thema sein!«

Josef war sehr geschickt.

Der Pharao fragte: »Kennst du jemanden, der das organisieren könnte?«

Josef senkte die Augen. Da wußte der Pharao: Na, wer wohl?

Er rief seine Beamten zu sich und sagte: »Dieser Mann hier, Josef, der mir meine Träume gedeutet hat, er soll mein Vizekönig werden!«

Der Pharao stattete Josef mit nahezu absoluter Macht aus. Josef wurde der Doppelgänger des Pharaos genannt. Josef begann unverzüglich mit der Arbeit: Er ließ Speicher bauen, er kaufte den Bauern die Überschüsse ab, und er füllte die Speicher.

Die Hungersnot

Von der Organisierung des Überflusses – Von der Organisierung des Hungers – Von zehn Brüdern, die nach Ägypten ziehen – Von Schimeons Verhaftung – Von elf Brüdern, die nach Ägypten ziehen – Von einem Wiedersehen – Von einem Lied gegen den Tod – Von Jakob, dem Alten, und seinem Glück

Josef kann nicht nur klar denken, er kann nicht nur brillant seine Gedanken formulieren, er ist auch ein vortrefflicher Organisator. Er erteilt Forschungsaufträge zum Thema: Wie lassen sich Getreide und Hülsenfrüchte am besten über lange Zeit lagern? Dann läßt er im ganzen Reich Speicher bauen. An strategisch wichtigen Punkten läßt er diese Speicher bauen, so daß das ganze Reich gleichmäßig versorgt ist.

Die Menschen wundern sich: »Was ist der Grund? Wir haben doch bisher immer genug zu essen gehabt.«

»Der Pharao hat geträumt«, heißt es. »Die Träume des Pharaos sind heilig. Josef hat die Träume des Pharaos gedeutet. Und was der Pharao geträumt hat, geschieht!«

Sieben Jahre ziehen ins Land, und die Felder tragen Frucht wie noch nie. Auch die Ältesten können sich nicht erinnern, daß jemals solche Ernten erzielt wurden. Die Bauern kommen mit der Arbeit nicht nach. Ausländische Arbeitskräfte müssen angeheuert werden, damit die überreiche Frucht nicht auf den Feldern verdirbt.

Sieben Jahre Glück. Ein Jahr wie das andere. Nein, das zweite Jahr ist noch reicher als das erste, und das dritte reicher als das zweite! Und so fort! An den Wohlstand gewöhnt man sich schnell. Die Menschen sehen keine Notwendigkeit, ihre Überschüsse als Vorräte anzulegen.

»Warum denn?« fragen sie. »Dann wissen wir ja nächstes Jahr überhaupt nicht mehr, wo wir das alles unterbringen sollen!«

Die Besonnenen warnen: »Es war nicht immer so gut. Es kann auch wieder schlechter werden.«

»Was heißt schlechter«, lachen die Satten. »Wir können doch jetzt schon nur einen kleinen Teil von dem essen, was wir ernten. Wenn wir nur so viel essen können, wie wir ernten, ist es doch immer noch genug.«

Manche Leute überlegen sich ernsthaft, ob sie ihre Überschüsse nicht verbrennen sollen, ob sie im Winter ihre Öfen nicht mit Getreide heizen sollen. Sie wollen die Hülsenfrüchte in den Nil kippen, weil sie zuviel davon haben. Oder sie wollen sie erst gar nicht mehr ernten.

»Warum sich den Rücken krumm arbeiten, wenn man im Überfluß lebt!«

Josef bezahlt Arbeiter für die Ernte, er kauft die Überproduktionen auf. Der Preis ist niedrig. Weil das Angebot so groß ist. Er läßt den Überschuß in die Speicher füllen. Als die Speicher im fünften Jahr voll sind, läßt er neue Speicher bauen, größere.

»Jetzt übertreibt es der Vizekönig aber!« sagen die Leute. Sogar die Fachleute meinen, Josef tue zuviel des Guten.

»Auch die Speicher kosten schließlich Geld«, sagen sie zum Pharao. »Es ist dein Geld. Wir finden, der Vizekönig verschwendet es. Er ist ein Schwarzseher. Vielleicht ist er ein böser Mensch. Er kann sich nicht freuen über unser Glück. Er wünscht sich das Unglück herbei. Er will nicht glauben, daß ein neues Goldenes Zeitalter angebrochen ist. Am Tag scheint die Sonne, in der Nacht regnet es. Warum sollte es nicht in alle Zukunft so sein?«

»Ich habe geträumt«, sagt der Pharao. »Josef handelt nach meinen Träumen.«

»... die er interpretiert hat«, wird geknurrt.

Aber der Pharao läßt sich nicht beirren. Er schenkt den Neidern kein Gehör. Andere Fachleute kommen.

»Es ist wunderbar, was der Vizekönig da macht«, sagen sie zum Pharao. »Ganz wunderbar! Großartig. Kompliment! Das heißt, es ist wunderbar, was er will. Ein guter Mensch! Aber zwischen Wollen und Können ist ein Unterschied. Es wird nicht funktionieren, was er will. Noch nie ist es gelungen, Weizenkorn und Hülsenfrüchte länger als zwei Jahre zu lagern. Die Maden werden es verderben, die Maden und der Brand.«

Josef begegnet den diesbezüglichen Anfragen mit Gelassenheit. Er hat feinen Staub unter die Vorräte streuen lassen, das bewirkt, daß die Maden nicht an das Getreide gehen und der Brand nicht aufkommt.

»Wissenschaftliche Erkenntnisse«, sagt der Pharao. »Alles, was Josef befiehlt, soll geschehen!«

Josef ist der Vizekönig, der Vertraute des Pharaos, der »Doppelgänger« des Pharaos, wie manche sagen. Und: Er ist auch sein Freund.

Sieben Jahre Glück sind wie eine Ewigkeit. Nach sieben Jahren nimmt man das Glück hin als eine Selbstverständlichkeit. Wer sich das Unglück nicht mehr vorzustellen vermag, kann damit nicht umgehen, wenn es ihn trifft.

Nach den sieben fetten Jahren begannen die sieben mageren Jahre. Kein Regen fiel mehr, die Felder verdorrten, die Frucht starb ab, und die wenigen privaten Vorräte der Menschen waren bald aufgezehrt.

Nun öffnete Josef seine Speicher und brachte das Korn und die Hülsenfrüchte auf den Markt. Zuerst bezahlten die Leute mit Geld, dann hatten sie kein Geld mehr. Aber Hunger hatten sie trotzdem. Da gaben sie ihr Vieh gegen Getreide. Dann hatten sie kein Vieh mehr, aber immer noch Hunger. Da gab jeder sein Land für Getreide, und dann gab jeder sein Haus für Getreide. Am Schluß, als sie gar nichts mehr hatten, gaben sie sich selbst, verkauften sich, verkauften ihre Arbeitskraft, verkauften sich in die Sklaverei.

Wenn die Hungersnot zu Ende sein wird, wird dem Pharao alles gehören: Das Geld wird ihm gehören, das Vieh wird ihm gehören, die Häuser werden ihm gehören, die Felder werden ihm gehören, und die Menschen werden ihm auch gehören. Das wird er Josef verdanken.

Von einem moralischen Standpunkt aus betrachtet, könnte man seine Zweifel haben, von einem ökonomischen Standpunkt aus betrachtet, muß man zugeben: Josef war sehr geschickt. Ein Genie!

Josef hatte sich in diesen vierzehn Jahren verändert. Er galt nach wie vor als gerecht, aber er galt auch als streng. Als unerbittlich streng. Er war still geworden, unnahbar.

Man sagte: »Mit ihm kannst du nicht verhandeln! Du mußt zahlen. Prinzipien hat er so hart wie Stein.«

Immer hielt er sein Gesicht verschleiert. Man vergaß, wie er aussah.

Die Hungersnot war nicht auf Ägypten begrenzt, auch die angrenzenden Länder waren davon betroffen, Kanaan, Syrien. Die Menschen kamen nach Ägypten, weil sie gehört hatten, in Ägypten gebe es Korn zu kaufen. Der Hunger trieb sie.

Josef, der Vizekönig, der auch die Macht hatte über die Gesetzgebung, erließ ein Gesetz, das lautete: »Jeder, der Getreide haben will, muß persönlich kommen. Wenn sich herausstellt, daß einer das Getreide zum Weiterverkauf erwirbt und nicht für den Eigengebrauch, dann wird er getötet. Kein Mann, der nach Ägypten kommt, um hier Getreide einzukaufen, darf mehr als ein Lasttier bei sich haben, und jeder muß den Erwerb des Getreides mit seinem Namen, dem Namen seines Vaters und dem Namen seines Großvaters bestätigen.«

Josef ließ sich von seinen Beamten jeden Tag eine Liste geben, auf der die Namen aller standen, die von außen ins Reich gekommen waren, um hier Getreide einzukaufen. Er wollte den Schwarzmarkt unterbinden, das Handelsmonopol des Pharaos schützen. Aber es gab auch einen persönlichen Grund für diese Maßnahmen: Josef dachte, eines Tages werden seine Brüder kommen, um Getreide zu kaufen. Auch in Kanaan herrschte Hungersnot.

Die Hungersnot in Kanaan war so stark, daß Jakob, der Alte, bald nicht mehr wußte, wie er seine Leute ernähren sollte.

Er rief seine Söhne zu sich und sagte: »Ich habe gehört, in Ägypten unten gibt es Getreide und Hülsenfrüchte zu kaufen. Man sagt, dort herrsche ein kluger Vizekönig, der habe Vorräte angelegt in den guten Jahren. Ihr müßt dorthin ziehen. Ihr müßt alle zusammen hingehen. Ich habe gehört, man gibt einem Mann nur so viel, wie er allein braucht. Es müssen zehn Männer kommen, wenn man für zehn Männer Essen haben will. Geht hin und kauft Getreide und Hülsenfrüchte. Nur den Benjamin will ich bei mir behalten, denn er ist mein Liebster.«

Dem Benjamin galt Jakobs ganze Liebe. Er hatte seine Frau Rahel verloren, und er hatte seinen Sohn Josef verloren. Jakob war ein alter Mann geworden. Er lebte in der Erinnerung. Und kein Tag war vergangen, an dem er nicht geweint hatte.

Die Brüder rüsteten sich für den Weg nach Ägypten – Ruben, Schimeon, Levi, Jehuda, Isachar, Ascher, Dan, Gad, Naftali und Sebulon.

Jakob gab ihnen noch Maßregeln mit: »Wenn ihr in der Stadt ankommt, benehmt euch unauffällig! Betretet die Stadt durch verschiedene Tore! Laßt euch nicht gemeinsam blicken! Sprecht nicht miteinander, wenn ihr euch zufällig begegnet! Es soll so sein, als ob jeder für sich ist!«

Daran hielten sie sich. Sie waren selbstbewußte Männer. Stolze Nomaden. Aber als sie nach Ägypten kamen, als sie die Hauptstadt betraten, da bekamen sie es mit der Angst.

»Hierher ist vielleicht unser Bruder Josef verkauft worden«, sagten sie sich. In all den Jahren hatten sie dieses Thema gemieden. »Wer weiß, was aus ihm geworden ist.«

Besonders Ruben hatte ein schlechtes Gewissen: »Wer weiß, ob er noch lebt.«

Einzeln meldeten sie sich bei den Beamten des Vizekönigs, gaben an, daß sie Weizen und Hülsenfrüchte kaufen wollten.

Josef sah die Liste, sah die Namen seiner Brüder darauf. Er gab Befehl, sie zu verhaften. Alle zehn. Man traf sie im Hurenviertel der Stadt. Nicht weil sie zu den Prostituierten gehen wollten, waren sie dort.

Vielmehr hatten sie sich gesagt: »Was hat man mit dem Josef anfangen können? Arbeiten konnte er ja nicht. Er hatte ein schönes Gesicht, man wird ihn als männliche Prostituierte verkauft haben.«

Und obwohl sie ihrem Vater versprochen hatten, in der Stadt unter gar keinen Umständen etwas gemeinsam zu unternehmen, hatten sie sich doch ins Hurenviertel geschlichen, weil sie dachten, vielleicht finden wir eine Spur unseres Bruders.

Sie wurden verhaftet und dem Vizekönig vorgeführt.

Der Vizekönig war ein eigenartiger Mann. Er trug einen Schleier. Die Wachsoldaten sagten, noch nie habe ihn jemand ohne diesen Schleier gesehen. Man vermute, hieß es, der Mann habe ein besonders häßliches Gesicht.

Josef ließ die Brüder vorführen. Einem nach dem anderen blickte er in die Augen. Er redete kein Wort mit ihnen.

Mit seinem Dolmetscher flüsterte er: »Übersetze meine Fragen! Aber sei grob dabei! Brüll sie an! Ich wünsche mir, daß sie vor Angst zittern.«

Josef ließ fragen: »Was wollt ihr hier?«

Sie antworteten: »Wir wollen Getreide kaufen und Hülsenfrüchte, wie jetzt alle nach Ägypten kommen, um Getreide und Hülsenfrüchte zu kaufen.«

»Und das wolltet ihr im Hurenviertel kaufen?«

»Nein.«

»Was wolltet ihr dann im Hurenviertel?«

»Wir haben eine Ware verloren und dachten, dort sei sie.«

»Ach so! Eine Ware habt ihr verloren! Was für Ware denn? Was für eine Ware kann das sein? Was für eine Ware sucht man im Hurenviertel? Die einzigen Waren, die es dort zu kaufen gibt, sind Menschen, schöne Frauen, schöne Männer.«

Die Brüder gerieten in Verlegenheit und schauten einander an.

»Ich weiß, was ihr seid!« sagte Josef in der Sprache Ägyptens, und sein Dolmetscher übersetzte es. »Ihr seid Spione! Ihr seid gekommen, um unserem Reich etwas Böses anzutun.«

Er ließ sie gar nicht darauf antworten, er nahm seinen Divinationsbecher und sagte: »Ich werde euch genau sagen, wer ihr seid!«

Ein Divinationsbecher ist ein Gefäß, auf dessen Grund das Bild eines Gottes ist. Wenn man ihn mit Wasser füllt und ein paar Salzkörner hineinfallen läßt, dann kräuselt sich das Wasser, und das sieht so aus, als ob dieser Gott sein Gesicht verziehen würde. Daraus haben Hellseher in Ägypten ihre Wahrheiten bezogen.

Josef nahm also einen solchen Becher, stellte ihn vor sich auf den Tisch und ließ ein paar Salzkörner hineinfallen.

Dann sagte er: »Ich sehe hier zwei von euch«, und er zeigte auf Schimeon und Levi, »die haben vor vielen Jahren in einer Stadt ein grausames Massaker angerichtet. Es war eine friedliche Stadt. Ihr seid keine Gerechten.«

Die Brüder waren entsetzt. Sie wußten, dieser verschleierte Mann hat recht. Es war das Massaker in Schechem, von dem er sprach.

Dann fragte Josef: »Wie viele Brüder seid ihr?«

Sie antworteten: »Wir sind zehn.«

Josef ließ wieder ein paar Salzkörner in den Becher fallen, sagte: »Ihr lügt! Ihr seid nicht zehn. Schon wieder seid ihr nicht gerecht. Ihr seid keine guten Menschen. Wie viele seid ihr?«

Schnell sagten sie: »Wir sind elf. Einer von uns ist vor langer Zeit gestorben.«

»Einer von euch ist gestorben? Soso. Vor langer Zeit. Aha! Aber der Gott in meinem Becher sagt etwas anderes. Er sagt, dieser Bruder ist von euch verkauft worden. Ihr lügt schon wieder!«

»Ja, wir lügen«, sagte nun Ruben. »Wir haben diesen Bruder verkauft. Das ist wahr. Wir sind elf.«

»Ihr lügt schon wieder«, sagte Josef. »Ihr seid nicht elf. Zwölf seid ihr!«

Da wußten die Brüder, dieser Mann ist ein Magier, er läßt sich nicht belügen, und sie gaben alles zu: »Ja, wir sind zwölf.«

»Und wo ist der zwölfte?«

»Der zwölfte heißt Benjamin, und er ist zu Hause bei unserem alten Vater.«

»Gut«, sagte Josef, »ich wollte euch töten, weil ihr nicht gerecht seid. Aber vielleicht ist ja euer Bruder Benjamin ein Gerechter. Ich werde euch ins Gefängnis sperren«, sagte er weiter, »vielleicht wird ja eines Tages dieser Benjamin vorbeikommen, um euch zu suchen. Dann werden wir ja sehen, ob er ein Gerechter ist.«

Er ließ seine Brüder ins Gefängnis sperren.

Am nächsten Tag besuchte Josef das Gefängnis und sagte zu ihnen: »Seht, ich bin nicht barmherzig, ich bin nur gerecht. Aber ich habe einen Gott, der ist gerecht und barmherzig. Und dieser mein Gott hat mir in der Nacht gesagt, ich soll euch freilassen. Ich soll nur einen von euch in Haft behalten, und die anderen soll ich nach Hause schicken.« Er zeigte auf Schimeon und sagte: »Du, Schimeon, du bist der Brutalste von allen, du bist der, der das Massaker in Schechem zu verantworten hat, du wirst hierbleiben. Ihr anderen werdet nach Hause gehen. Erst wenn ihr mit dem Jüngsten, wenn ihr mit Benjamin wiederkommt, werde ich euren Bruder freilassen.«

So geschah es. Josef gab seinen Brüdern Korn mit, er gab ihnen mehr mit, als sie bezahlt hatten, und das Geld, das sie für das Korn bezahlt hatten, steckte er ihnen heimlich unter das Getreide.

Als sie zu Hause ankamen und die Kornsäcke aufmachten und das Geld herausfiel, da sagten sie: »Um Himmels willen, da ist ein Versehen passiert! Er wird sich denken, wir wollten ihn betrügen. Vielleicht hat er Schimeon schon getötet!«

Sie wagten es nicht, ihrem Vater zu erzählen, was alles vorgefallen war.

Jakob fragte: »Wo ist Schimeon?«

Sie sagten: »Er kommt nach. Er versucht noch, irgendwo anders Getreide aufzutreiben.«

Aber Schimeon kam nicht, und das Getreide aus Ägypten war bald aufgezehrt, und der Hunger quälte das Volk Jakobs.

Da sagte Jakob zu seinen Söhnen: »Ihr müßt noch einmal nach Ägypten ziehen. Schimeon ist nicht gekommen, wer weiß, wo er geblieben ist. Ihr müßt noch einmal Getreide holen, sonst verhungern wir alle.«

Die Brüder sagten: »Gib uns den Benjamin mit! Es bekommt jeder nur so viel Korn, wie er auf seinem eigenen Lasttier tragen kann. Wenn wir einen mehr haben, dann kriegen wir mehr Korn.«

Jakob sagte: »Niemals werde ich das tun! Rahel ist mir genommen worden, Josef ist mir genommen worden! Nun ist mir auch noch Schimeon genommen worden. Nein, Benjamin gebe ich nicht her!«

Aber die Brüder überredeten ihren Vater, und Benjamin zog mit ihnen nach Ägypten.

Als Josef erfuhr, daß die Brüder zurückgekehrt waren und daß nun auch Benjamin mit ihnen war, gab er sofort Auftrag, Schimeon aus dem Gefängnis zu entlassen.

»Wie hat man dich behandelt?« wurde er gefragt.

»Gut«, sagte Schimeon.

»Bist du geschlagen worden?«

»Nein.«

»Hat man dich hungern lassen?«

»Nein.«

Die Brüder waren verwirrt. Und um sie noch mehr zu verwirren, schickte ihnen Josef einen Boten. Sie seien Gäste des Vizekönigs, richtete ihnen der Bote aus. Sie seien zum Abendessen bei ihm eingeladen.

»Warum tut er das?« rätselten die Brüder. »Was will er von uns? Jemand, der uns für Verbrecher hält, gibt ein Essen für uns? Das ist doch verrückt!«

Aber sie wagten nicht, die Einladung abzulehnen. Sie waren auf der Hut.

»Benjamin«, sagte Ruben, »du bleibst in meiner Nähe.

Und ihr beide, Dan und Gad, ihr haltet gefälligst den Mund!«

Josef hatte den Schleier vor seinem Gesicht. Wieder blickte er seinen Brüdern in die Augen, zuletzt Benjamin. Er mußte sich abwenden. Es tat ihm weh, seinen liebsten Bruder zu sehen. Er sah, daß Benjamin gerecht geblieben war. Das drückte sein Herz so sehr, daß er hinausgehen mußte und draußen weinte.

Während des Gastmahls sagte Josef kein Wort, und auch die Brüder trauten sich nicht zu sprechen.

Dann sagte Josef: »Na gut. Jetzt dürft ihr nach Hause ziehen. Ich werde euch Korn geben. Weil ihr einen Gerechten bei euch habt, Benjamin, werde ich ihm soviel Korn mitgeben, als wäre er fünf.«

Er ließ die Lasttiere der Brüder mit Säcken voll Korn beladen. Mehr als erlaubt war. Und er kam persönlich, um sich zu verabschieden.

»Warum bist du so zu uns?« fragte Ruben.

Josef antwortete nicht. Tat so, als hätte er ihn nicht verstanden.

Und dann schmuggelte er seinen goldenen Becher in den Getreidesack des Benjamin. Und als die Brüder unterwegs waren, schickte ihnen Josef die Wache nach. Die Brüder wurden aufgehalten.

»Wir werden euch jetzt durchsuchen!« hieß es. »Einer von euch ist ein Dieb! Er hat es gewagt, unserem Vizekönig seinen goldenen Becher zu stehlen!«

Ruben, der älteste der Brüder, sagte: »Was denkt ihr? Das würden wir doch niemals tun. Ich meine, wir sind vielleicht nicht so reich wie ihr, aber wir sind doch keine Verbrecher! Dieser Mann war gut zu uns. Das werden wir ihm doch nicht mit einem Diebstahl vergelten!«

Die Wachen fanden bei Benjamin den Becher.

Da schlugen die Brüder auf Benjamin ein und schrien

ihn an: »Bist du denn verrückt? Weißt du denn nicht, was jetzt mit uns geschieht? Dieser Mann ist so unglaublich mächtig, er wird uns vernichten, alle!«

Ruben stellte sich vor Benjamin und sagte: »Tut es nicht noch einmal, Brüder! Nicht noch einmal! Denkt an Josef! Wir werden gemeinsam zum Vizekönig gehen, und die Sache wird sich aufklären.«

Das taten sie. Sie gingen gemeinsam zu Josef, und genau so, wie Josef vor vielen Jahren geträumt hatte, so stellten sich nun die Brüder um ihn herum auf – wie die Weizengarben – und fielen vor ihm auf den Boden, lagen da und baten ihn um Vergebung, sagten, es sei ein Versehen gewesen, Benjamin sei kein Dieb, es müsse ein Versehen sein.

Josef sagte: »Ich werde Benjamin bei mir behalten, er hat mir den Becher gestohlen. Ihr anderen könnt gehen.«

Da trat Ruben vor und sagte: »Das kannst du nicht machen, das wird unser alter Vater nicht überleben. Laß Benjamin ziehen, nimm mich, steck mich in das finsterste Loch. Töte mich! Ich kann nicht zulassen, daß dieser Schmerz meinem alten Vater angetan wird. Er wird es nicht überleben, wenn Benjamin hierbleibt.«

Da konnte sich Josef nicht mehr zurückhalten, und er begann zu weinen. Er konnte nicht sprechen. Die Brüder dachten, jetzt ist er tatsächlich verrückt geworden, jetzt haben sie es mit einem Verrückten zu tun, mit einem ganz und gar Unberechenbaren.

»Er kann jeden Augenblick Befehl geben, uns zu töten«, sagten sie, meinten sie doch, der Vizekönig könne sie nicht versehen.

Da nahm Josef den Schleier ab und sagte: »Ist es denn wahr? Lebt unser Vater noch?«

Er sprach mit ihnen Hebräisch, er brauchte keinen

Dolmetscher mehr. Er gab sich als ihr Bruder zu erkennen. Die Brüder fielen wieder vor ihm nieder. Wie er es geträumt hatte.

Josef umarmte seinen Bruder Benjamin, drückte ihn an seine Brust, und den Brüdern gab er Bruderküsse und sagte, daß er ihnen verziehen habe. Er sagte, sie sollen heimkehren nach Kanaan, und sie sollen Jakob holen, sie sollen ihn holen, er und sein Volk könnten hier in Ägypten in Ehren und Wohlstand leben.

Die Brüder machten sich auf den Weg nach Hause, und da erinnerten sie sich daran, was einst Sara passiert war, der Frau des Abraham, nämlich daß sie nicht gestorben war, als sie erfuhr, daß ihr Sohn Isaak getötet worden sei, sondern erst, als sie erfahren hatte, daß er doch noch lebte. Sie fürchteten, daß Jakob sterben könnte, wenn sie ihm nun erzählten, daß Josef, sein Liebling, noch am Leben sei, daß er der mächtige Vizekönig von Ägypten sei.

Da war einer der Brüder, nämlich Ascher, der hatte eine Tochter, die konnte sehr schön singen, und sie kamen überein, sie solle ein Lied schreiben, ein Lied, in dem erzählt wird, daß ein Sohn lebt, der Josef heißt, und daß sich ein Vater freut, der Jakob heißt. – Und so haben sie es gemacht. Sie schickten Aschers Tochter voraus, und die sang ihrem Großvater etwas vor.

Und Jakob? Dankbar und glücklich fiel er auf die Knie, dankte Gott, war mit allem einverstanden, war auch einverstanden, mit seinen Söhnen und seinem ganzen Volk nach Ägypten zu ziehen.

So machten sie sich auf den Weg, heraus aus dem vertrockneten, verhungerten Kanaan hinunter in das glänzende Ägypten, wo die Speicher voll waren.

Der Pharao nahm sie auf, er gab ihnen die schönsten Weideplätze, er sagte zu Jakob: »Dein Sohn Josef, er ist unser Nährvater. Dem ganzen Reich hat er Nahrung gegeben. Wir alle verdanken deinem Sohn das Leben.«

Jakob war ein stolzer Vater. Er blieb in Ägypten. Auf dem Sterbebett bat er Josef, er solle seinen Leichnam zurück in das Land seiner Väter bringen, nach Kanaan.

Nachwort

Meine Mutter wuchs in Coburg in Franken auf. Die Coburger waren und sind bis heute zur überwiegenden Mehrheit protestantisch. Meine Mutter aber war katholisch. Eine Katholikin in der Diaspora – so bezeichnete sie sich selbst, auch noch als sie in Vorarlberg lebte, in diesem weiß Gott erzkatholischen Land. Im Vornamen ihres Sohnes sollte ihre Gesinnung dokumentiert sein: Michael Johannes Maria.

Dabei war meine Mutter alles andere als ein doktrinärer Mensch. Daß mit einem Feuerschwert gegen Menschen vorgegangen wird, hätte und hatte sie im wirklichen Leben nie gutgeheißen, und menschliche Fehler wie die Neugier war sie immer bereit zu verzeihen. Den Namen Michael entkräftete sie denn auch, indem sie sagte, ihn habe sie nur deshalb ausgewählt, weil ihr sein Klang so gut gefalle. Die Rolle, die der Erzengel in den biblischen Geschichten spielte, war ihr selbst nicht ganz geheuer. Daß die gesamte Menschheit, nur weil Adam und Eva eben aus läßlicher Neugier einen Apfel gegessen haben, für ewig aus dem Paradies verjagt wurde, das schien ihr doch recht drastisch. Und wenn sie sich auch hütete, dies dem alttestamentarischen Gott persönlich vorzuwerfen, so machte sie doch kein Hehl daraus, daß sie für das ausführende Organ dieses grausamen Strafspruches, für den Rausschmeißer, also den heiligen Michael, keine übermäßige Sympathie empfand.

Meine Mutter las gern in der Bibel, übrigens einer Lutherbibel. Sie bevorzugte allerdings das Neue Testament, das Alte Testament war ihr ein wenig unheimlich. Es gab nur wenig klare Linie vor. Ich machte mir einen Spaß daraus, ihr Belege für die Grausamkeit Gottes zu liefern oder für seine Ungerechtigkeit, seine Unberechenbarkeit, seine Kleinlichkeit, seine Eitelkeit, seine Rachsucht.

Dann pflegte sie zu sagen: »Erstens kennt niemand die Bibel wirklich genau, zweitens du schon gar nicht, drittens kann man, wenn man genug bösen Willen hat, alles mit Hilfe der Bibel beweisen.«

»Und warum das?« fragte ich.

»Das Alte Testament«, sagte sie dann, »erzählt die Geschichte, wie Gott und die Menschen allmählich erwachsen wurden. Darum.«

»Auch Gott wurde erst allmählich erwachsen?« fragte ich.

»Ja, warum nicht!« rief sie und fügte, bevor ich etwas sagen konnte, schnell hinzu, ich solle sie in Ruhe lassen.

Dieser Auffassung, daß auch Gott eine Entwicklung durchmachte – von einem jungen, grausamen, unberechenbaren, bisweilen ungerechten, eitlen, rachsüchtigen Gott, der sich seinen Platz unter den Menschen und auch unter den anderen Gottheiten der Umgebung erst schaffen mußte –, begegnete ich viel später in Thomas Manns »Joseph und seine Brüder«.

Neben der griechischen Mythologie, ja, vielleicht noch vor ihr, haben die Geschichten aus der Bibel jenen Teil der europäischen Seele geprägt, den ich das historische Bewußtsein des Empfindens nennen möchte. Ebenso wie in der griechischen Mythologie behauptet sich in den biblischen Geschichten die Gegenwärtigkeit des Mythos.

Es sind viele Geschichten. Und viele Geschichten, die späteren Redaktoren nicht mehr in ihr Gottesbild paßten, wurden ausgemustert aus dem Buch der Bücher – wie zum Beispiel »Das Buch der Kriege des Ewigen« oder »Das Buch Jaschar«. Andere Geschichten sind verlorengegangen und erst mühsam und über Umwege rekonstruiert worden – wie »Die Geschichte Salomos« oder »Die Tagebücher der Könige von Juda«.

Als zusätzliche Lektüre neben den Texten des Alten Testaments empfehle ich zwei der vielen verschiedenen Ausgaben der Apokryphen, zum Beispiel »Apokryphen zum Alten und Neuen Testament« (herausgegeben von Alfred Schindler, Manesse, Zürich 1988). Oder: »Die Apokryphen. Verborgene Bücher der Bibel« (Pattloch, Augsburg 1989). Selbstverständlich sollte man lesen von Flavius Josephus: »Jüdische Altertümer«, die gibt es in verschiedenen Ausgaben, meine ist bei Fourier erschienen (Wiesbaden 1998). Sehr aufschlußreich ist der Band »Hebräische Mythologie« von Robert von Ranke-Graves und Raphael Patai (zuletzt Rowohlt, Reinbek 1994). Die umfangreichste und sicher ambitionierteste Sammlung biblischer Sagen und Legenden ist ohne Zweifel jene von Micha Josef Bin Gorion: »Die Sagen der Juden« (zuletzt Parkland, Köln 1997).

Viele Stellen der Bibel sind uns unklar oder ganz und gar unverständlich. Schon frühere Zeiten wollten sich damit nicht abfinden, man hat nach Erklärungen gesucht. Oft fanden sich solche in den ausgemusterten Texten, den Apokryphen, oft in den Sagen, Mythen, Legenden und Märchen, die von allem Anfang an um das Buch der Bücher wucherten. Viele dieser Geschichten habe ich in meine Erzählungen aufgenommen. Deshalb habe ich mich entschlossen, mein Buch »Geschichten von der Bibel« zu nennen.

Zum Schluß möchte ich noch besonders Gerhard Weis danken für seine geduldige Hartnäckigkeit, ohne die ich mir diese »Arbeit« nicht zugetraut hätte.

Register

Michael Köhlmeier

Telemach

Roman. 491 Seiten. SP 2466

Mit der Geschichte des Odysseus begann vor 2800 Jahren die europäische Literatur. Daß dieses alte Epos vom Mann, der durch die Welt irrt, von der Frau, die auf ihn wartet, und vom Sohn, der nach ihm sucht, bis heute lebendig ist, beweist Michael Köhlmeier in seiner wunderbaren Neuerzählung. Ohne Anstrengung schlägt diese Geschichte einen Bogen von der Antike in unsere heutige Zeit.
Im Mitttelpunkt steht Telemach, Sohn des Odysseus, der seinen Vater nie gesehen hat. Inzwischen ist er zwanzig Jahre alt, und der Krieg, in den sein Vater zog, ist längst vorbei. Im Haus des Odysseus haben sich die Freier breitgemacht. Sie werben um die schöne Penelope, die Gattin des Verschollenen. Telemach sieht dem Treiben der Freier mit Verzweiflung, aber hilflos zu …

»Federnder Witz und schäumende Fabulierlust machen diese verfremdete Zeitexpedition zur waren Lese-Lust-Wandelei.«
Focus

Kalypso

Roman. 445 Seiten. SP 2947

Kalypso, die verführerische Nymphe, braucht keinen Zauber und keine Gewalt, um den unglücklichen Schiffbrüchigen auf ihrer Insel Ogygia zu halten: Odysseus ist ihr verfallen. Wenn er für immer bei ihr bliebe, so verspricht ihm Kalypso, werde sie ihn unsterblich machen. Die Unsterblichkeit ist ein großes Versprechen und unsterbliche Liebe ein noch größeres. Zerrissen zwischen der Sehnsucht nach der Heimat, der Gattin Penelope, dem Sohn Telemach und der Begierde nach Kalypso, kann Odysseus sich nicht entscheiden.
Welch epochale Kraft und tiefbewegende Lebendigkeit heute noch in dem homerischen Epos von den Irrfahrten des Odysseus stecken, beweist Michael Köhlmeier auch in seinem zweiten, furiosen Roman über den größten Stoff der Weltliteratur. Mit Witz, unerreichter Kunstfertigkeit und kühner Raffinesse erzählt er dabei von Liebe und Tod, Verführung und Gewalt, von Glück und tragischer Verstrickung.

Michael Köhlmeier

Sagen des klassischen Altertums
189 Seiten. SP 2371

Die Begriffe sind jedem geläufig: vom Ödipus-Komplex bis zur Achilles-Ferse, von den Tantalos-Qualen bis zum Trojanischen Pferd oder zum Danaer-Geschenk, was übrigens genau dieses Pferd ist. Aber wer kennt noch all die Sagen und Geschichten wirklich, aus denen sie stammen? Wer hat heute noch die griechische Mythologie im Kopf? – Jene wundervollen Geschichten, auf denen soviel in unserer abendländischen Kultur basiert? Homer hat sie uns überliefert, und Köhlmeier erzählt sie uns neu – und ganz anders, als es Gustav Schwab tat.

Michael Köhlmeiers neue Sagen des klassischen Altertums von Eos bis Aeneas
222 Seiten. SP 2372

Michael Köhlmeiers neue Sagen des klassischen Altertums von Amor und Psyche bis Poseidon
215 Seiten. SP 2609

Die Nibelungen neu erzählt
127 Seiten. SP 2882

Vor achthundert Jahren entstand das Nibelungenlied. Michael Köhlmeier hat mündlich und frei seine Geschichten neu erzählt – vom jungen Königssohn Siegfried, seiner Werbung um Kriemhild, die schöne Schwester der Burgundenkönige, von ihrer Hochzeit am Hof zu Worms, von Siegfrieds Ermordung durch Hagen und schließlich von Kriemhilds furchtbarer Rache. Die abenteuerliche und märchenhafte Geschichte, wie Siegfried das Schwert Balmung bekommt, den Hort der Nibelungen erobert und dem Zwerg Alberich die Tarnkappe abgewinnt, sein Bad im Blut des Drachen, den er erschlagen hat, gehört zum klassischen Sagenschatz des Abendlandes – und ist erst der Anfang dieses Heldenepos, das Köhlmeier bis hin zum dramatischen und blutigen Fortgang der Ereignisse am Hof von König Etzel lebendig werden läßt.

Michael Köhlmeier

Moderne Zeiten

Roman. 218 Seiten. SP 1942

»Vergnüglicher kann man Zeiten und Beziehungen, Wirklichkeit und Dichtungen kaum durcheinanderwirbeln . . .«
Neue Zürcher Zeitung

Die Musterschüler

Roman. 570 Seiten. SP 1684

»Michael Köhlmeier hat Schuld und Scham, Macht und Moral nicht pathetisch hochstilisiert. Vielmehr wickelt er den vielfach verknoteten Handlungsfaden straff, ja flott ab und genießt komische Situationen und witzige Pointen. Sein Stil ist elastisch, mal trockenlakonisch, manchmal auch bildhaft-mehrdeutig. Und, was am wichtigsten ist, er legt seine genau beobachteten und präzise charakterisierten Figuren nicht fest, sondern läßt ihnen den Spielraum, sich zu verändern.«
Frankfurter Allgemeine Zeitung

Dein Zimmer für mich allein

Erzählung. 110 Seiten. SP 2601

Die Figur

Die Geschichte von Gaetano Bresci, Königsmörder.
135 Seiten. SP 1042

». . . eine präzise kleine Studie über die Einsamkeit des Menschen bei der Tat.«
Süddeutsche Zeitung

Spielplatz der Helden

Roman. 348 Seiten. SP 1298

Trilogie der sexuellen Abhängigkeit

123 Seiten. SP 2547

In drei ganz alltäglichen Geschichten nimmt sich Michael Köhlmeier der drei klassischen Stationen auf dem Weg zwischen Liebe und Tod an: die Bewährungsprobe der Begierde, der Verlust der Liebe, verbunden mit der Raserei der Eifersucht, schließlich die Lust an der Rache.

Der Peverl Toni

und seine abenteuerliche Reise durch meinen Kopf. Roman.
341 Seiten. SP 381

Der Unfisch

Eine Erzählung. 128 Seiten mit 16 Seiten Filmfotos. SP 2765